GEORGES SERVIÈRES

CITÉS D'ALLEMAGNE

DÉPÔT LÉGAL
Seine & Oise
N°
1902

PARIS

BIBLIOTHÈQUE-CHARPENTIER

EUGÈNE FASQUELLE, ÉDITEUR

11, RUE DE GRENELLE, 11

1902

Tous droits réservés.

CITÉS D'ALLEMAGNE

BIBLIOTHÈQUE NATIONALE — R.F.

A MON PÈRE

OUVRAGES DU MÊME AUTEUR

ROMAN

ROSELINE, mœurs contemporaines. 1 vol. in-18 (épuisé).

L'ACTION ET LE RÊVE. 1 vol. in-18.

RÉMIETTE. 1 vol. in-18.

CRITIQUE

RICHARD WAGNER JUGÉ EN FRANCE. 1 vol. in-18.

TANNHÆUSER A L'OPÉRA EN 1861. 1 br. in-18.

LA MUSIQUE FRANÇAISE MODERNE (CÉSAR FRANCK, ED.
LALO, J. MASSENET, ERNEST REYER, CAM. SAINT SAENS).
1 vol. in-18.

———

Il a été tiré de cet ouvrage :
Dix Exemplaires numérotés sur papier de Hollande.

Tous droits de reproduction et de traduction réservés pour tous pays,
y compris le Danemark, les Pays-Bas, la Suède et la Norwège.

GEORGES SERVIÈRES

CITÉS
D'ALLEMAGNE

PARIS

BIBLIOTHÈQUE-CHARPENTIER

EUGÈNE FASQUELLE, ÉDITEUR

11, RUE DE GRENELLE, 11

1902

Tous droits réservés.

AVANT-PROPOS

SYMPATHIES ALLEMANDES

Lors d'un voyage en Allemagne, dans l'été de 1888, je me trouvais à Dresde. Au sortir du musée de peinture, pour mettre à profit la fin de la journée, j'eus l'idée de prendre le bateau qui remonte l'Elbe jusqu'à Pillnitz. Comme je regardais l'horaire affiché sur la cabine, un passager s'approcha de moi et m'adressa la parole en français. Je l'examinai... C'était un homme âgé d'une quarantaine d'années, un Saxon évidemment, grand et fort, portant toute la barbe, entièrement vêtu de noir, ganté, chapeau de soie, lunettes d'or, ayant le type d'un *doctor* ou *professor* allemand.

— Ces noms en *itz* vous surprennent peut-être, fit l'inconnu. Loschwitz, Blasewitz, Wachwitz, Pillnitz. La désinence *itz* indique que ces noms de pays ont une origine tchèque, ils ne sont pas allemands.

Et, sans s'inquiéter de savoir si sa dissertation serait de mon goût, l'inconnu commença d'emblée une conférence philologique d'où il résultait que l'invasion slave avait, en bien des contrées de l'Allemagne, laissé des traces de son passage par la formation des noms de pays, de même que dans l'ancienne Gaule, la conquête des Francs avait marqué son influence par l'apport d'un nouvel idiome, lequel ne se mélangea pas entièrement avec la langue du peuple soumis par Clovis.

Partie de ces temps reculés, la dissertation, bientôt, atteignit des sujets plus modernes, la pénétration réciproque de l'allemand par le français et du français par l'allemand. Et l'inconnu, à l'appui de ses propositions, offrait des exemples comme s'il eût parlé en chaire, devant un auditoire de collège ou d'université. Il s'exprimait en très bon français, jaloux probablement de montrer à un Français comment il savait sa langue. D'abord peu soucieux d'entrer en conversation avec l'homme aux lunettes d'or je sentais ma prévention se dissiper à mesure que je m'intéressais davantage à sa conférence de linguistique, admirant la facilité et l'élégance de son élocution. Il m'arrivait parfois seulement, en le voyant arrêté dans sa phrase par la recherche d'une expression rebelle, de lui souffler le terme obligé.

— Aussi, lorsqu'on étudie l'histoire, poursuivit l'inconnu, on est forcé de reconnaître que la France a beaucoup reçu de l'Allemagne, par exemple au

moment de la conquête franque et dans la période
suivante où furent établies les institutions féodales,
et qu'à notre tour nous avons beaucoup reçu de la
France.

J'en convins sans peine, observant en moi-même
combien la remarque était fondée. La suprématie de
la civilisation française s'était exercée, incontestée,
au xviie et au xviiie siècles, sur les cours d'Allemagne, soumettant toutes les formes de l'art au triom-
phe du goût français, — ainsi qu'en témoignent les
salles du palais de Dresde, décorées de peintures
mythologiques par Sylvestre, — créant ce bizarre
rococo styl dont la capitale de la Saxe offre de si
étranges spécimens dans l'architecture du *Zwinger*
et de l'église catholique. Depuis lors, l'Allemagne
avait pris sa revanche, inspirant par son théâtre l'é-
mancipation du drame romantique, renouvelant la
philosophie, l'archéologie, la science et la musique,
et, par ses victoires, obligeant enfin la France à modeler son organisation militaire sur celle du vainqueur.

— Par suite, continuait le Saxon, l'échange intellectuel qui s'opère entre les deux nations ne peut que
servir au développement de la civilisation, et c'est
un grand malheur pour l'Europe que cette défiance
mutuelle entre Allemands et Français, qui est une
menace de guerre constante.

— Mais cette défiance, répliquai-je, ce sont vos
journaux d'Allemagne qui l'entretiennent en représentant sans cesse les Français comme assoiffés de
revanche et de carnage. Rien n'est plus contraire à
la vérité.

— Je sais, je sais, repartit l'inconnu, mais vos journaux de Paris sont aussi remplis de faussetés en ce qui touche aux dispositions des Allemands. Croyez bien, monsieur, que, chez nous, excepté le parti militaire, personne ne désire la guerre. L'Allemand est de nature pacifique.

Je répondis qu'en France la paix était unanimement réclamée.

Il n'y avait évidemment aucune hypocrisie dans ces assurances réciproques, l'Allemand ayant parlé quelques instants auparavant, en termes assez vifs, du fléau causé par le militarisme, de la considération exorbitante accordée aux officiers dans la société allemande, de la hauteur intolérable de cette caste orgueilleuse. De mon côté, je savais à quoi m'en tenir sur les tendances belliqueuses de mes compatriotes, le sentiment français s'étant à l'occasion d'incidents de frontière récents, prononcé énergiquement en faveur de la paix, malgré les provocations de la presse teutonne et les excitations chauvines des entrepreneurs de patriotisme.

— Nous ne détestons pas les Français comme ils se l'imaginent, continuait le professeur. Nous connaissons et nous estimons votre littérature, vos savants, vos historiens.

Et il fit l'éloge d'un ouvrage français, d'un livre d'histoire qu'il avait acheté la veille.

Comme, pour ne pas être en reste de politesse, je protestais qu'en France les hommes éclairés n'ont pas la haine des Allemands :

— Oui, oui, fit-il, je sais que les hommes éclairés

estiment aussi nos travaux, je connais à Paris des savants, des médecins qui pensent comme moi que les Français et les Allemands sont faits pour s'entendre et que l'union des deux races importe au progrès de la civilisation, de la culture intellectuelle.

Il cita les noms de médecins célèbres, de savants illustres faisant partie de l'Institut. Pendant qu'il exprimait son idée en ces termes philosophiques dont les Allemands sont si prodigues, parlant abondamment de « développement scientifique », ressuscitant l'ancienne et illusoire chimère de la paix universelle, de la concorde régnant sur les peuples civilisés, avec une candeur qui me rappelait les rêves optimistes des penseurs d'il y a trente ans, réveillés de leur idéale confiance dans le progrès par le canon de la guerre de 1870, en une déception brutale dont témoigne la lettre de Renan à Strauss, — je songeais à cet effroyable malentendu qui, sur la foi de rapports mensongers, de préventions trompeuses volontairement entretenus dans l'opinion, sépare les deux nations de l'Europe prépondérantes par leur suprématie intellectuelle et peut, en un moment de crise déterminée par un incident futile peut-être, les armer et les précipiter l'une contre l'autre dans une fureur d'extermination.

Le bateau étant arrivé à Pillnitz, nous descendîmes tous deux et l'inconnu, heureux sans doute de poursuivre l'entretien en français, s'offrit à me guider vers la résidence royale.

Le château étant habité en cette saison, on ne pouvait le visiter, mais voyant l'entrée du parc libre, nous y entrâmes.

Là encore se retrouvait l'influence française dans l'architecture *rococo* de ces pavillons à toits incurvés, décorés dans le goût chinois du xviie siècle, dans le dessin du parc en parterres rectangulaires, en boulingrins ornés de vases de marbre, en charmilles régulièrement taillées, dans l'asservissement de cette végétation splendide à la symétrie classique de Versailles.

Tandis que j'admirais le charme paisible de la résidence princière si heureusement située sur le bord de l'Elbe, parcourant ce jardin désert où la vivace poussée de la nature, secouant la contrainte d'un apparat factice, semblait railler la solennité morte d'une civilisation abolie, l'Allemand parlait de Schopenhauer.

— Il a, disait-il, enseigné chez nous le mépris de l'action, il a tué la volonté, détruit l'effort. Sa doctrine a fait un mal considérable à l'Allemagne. On commence maintenant à la rejeter, mais son grand ouvrage : *Le Monde comme volonté et comme représentation*, est traduit en français aujourd'hui et votre pays commence à en subir l'influence délétère.

Cette exagération me fit sourire, l'influence dont il parlait ne me paraissant pas devoir être si dangereuse pour la France. J'aurais pu objecter à mon interlocuteur que bien peu de Français avaient lu Schopenhauer, que sa doctrine austère et déprimante, sans péril pour les personnes familières avec les théories philosophiques, ne pénétrerait pas bien

profondément dans le public, même lettré, qui l'i-
gnorait encore et que rebuterait souvent l'enchevê-
trement compliqué de son style aux tournures germaniques, sa conception pessimiste de la vie étant
d'ailleurs absolument antipathique au tempérament
français dans lequel survit toujours l'humeur gaie,
insouciante, l'amour du plaisir, la tendance à jouir
du présent, à prendre son parti des contrariétés et à
se consoler avec de la blague. Mais, comme une
telle observation eût blessé, peut-être, l'amour-propre national du professeur, je m'abstins, par politesse, de la formuler.

Enfin l'Allemand regarda sa montre.

— Il est temps à présent, dit-il, que je me hâte
vers le dîner... Adieu, monsieur, je vais, si vous vou-
lez, vous indiquer la *restauration* où vous pourrez
dîner à cinq minutes de l'embarcadère.

Ayant remercié et salué l'inconnu qui, invité probablement dans quelque villa des environs, s'éloi-
gnait après un entretien de deux heures sans m'avoir
rien appris sur lui-même ni remis sa carte, je m'assis à une table en plein air et appelai la *mædchen*.
Après avoir dîné, je repris le bateau pour rentrer à
Dresde.

Sur les deux rives de l'Elbe, à l'approche de chaque station, flamboyaient, illuminées au gaz, les
terrasses des restaurants au bord de l'eau, de ces
immenses jardins de banlieue où les habitants de
Dresde viennent respirer, l'été, la fraîcheur de la
rivière et boire de la bière aux sons d'un orchestre
de cuivres. A Loschwitz, à Blasewitz, les concerts

se répondaient sans relâche, avec un répertoire varié pour toute la soirée d'ouvertures, de valses, de ces énormes *pots-pourris* dont raffolent les Allemands. Sauf la largeur du fleuve, — trois fois celle de la Seine, — et la différence des airs populaires, grâce à l'obscurité, j'aurais pu me croire sur le bateau de Suresnes, passant devant les guinguettes à musique de Sèvres et de Meudon. Sur les bancs, des couples tendrement enlacés, la femme appuyant sa tête sur l'épaule de l'homme, la main dans la main, échangeant des appellations amoureuses : *Meine Geliebte! Mein Schatz!* avec un sans-gêne sentimental tout germanique qui divertissait agréablement mon scepticisme de Parisien. Certes, ceux-ci ne pensaient guère aux théories de Schopenhauer sur le piège que les sens tendent à l'homme. Ils trouvaient la vie bonne, ils étaient heureux.

Et je songeais qu'il en était ainsi à cette heure, non seulement des passagers du bateau, non seulement des buveurs de bière qui jouissaient, par cette belle nuit d'été, d'écouter de la musique au bord de l'eau, mais de milliers d'autres paisibles Allemands, qu'il en était de même en France et que les hommes, pour la plupart, vivent heureux, satisfaits des bonheurs vulgaires, sans espoir ni crainte des choses futures, et que, même les plus malheureux, dans leurs souffrances, tiennent à la vie comme à un bien précieux. Et cependant, il arriverait un jour qu'en dépit des protestations de l'élite intellectuelle aussi vaines qu'en 1870, contrairement à leurs intérêts, à leurs affections, à l'horreur instinctive de la mort,

un mot d'ordre inexorable, une atroce consigne,
poussant ces hommes les uns contre les autres,
acharnés à se détruire sans savoir au juste dans quel
but, les jetterait par milliers à la mort, à la tuerie,
au carnage, toute l'énergie de pensée et d'action ac-
cumulée pendant quinze ou vingt ans chez les deux
peuples aboutissant, pour l'un, à un rêve sanglant
de gloire militaire, pour l'autre à la ruine définitive
et à l'anéantissement.

. . . .

Ces lignes ont été écrites en 1888, après mon premier voyage en Allemagne. En les publiant dès ce
moment, je me proposais de détruire les légendes
qui avaient cours dans la presse et dans l'opinion sur
les sentiments des Allemands à l'égard de la France.
Eugène Yung, directeur de la *Revue bleue*, à qui
j'avais communiqué le manuscrit, m'écrivait : « Le
sujet et même le titre de votre article me plaisaient »,
et il s'excusait de me le rendre par la crainte de
choquer les susceptibilités patriotiques de ses lec-
teurs (1). A cette époque, on ne pouvait encore parler des Allemands avec justice et convenance. Les
journaux vivaient sur le répertoire d'injures, d'im-
précations et de calomnies qu'a produit la rancune
des vaincus de 1870.

C'est ma génération — celle des quadragénaires
d'aujourd'hui — qui, attirée vers l'Allemagne, sans
doute par l'ascendant de la nation victorieuse, peut-
être aussi pour avoir été obligée d'étudier au collège

(1) L'article parut dans une autre revue, l'année suivante.

la langue allemande, a commencé à passer la frontière, au scandale de nos pères et de nos aînés, et à
ouvrir sur les pays germains des yeux d'observateurs impartiaux. Nous fûmes accueillis partout avec
courtoisie et même parfois avec une sympathie que
l'Anglais n'obtient pas en Allemagne et nous le dîmes à notre retour. Notre exemple fut suivi par les
amateurs d'art qui visitèrent les musées de Munich,
de Nuremberg et de Berlin, les galeries de Dresde
ou de Cassel, par les fervents de musique qui allèrent tout droit aux festivals wagnériens de Bayreuth
et l'impression de nos imitateurs fut pareille à la
nôtre. Sous l'Allemagne militaire dont le rude choc
avait abattu la France de nos pères, notre curiosité
intellectuelle retrouva l'Allemagne littéraire, artistique, philosophique, d'avant 1870, la patrie de
Gœthe et de Heine, de Dürer et de Wohlgemuth,
de Nietzche et de Schopenhauer, de Schumann et
de Weber, et cette Allemagne-là nous fit oublier
l'autre.

Les jeunes gens de trente ans n'ont rien eu à oublier puisqu'ils n'ont pas eu le spectacle de la guerre
qui terrifia nos yeux d'enfants. Cette horrible guerre
qui, durant six mois, ravagea la moitié de la France,
leur apparaît dans le même recul que les campagnes de Kléber ou de Moreau. Ayant appris la langue en pays germanique, étudié aux universités
d'outre-Rhin, ils connaissent plus intimement encore
que nous l'Allemagne moderne et l'admirent sans
réserve pour sa culture littéraire et scientifique, pour
l'essor industriel et commercial qu'a révélé au monde

entier l'Exposition universelle de 1900. Ceux-là sont totalement étrangers aux haines des hommes de plus de cinquante ans et ne comprennent même pas leur ressentiment.

Il y a donc entre les deux pays une tendance indéniable au rapprochement. Les rapports officiels sont même empreints d'une cordialité nouvelle, puisqu'on a pu voir récemment nos généraux placés en Chine sous l'autorité du maréchal de Waldersée et nos soldats partager fraternellement leur gamelle avec les fusiliers allemands. Le seul obstacle à ce rapprochement, c'est la question d'Alsace-Lorraine. Comment la résoudre ?

Par les armes ? La France s'est trouvée, en plusieurs occasions, dans le cas légitime d'y recourir contre son ennemie de la veille, elle n'en a saisi aucune. Le besoin vital de paix l'a toujours emporté sur les rancunes les plus tenaces et la vision de l'effroyable cataclysme a fait reculer les plus hardis. Depuis trente ans, les deux peuples vivent donc sur le pied de guerre, pourvus des armements les plus formidables, avec le désir secret de ne jamais s'en servir. Les besoins économiques, les relations nouées dans le domaine des lettres, de la science et de l'art, la pénétration des idées socialistes, les conférences de la Paix font repousser comme un odieux cauchemar l'image sanglante des batailles futures.

Des chroniqueurs ingénieux ont cru trouver une solution diplomatique en proposant d'offrir à l'Allemagne une compensation coloniale en échange des provinces qu'elle nous a enlevées ou même d'une partie de ces provinces. S'imaginer obtenir à ce prix la rétrocession des pays annexés, c'est faire preuve de l'ignorance la plus naïve des choses d'Alsace et d'Allemagne. Il suffit d'avoir regardé les défenses militaires implantées dans le sol conquis, d'être renseigné sur la méthode d'infiltration constante, obstinée et patiente, pratiquée en Alsace-Lorraine, d'avoir lu des journaux d'outre-Rhin ou de connaître les théories historiques enseignées aux Allemands pour être certain que jamais l'Allemagne ne cédera volontairement un pays qu'elle a fait sien au prix de tant de sang et qu'elle juge nécessaire à la protection de ses frontières. Le gouvernement qui oserait proposer une telle renonciation serait balayé par l'indignation publique. Si l'on veut s'en rendre compte, on n'a qu'à imaginer un ministre français montant à la tribune et offrant de rendre bénévolement Nice et la Savoie à l'Italie. Or, si nous détenons Nice et la Savoie, c'est en vertu d'un traité de libre cession, nous ne les avons pas conquises par les armes ; nous n'avons donc pas de raison d'y tenir aussi obstinément que les Allemands à l'Alsace-Lorraine. Dès lors, si un grand nombre de français ne se résignent pas encore à la perte de l'Alsace-Lorraine, ils ne doivent pas s'étonner que les vainqueurs ne consentent pas à se dépouiller volontairement du prix de leur victoire.

La solution par la force, du conflit latent, chacun s'accorde à la repousser. La solution diplomatique étant illusoire, on en est venu à discuter ouvertement

dans nos journaux la question de savoir si la France
ne devrait pas abdiquer toute prétention sur ses anciennes provinces de l'Est, où, peu à peu, malgré
les résistances locales, l'œuvre de germanisation
s'accomplit, accepter définitivement le retranchement
de territoire que lui a fait subir le traité de Francfort.
Si un pareil abandon était proposé par nos manda-
taires (il est plaisant de voir cette insigne platitude
conseillée, en haine de l'Angleterre, par les plus
guerroyants *revanchards* d'il y a dix ans!) il se trouverait encore, malgré les trente ans révolus, beaucoup de Français, pour répondre qu'en cette matière,
il n'y a pas de prescription et invoquer l'exemple
même de la Prusse qui a su attendre près de soixante
années pour venger ses défaites et refaire à nos dépens l'unité de l'Allemagne.

Alors il faut donc persister dans cette attitude contrainte et illogique où nous place la revendication
tacite de droits que nous évitons avec soin de faire
valoir? Sans doute elle nous condamne à une expec-
tative qui peut être très longue, qui durera jusqu'à
ce qu'une occasion favorable nous permette de réclamer soit par la force, soit dans un congrès diplomatique, le bien dont on nous a dépouillés ou
seulement une partie de ce bien. Mais qui veut obtenir un avantage doit être en état de se faire redouter
de son adversaire. Ce n'est pas en jetant les cartes
au vent que l'on a chance de gagner la partie et
même pour transiger, il faut être en mesure d'inten-
ter un procès. L'abdication pure et simple serait la
plus sotte des duperies et les Allemands, encouragés

par notre lâcheté, ne seraient pas longs à nous en faire repentir, si bien disposés qu'ils semblent être aujourd'hui à notre égard.

En résumé, je crois, pour les avoir constatées dans chacun de mes voyages, aux sympathies de la nation allemande pour la France, mais ces sympathies n'iront jamais jusqu'à nous faire la concession fondamentale qui lui est virtuellement demandée. Il est, d'autre part, évident que notre pays a tout intérêt à vivre en paix avec l'Allemagne — et, pour ma part, je souhaite le maintien de cette paix ; — mais du jour où la France accepterait le fait accompli, elle serait à tout jamais une nation déchue.

Décembre 1901.

CITÉS D'ALLEMAGNE

DEUX PETITES
CAPITALES GERMANIQUES
LUXEMBOURG — SIGMARINGEN

LUXEMBOURG

Si parmi tant de chefs-lieux de principautés allemandes, intéressants pour le visiteur par les monuments qu'y ont laissés les familles souveraines dont ils furent la résidence, ces deux petites villes se sont groupées de préférence sous ce titre, c'est qu'un lien historique les unit dans nos souvenirs, à cause du rôle que l'une et l'autre ont joué dans l'origine des dissentiments entre la France et la Prusse qui ont amené la guerre de 1870.

Déjà, trois ans plus tôt, l'affaire du Luxembourg avait failli la provoquer. Comme prix

de son abstention, dans la campagne de 1866,
il avait été question, après le traité de Prague,
de céder à la France le Palatinat et Mayence.
Mais, lorsque ces promesses furent rappelées
au comte de Bismarck, celui-ci fit entendre que
le sentiment allemand s'opposerait violemment
à toute cession à la France d'un territoire germanique ; comme compensation, il laissait le
gouvernement impérial libre de porter ses
vues sur la Belgique. Bientôt après, cependant, se souvenant que la neutralité de ce pays
était garantie par des traités européens, il
engagea le représentant de la France à se
rabattre pour le moment sur l'annexion du
Luxembourg, qui pourrait être un achemine-
ment à celle de la Belgique. D'après lui, le
droit de garnison reconnu à la Prusse par les
traités de 1815 se trouvait aboli par la rupture
violente de la Confédération germanique, ré-
sultant de la campagne de 1866. Mais, comme
le congrès de Vienne avait octroyé la souveraineté du grand-duché au roi des Pays-Bas,
la France devait, à son avis, négocier d'abord
avec ce prince la cession du Luxembourg.
Des pourparlers dans ce sens eurent lieu à la
Haye ; l'abandon était admis en principe par
le roi Guillaume III, le prix convenu, l'affaire
paraissait conclue... Mais pendant ce temps,
l'opinion allemande, surexcitée contre l'an-

nexion à la France d'un territoire si longtemps compris dans le faisceau des États germaniques, s'échauffait; les journaux, devenus belliqueux, poussaient des cris d'alarme. La guerre eût éclaté dès lors si le roi de Hollande, inquiet de la suite des événements, n'avait, avant d'apposer sa signature à l'acte diplomatique, réclamé le consentement avoué de la Prusse, tandis que celle-ci prétendait, officiellement du moins, rester en dehors des négociations, avoir, en quelque sorte, la main forcée.

Là-dessus se produit, au parlement de Francfort, l'interpellation de M. de Bennigsen s'élevant, au nom du patriotisme allemand, contre la cession projetée qu'à son avis, la Prusse ne devait pas tolérer. Le parti militaire prussien, qui voulait la guerre, exulte ; le roi de Hollande recule devant les conséquences d'une initiative qui peut irriter son puissant voisin ; la France, de son côté, afin de ne pas provoquer un conflit, laisse en suspens l'arrangement conclu. Mais, changeant de tactique, son ministre des affaires étrangères fait appel aux puissances signataires du traité du 19 avril 1839, intervenu entre la Belgique et la Hollande pour la délimitation de leurs frontières, et les invite à discuter le droit de la Prusse de tenir garnison à Luxembourg.

La France déclare alors qu'elle renoncera à la cession consentie par le roi des Pays-Bas si, de son côté, la Prusse renonce à occuper la forteresse.

Une conférence internationale s'étant réunie à Londres, le 7 mai 1867, pour trancher le différend, les diverses puissances représentées s'entendirent sur ce point que le Luxembourg resterait neutre sous leur garantie collective, que le roi des Pays-Bas en conserverait la souveraineté, mais que la Prusse évacuerait la forteresse et que celle-ci serait démantelée. Si le résultat de cette conférence fut pour la politique impériale un succès diplomatique, c'était un succès bien contestable et qui n'eut pour effet que de différer la guerre imminente entre la France et l'Allemagne.

En retirant alors sa garnison de cette place forte de l'empire germanique, la Prusse ne fît que suivre l'exemple des diverses puissances qui ont, tour à tour, occupé ou perdu le Luxembourg. Peu de pays, en effet, ont une histoire aussi mouvementée, ont aussi souvent changé de maîtres. Maints sièges ont été subis par la célèbre citadelle : en 1443, elle fut prise par le duc de Bourgogne, en 1479 par les Français, puis reprise à ceux-ci par le margrave de Bade. En 1543, les Français s'en emparèrent de nouveau ; mais, l'année suivante, elle tomba au pouvoir des Impériaux. De plus, elle fut attaquée sans succès en 1559, par le duc de Guise, en 1597, par le maréchal de Biron.

Au xvii° siècle, le grand-duché se trouvait, comme les Pays-Bas, sous la domination espagnole. Quand Louis XIV recommença la guerre contre l'Empereur, pour inexécution du traité de Nimègue, le maréchal de Créquy, après un siège de cinq semaines qui coûta huit mille hommes aux Français, s'empara de la place (4 juin 1684). Vauban, qui avait dirigé les travaux de sape et d'approche de la citadelle, fut chargé d'en rendre les fortifications plus redoutables. Louis XIV y fut reçu le 21 mai 1687 ; il y séjourna une semaine.

En 1659, par le traité des Pyrénées, le grand-duché avait perdu les villes et prévôtés de Thionville, Montmédy, Damvillers, Ivoix, Chavancy et Marville. Le traité de Ryswick (1697) en rendit à l'Espagne la possession, à l'exception des parties cédées à la France par celui des Pyrénées. L'avènement au trône d'Espagne du duc d'Anjou donna virtuellement à ce prince le Luxembourg, mais il céda bientôt la vice-royauté des Pays-Bas à son compétiteur, l'électeur Max-Emmanuel de Bavière. La paix d'Utrecht (1713), confirmée par le traité de Rastadt (6 mars 1714) attribua ensuite à l'Autriche la souveraineté des Pays-Bas espagnols. Elle la conserva jusqu'en 1795. Le 7 juin de cette année, l'armée de la République s'empara de la citadelle après huit mois de siège. L'annexion du grand-duché, sous le nom de département des Forêts, fut prononcée le 1er octobre suivant par la Convention et confirmée deux ans plus tard par le traité de Campo-Formio.

Voilà donc une fois encore la France maîtresse du Luxembourg. Napoléon Ier transforme certains domaines du pays en fiefs pour ses serviteurs. C'est ainsi qu'en 1810, il érige en majorat, pour le donner au baron de Marbeuf, le château de Vianden qui, aujourd'hui, n'est plus qu'une ruine pittoresque dans un beau site, au-dessus du cours de l'Oure (1).

Après l'invasion des alliés, en 1814, la France dut retirer sa garnison, qui fut aussitôt remplacée par une troupe prussienne. Le congrès de Vienne remania encore une fois les limites du grand-duché de Luxembourg; tout en le plaçant dans la Confédération germanique, il en attribua la souveraineté au roi des Pays-Bas. Mais le grand-duc renonça

______

(1) Sur le site de Vianden, — où l'on va aujourd'hui de Diekirch par un tramway, — V. Hugo a écrit une page dans *Actes et paroles* (*Depuis l'exil*). Une inscription désigne la maison modeste où le poète demeura quelques mois en 1871.

bientôt en faveur de la Prusse à la nomination
du gouverneur. On a vu que cette possession
en commun faillit provoquer en 1867 la guerre
franco-allemande.

Le Luxembourg devait changer encore de
nationalité ; la révolution belge de 1830 en-
traîna son rattachement à la Belgique. Le
traité de 1839 divisa le grand-duché en deux
régions, dont l'une resta partie intégrante du
territoire belge ; l'autre fut rendue aux Pays-
Bas, ou plutôt à leur roi. Car ce prince est
resté jusqu'en 1890 souverain du grand-duché.
Le 23 novembre de cette année, la mort de
Guillaume III, sans héritiers mâles, le fit passer, conformément aux stipulations du traité
de Londres, sous l'autorité de son cousin, le
duc de Nassau.

Lorsque, franchissant le haut viaduc qui
enjambe le vallon de la Pétrusse sur des arches de 42 mètres, on arrive à Luxembourg
par l'avenue de la Gare, la situation même de
la ville construite sur un éperon rocheux escarpé, entouré par des cours d'eau qui forment de profonds fossés naturels, indique que,
de tout temps, elle fut destinée à servir de
forteresse. En effet, la force de cette position
défensive fut toujours si évidente que tous les
possesseurs du duché l'ont successivement
accrue par de nouveaux ouvrages d'art, de-

puis Henri VI, comte de Luxembourg, empereur d'Allemagne sous le nom de Henri VII, mort en 1312, et son fils Jean l'Aveugle, roi de Bohême, mort en 1346, jusqu'aux derniers occupants, les Prussiens, qui édifièrent les forts détachés. On pourrait presque écrire l'histoire de la ville en étudiant les plans de la forteresse publiés depuis le xvi⁰ siècle jusqu'au xix⁰. Ceux du xvi⁰ siècle représentent une enceinte continue, pourvue de tours et dans laquelle sont compris plusieurs monastères considérables, mais qui n'enferme pas encore complètement les deux presqu'îles à pic qu'enserre l'Alzette dans ses replis en forme d'S. Les ouvrages de défense s'étendent de plus en plus et se développent surtout sur le front ouest, dont l'accès n'est pas interdit comme celui des autres faces, par des escarpements naturels. De ce côté, avant et après le siège de 1684, on accumula bastions, lunettes, demi-lunes, ouvrages à cornes.

Parmi les plans du xvii⁰ siècle représentant le siège de Luxembourg et les approches de l'armée royale, l'un des plus exacts et des plus artistiques, dû au graveur Romain de Hooghe, indique avec précision l'emplacement des Français et la direction de leurs attaques. La principale, parallèle au chemin de Thion-

ville, était dirigée contre les ouvrages du front
ouest; l'armée française avait son camp sur le
plateau Notre-Dame. Des hauteurs qui dominent le Pfaffenthal, protégé par des redoutes
avancées, des batteries combinaient leurs
feux sur le saillant du chemin d'Arlon avec
ceux des canons épaulés devant le front occidental. Le saillant de la porte de Trèves, à
l'extrémité de la presqu'île circonscrite par la
Pétrusse, affluent de l'Alzette, était bombardé
par des pièces établies sur les hauteurs de
Bonne-Voye. D'autres batteries, installées
dans le parc du château de Mansfeld, situé en
avant du faubourg de Clausen et où le maréchal de Créquy avait placé son quartier-général, contre-battaient les défenses du plateau
d'Altmünster.

Après la victoire, Vauban qui, en dirigeant
l'attaque avec un corps de soixante ingénieurs,
avait pu étudier les points faibles de la place,
fit construire des ouvrages extérieurs au delà
de la Pétrusse, développa ceux qui existaient
de l'autre côté du *Pfaffenthal*, établit en avant
de la ville basse ou *Grund*, couverte jusque-là
par une seule redoute, une solide tête de pont
avec une série de demi-lunes reliées entre
elles et remania les bastions de l'enceinte.
Par une courtisanerie qui peint bien l'époque,
les estampes gravées après les créations de

Vauban, déclarent naïvement que cette place
de Luxembourg, prise par Louis XIV, est devenue imprenable par les fortifications nouvelles dont le roi l'a pourvue. Or, ni les travaux de Vauban, ni les défenses extérieures
qu'on y ajouta au xviiie siècle, n'empêchèrent
Luxembourg d'être prise, en 1795, par les
troupes républicaines, après une vigoureuse
résistance qui arrêta pendant huit mois vingt-
huit mille hommes de l'armée de la Moselle.

L'intérieur même de Luxembourg, petite
ville de province de vingt mille âmes, n'offre au touriste ni monuments, ni trésors d'art,
comme ses voisines des Flandres et des Pays-
Bas; mais le pittoresque du site suffit à justifier sa visite. A cet égard, le démantèlement
de la forteresse n'a fait qu'en rendre l'aspect
plus caractéristique. Aucun relief géomé-
trique, aucun tracé arbitraire ne vient plus
altérer la beauté naturelle du site, les bastions
et les redoutes ayant été rasés, sauf ceux qui
étaient taillés à même le roc. Aussi rien de
plus curieux que de faire le tour de l'ancienne
enceinte, de descendre dans le *Grund* et de
longer les rochers de grès à pic sur lesquels
est bâtie la ville haute, par les chemins qui
serpentent sur les flancs des vallées de la Pétrusse et de l'Alzette, entre des maisons, des
potagers, des bouquets d'arbres. D'une ter-

rasse au nord du jardin public, on découvre
toute la vallée du *Pfaffenthal* où l'Alzette,
après avoir contourné les rochers de Luxembourg, s'engage pour se diriger vers le cours
de la Sûre, à laquelle elle apporte ses eaux.

Cette vallée est très étroite et le chemin de
fer de Stavelot, après avoir trois fois traversé
la rivière sur de hauts viaducs, obligé de la
côtoyer de très près, a dû frayer sa voie sur
les flancs mêmes de l'Ober et du Niedergrün-
wald. Perpendiculairement à la route qui descend de la ville et passe entre ces deux collines boisées, sept tours en enfilade indiquent
l'emplacement de la vieille enceinte. La dernière domine un reste de la muraille, percée
d'embrasures béantes qui, de loin, ressemblent à des gueules noires. Un pont de pierre
étroit, avec deux tours carrées pour tête de
pont, enjambe l'Alzette, rejoignant le mur des
fortifications qui avaient été élevées en avant
du *Pfaffenthal*. Un pan écroulé de ce mur tient
à un arceau sous lequel passe la voie ferrée...
Partout, des vestiges de la forteresse primitive, tapissés de verdure, des saillants aigus
dont l'angle est surmonté d'une poivrière, des
ruines de tours de toute forme, et partout des
gazons, des arbustes, des feuillages frisson-
nants d'ormes, de frènes et de trembles, tran-
chant sur le sombre manteau de sapins et de

mélèzes dont sont revêtues les hauteurs voisines.

L'enceinte n'a d'ailleurs été complètement rasée que là où elle était formée seulement d'ouvrages d'art, c'est-à-dire surtout sur le front occidental. Les anciens glacis ont été transformés en un magnifique parc anglais, solitaire, sauf à l'heure de la musique. J'y ai entendu la musique militaire des volontaires jouer un pot-pourri sur le *Freischütz*. Ce concert en plein air, le soir, sous les beaux arbres, cette harmonie de cuivres détaillant un opéra allemand, l'attitude placide et recueillie de l'auditoire, c'était déjà l'Allemagne, ce n'était plus la France...

En effet, par les mœurs, par sa constitution politique, aussi bien que par sa situation géographique, le Luxembourg est bien un pays intermédiaire entre la France et l'Allemagne.

Le pouvoir législatif est exercé par une Chambre des Députés, nommés à l'élection directe par des électeurs payant au moins trente francs de contributions et dont les membres, au nombre de quarante-cinq, élus pour six ans, se renouvellent par moitié tous les trois ans. Le pouvoir exécutif est représenté par un ministre d'État, président du Conseil, et trois directeurs généraux. L'organisation politique comprend, en outre, un Conseil d'État de quinze membres.

La législation française est encore en vigueur dans le pays. Les deux langues, française et allemande, sont admises dans les actes judiciaires et administratifs et enseignées dans les écoles, mais la langue usuelle est l'allemand et, dans le peuple, le patois luxembourgeois. Neutres, les habitants du Luxembourg sont exempts des charges militaires. Leurs seules forces consistent en trois cents hommes de troupes, divisés en deux compagnies, l'une de gendarmes, l'autre de volontaires (1). Cultivant un pays fertile, riches, échappant à nos lourds impôts, les Luxembourgeois sont satisfaits de leur sort. Très indépendants, comme les Suisses, les Alsaciens, ils s'estiment heureux de leur neutralité qui leur a épargné l'invasion allemande et la guerre de 1870.

Toutefois, ce n'est plus l'annexion de leur territoire à la France qu'ils doivent redouter aujourd'hui, c'est son incorporation à la

(1) D'après un article publié le 5 mai 1901 dans *Armée et Marine*, les forces militaires du Luxembourg sont exactement de 344 hommes : 135 gendarmes, 170 volontaires, 39 musiciens. Il y a un capitaine par compagnie, avec un lieutenant pour les gendarmes et 3 pour les volontaires. Les officiers se forment par un stage en Autriche. La tenue consiste en une tunique bleue avec passepoil rouge, col et revers des manches noirs, et un pantalon noir; épaulettes, galons et boutons blancs.

Prusse. Il ne tient plus, en effet, au sol français, vers Longwy, que par une langue de terre que les auteurs du traité de Francfort ont rendue aussi étroite que possible. L'Allemagne le cerne de trois côtés ; elle peut en revendiquer la possession à cause de la communauté de langue. Gouverné par un prince très âgé, Allemand d'origine, le duc Adolphe de Nassau, — englobé dans le *Zollverein*, à moitié germanisé par la Prusse qui a déjà mis la main, en 1871, sur ses chemins de fer stratégiques, le grand-duché deviendra fatalement un jour terre allemande. En cas de guerre avec la France, sa neutralité serait probablement violée ; ce ne sont pas les trois cents hommes et les six canons de son armée, canons de vieux système, servant uniquement à tirer des salves, qui barreraient le passage aux Prussiens et les empêcheraient d'occuper Luxembourg. La forteresse elle-même, fût-elle remise en état de défense, ne serait plus aujourd'hui aussi redoutable qu'en 1795, au temps où Carnot la proclamait, « après Gibraltar, la première place de guerre de l'Europe ». Au XVIIe et au XVIIIe siècles, la position était certainement très forte contre les bouches à feu à tir court, mais si déjà, en 1684, Vauban put la réduire en établissant ses batteries sur les hauteurs voisines qui la commandent, aujourd'hui, sans forts avancés, elle deviendrait un véritable nid à obus, intenable pour ses défenseurs.

Dès lors, facilement obtenue, la possession du grand-duché donnerait à l'agresseur deux lignes de pénétration auxquelles nous n'avons rien à opposer : d'une part, les vallées de l'Alzette et du Chiers qui permettraient de tourner nos forteresses de l'Est; de l'autre, la trouée du Tiercelet par laquelle l'armée des Coalisés envahit la France, en 1792. De Trèves, de Coblentz, d'Aix-la-Chapelle, les voies ferrées y transporteraient promptement les corps et le matériel d'une armée. La ligne du chemin de fer qui traverse le duché du nord au sud, y concentrerait des forces nombreuses qui, par la ligne transversale Wasserbillig, Luxembourg, Arlon, pourraient gagner la vallée de la Meuse, en évitant les places de guerre de la Belgique, Liège, Namur. De si grands avantages stratégiques (1) sont faits pour tenter les Allemands, et l'indépendance du Luxembourg, déjà menacée en 1870 par Bismarck, pour quelques témoignages de sympathie donnés à la France vaincue, paraît dès maintenant gravement compromise. Les Luxembourgeois se réjouissent de ce qu'elle

(1) Sur l'importance stratégique du Luxembourg, on lira avec fruit le livre de M. L. Gélinet, *Le Grand-Duché de Luxembourg vis à vis de la France et de l'Allemagne.*

leur a naguère épargné les fléaux de l'invasion. Une guerre entre la France et la Prusse condamnerait sans doute le paisible et verdoyant duché, si pittoresquement vallonné par les rameaux extrêmes des Ardennes, à leur servir encore une fois de champ de bataille...

SIGMARINGEN

La principauté de Hohenzollern est peu connue et peu visitée, même par les Allemands. Enclavée au sud de l'Allemagne, entre le duché de Bade et le Würtemberg, elle ne se trouve placée sur aucun itinéraire pratique, il faut se détourner des tracés de voyage habituels pour la parcourir. Et cependant, autant que d'autres pays, elle offre des sites intéressants, elle évoque des souvenirs historiques.

On se rend à Sigmaringen, capitale de la principauté, soit d'Ulm par un embranchement, soit de Stuttgard, par la ligne de Tubingue-Hechingen. Quand on vient de France, le chemin le plus intéressant consiste à suivre la grande ligne du duché de Bade, d'Appenweier à Offenburg et à prendre ensuite l'embranchement d'Hausach-Immendingen. Le trajet est des plus pittoresques, la ligne coupe à travers monts et vaux de la Forêt-Noire et rejoint la vallée du Danube à Donaueschingen,

Après Tutlingen, celle-ci se rétrécit, le fleuve s'engage entre des rocs escarpés de cent mètres de haut, creusés de cavernes, coupés de petits vallons, ombragés par des bouleaux et des hêtres. Partout, au sommet des rochers, se profilent des châteaux et des ruines. Beuron, où fut naguère une ancienne abbaye, est un des sites les plus sauvages du parcours. A Inzighofen, la dernière station avant Sigmaringen, la vallée du Danube, qui longe le parc d'un château du prince de Hohenzollern, est encore très accidentée. Là, elle s'élargit, les rochers font place à des coteaux verdoyants.

Quand on voit le Danube à Sigmaringen, si paisible, profond d'un mètre, large de vingt à peine, enjambé par un rustique pont de bois, navigué par des canards qui barbotent sur ses rives, on ne peut s'imaginer que ce soit ce même fleuve au courant impétueux, qu'on a vu si vaste et si rapide à Vienne ou à Pesth. On dirait une petite rivière calme et dormante de nos provinces du Centre, le Loir ou la Vienne, par exemple. De même que Sigmaringen, malgré son titre de résidence princière et la qualité de *Hoflieferant* (fournisseur de la cour), revendiquée sur les enseignes par tous les marchands et boutiquiers, depuis le coiffeur jusqu'au ferblantier, n'est qu'une humble petite ville de 4,500 habitants, qui se donne

des airs de capitale. La partie qui descend
vers le pont de bois ressemble même plutôt à
un grand village.

Le seul quartier intéressant est la région de
la ville haute, qui entoure le château. Bâti sur
un rocher, dans un site qu'environnent les collines boisées de la vallée du Danube, ce château avec ses tours, ses tourelles, ses toits aigus, ne manque pas d'une certaine allure, bien
qu'un incendie survenu en 1893 ait détruit une
partie des appartements. Le clocher bulbeux
de l'église qui se dresse à côté des constructions du château, le long de la rampe d'accès,
et de loin confond sa silhouette avec la leur,
complète le tableau.

La résidence du prince de Hohenzollern
contient une galerie de peinture des primitifs
allemands : Martin Schaffner, Zeitblom, etc.,
et d'objets d'art anciens : bois sculptés, cuivres, grès, faïences, verreries, émaux. Il n'y
a là rien de premier ordre, surtout pour qui a
vu en Allemagne les musées de Munich, Nuremberg, Augsbourg, Stuttgard, mais ces objets d'art sont intelligemment présentés, disposés avec goût, dans un très beau local,
haute salle gothique à voûte et piliers de bois,
éclairée par de grandes verrières, et certaines
pièces, parmi les émaux, notamment, ne sont
pas sans mérite.

Le titulaire actuel de la principauté de Hohenzollern (car la souveraineté appartient à la Prusse en vertu de l'abdication des princes régnants signée en 1849), n'est autre, depuis la mort de son père, le prince Charles-Antoine, survenue le 2 juin 1885, que le prince Léopold de Hohenzollern dont la candidature au trône d'Espagne, inventée par Prim, fut l'occasion du conflit franco-allemand, qui aboutit à la guerre de 1870. Je rappelle brièvement les circonstances qui ont précédé la déclaration de guerre.

Le 3 juillet 1870, fut connue en France la proposition adressée par le maréchal Prim au prince Léopold. L'émotion fut grande et encore accrue par le langage cavalier tenu le 6 devant le Corps législatif par le duc de Gramont, ministre des affaires étrangères. La présence d'un souverain allemand, d'un parent du roi de Prusse, sur le trône d'Espagne, fut considérée comme devant modifier considérablement les relations de ce pays avec la France. De plus, en cas de rupture entre la France et la Prusse, il pouvait, par une alliance offensive avec l'Allemagne, contribuer utilement à diviser nos forces et nous écraser. Le souvenir des guerres d'Espagne du premier Empire n'était pas encore oublié, il devait nous servir de leçon. En principe donc, l'émoi du gouvernement et du pays était légitime ; en fait, ses appréciations étaient peut-être exagérées. Il n'y a aucune sympathie de race, aucun rapport de religion ou de mœurs entre l'Allemagne et l'Espagne, qui pût faire craindre de voir ce pays, si jaloux de son indépendance, se laisser assimiler ou même influencer par la Prusse. De plus, il était encore en pleine effervescence et la révolution est restée à son état normal jusqu'à l'avènement d'Alphonse XII. Un prince étranger, imposé par un dictateur, pouvait heurter le sentiment national, se rendre impopulaire, avoir le sort enfin qui était réservé au roi Amédée de Savoie. Il n'y avait donc pas, en somme, péril en la demeure, et s'il existait, on aurait pu l'envisager avec plus de sang-froid.

Les ministres d'alors en manquèrent totalement. Le duc de Gramont, considérant cette intronisation d'un Hohenzollern comme une sorte de défi adressé à la France, entama aussitôt des négociations avec le roi de Prusse pour obtenir le retrait de la candidature du prince Léopold. Suivant les coutumes du droit féodal qui régit le statut des maisons princières allemandes, celui-ci ne pouvait rien sans le consentement de son père, le prince Charles-Antoine. Son frère, devenu prince héréditaire de Roumanie par plébiscite, le 20 avril 1866,

admettant fort bien la susceptibilité de la
France, s'entremit auprès de son père, par
l'intermédiaire d'un envoyé, M. de Stratt, pour
le décider à renoncer au trône d'Espagne, au
nom du prince Léopold. Bien accueilli à Sigmaringen, l'envoyé roumain convainquit le
prince Charles-Antoine de la nécessité de céder
aux représentations de la France (1). Celui-ci
notifia sa renonciation par un télégramme dont
l'ambassadeur d'Espagne à Paris eut connaissance le 12 juillet à onze heures trente-quatre
du matin. M. Olozaga le porta aussitôt à l'empereur et à M. Emile Ollivier, président du
conseil. Les difficultés semblaient aplanies, il
ne restait plus qu'à attendre la confirmation,
par la voie diplomatique, de ce télégramme,
dont la teneur avait été déjà divulguée par
M. Ollivier, qui le considérait comme un gage
de paix. Mais le jour même, au Corps Législatif, M. Clément Duvernois interpella le gouvernement dans le but de savoir quelles garan-
ties il avait obtenues vis-à-vis de la Prusse.
Cette interpellation à laquelle il ne pouvait
être utilement répondu, puisque le roi de
Prusse, tout en manifestant à M. Benedetti
des dispositions conciliantes, ne semblait pas

(1) Cette intervention du prince de Roumanie a été révélée
par l'ouvrage autobiographique, dit-on, intitulé : *Aus dem
Leben Konigs Karl von Rumänien*, 2 vol. in-8°, Stuttgard, Cotta.

disposé à intervenir officiellement auprès de son parent, alluma l'ardeur belliqueuse de la Chambre. De son côté, M. de Gramont, ne voulant pas se contenter de la renonciation octroyée par le prince Charles-Antoine, demanda à l'ambassadeur de Prusse, M. de Werther, une lettre du roi s'associant au refus exprimé par le prince et s'engageant *à ne plus permettre que la candidature se reproduisît à l'avenir*. Par une dépêche envoyée à Benedetti, le même jour à sept heures du soir, il fit demander au roi Guillaume de prendre cet engagement. Dans la soirée, sur le conseil de M. Emile Ollivier, une seconde dépêche fut expédiée, qui atténuait un peu ses prétentions. C'était néanmoins une sorte d'ultimatum formel que Benedetti avait à poser. Cette pénible démarche lui fut épargnée, car dans la matinée du lendemain, le rapport de M. de Werther sur les événements de la veille, communiqué au roi par M. de Bismarck, l'avait détourné de ses dispositions conciliantes. Le 13 au matin, sans donner audience à Benedetti, le roi lui avait fait entendre qu'il ne voulait pas prendre un engagement de ce genre. Dans l'après-midi, l'ambassadeur ayant fait une nouvelle démarche pour être reçu, il lui fut répondu par un aide de camp que « Sa Majesté ne saurait consentir à reprendre la discussion sur la garantie qui lui était demandée. »

Il n'y avait là ni insulte formelle, ni refus proprement dit de recevoir le représentant d'une nation amie; c'est la dépêche circulaire du 14, adressée par M. de Bismarck à ses agents diplomatiques en Allemagne, qui a interprêté en ce sens l'acte du roi. Et l'on a su récemment que le chancelier revendiquait la paternité de la rédaction, qu'il avait sciemment choisi les termes qui transformaient le fait en insulte. Cette confession tardive, en démontrant que l'initiative de la guerre de 1870, si longtemps et si perfidement attribuée à la France, revient en somme au gouvernement prussien, atténuera sans doute aux yeux de l'histoire les responsabilités qui pesèrent d'un poids si lourd sur le cabinet qui la déclara. La préméditation n'est plus douteuse aujourd'hui. Bismarck voulait la guerre afin d'achever l'œuvre de l'unité allemande, il la voulait depuis 1867. Le Luxembourg faillit lui en donner l'occasion; un prétexte la lui ayant offerte en 1870, il se garda bien de n'en pas profiter.

Ceux qui voudraient s'en convaincre n'auraient qu'à lire l'espèce de journal anonyme du roi Charles de Roumanie qui a paru en 1894, à Stuttgard. Ils y verraient que l'idée d'offrir le trône d'Espagne au prince Léopold de Hohenzollern était venue à Prim en 1868.

Des ouvertures furent faites dès ce moment
au prince Charles-Antoine, qui ne se montra
pas désireux de voir son fils tenter l'aventure.
Mais Bismarck était d'un avis contraire. En
septembre 1869, un émissaire de Prim, don
Eusebio Salazar y Mazaredo était envoyé se-
crètement en Allemagne pour offrir la couronne au prince héritier de Hohenzollern.
C'est le prince Charles de Roumanie qu'il
s'agissait de déterminer à l'accepter ; celui-ci
s'en tint à la sienne. L'envoyé l'offrit ensuite
au prince Léopold qui la refusa. Après cet
échec, Salazar se retira. Mais en mars 1870,
ce fut à Berlin qu'il se rendit, avec les mêmes
instructions du maréchal Prim, cette fois plus
pressantes ; le père et le fils, mandés auprès du roi, virent clairement que Bismarck
prenait à cœur cette affaire et la recomman-
dait chaleureusement au roi. Néanmoins, le
16 mars, le prince Léopold formula un nouveau refus. Charles-Antoine, devenu sous l'influence du chancelier plus ambitieux que l'année précédente, appela à Berlin son plus
jeune fils, Frédéric, qui ne se laissa pas convaincre mieux que son frère. Après quelques
semaines de réflexion, le prince Léopold, cir-
convenu par M. de Bismarck, se ravisa et, le
4 juin, exprima son acceptation. Salazar revint en Espagne porteur de la grande nou-

velle, mais il ne sut pas observer un silence diplomatique : elle transpira. Dès lors, pour opposer aux difficultés extérieures l'argument décisif du fait accompli, Prim convoqua les Cortès en session extraordinaire à la date du 17 juillet, pour élire le candidat allemand.

Ces révélations d'un frère du prince Léopold démontrent que les négociations entre Prim et le chef de la famille de Hohenzollern durèrent dix-huit mois. Bien que Benedetti eût, au mois de mars 1870, averti le ministre des affaires étrangères, des pourparlers avec l'Espagne, avoués dès lors par M. de Bismarck, le gouvernement n'eut pas conscience du piège préparé par le chancelier. Aussi, lorsque la nouvelle de l'acceptation du prince de Hohenzollern fut divulguée par l'Agence Havas, le sous-secrétaire d'État aux affaires étrangères de Prusse put-il répondre au chargé d'affaires de France, qui lui demandait des explications, que cette négociation n'existait pas pour lui. Et l'ignorance du duc de Gramont, à l'égard des faits révélés récemment, était telle que cette réponse put être tout d'abord prise au sérieux.

De tels souvenirs assombrissent bientôt pour le visiteur français l'aspect si paisible de cette petite capitale de Sigmaringen, dont le prince devint, en 1870, bien innocemment sans doute, l'instrument des machinations de M. de Bismarck; ils semblent plus pénibles encore à l'aspect du monument commémoratif érigé sur le *Muhlberg,* de l'autre côté du Danube, aux soldats de Hohenzollern qui ont péri dans la campagne de France.

. . . .

Une excursion à Sigmaringen comporte la visite du château de Hohenzollern, berceau de la famille qui fournit aujourd'hui des empereurs à l'Allemagne.

De la station de Zollern, sur la ligne de Tubingue à Sigmaringen, en trois quarts d'heure, par une route qui serpente le long du rocher, on gagne le sommet du piton escarpé, boisé de chênes et de hêtres, sur lequel est construit le château. C'est sur une cime isolée de la *Raualpe* que les comtes de Zollern avaient construit leur donjon. La fondation primitive date du xie siècle; c'est aussi à cette époque (1061), malgré la courtisanerie des généalogistes allemands qui ont recherché pour la famille régnante les souches les plus illustres et les plus fabuleuses, que l'histoire trouve trace des ancêtres les plus reculés dont on connaisse les noms : Burckard et Wezel de Zollern cités comme ayant péri dans un combat. Puis, nouvelle obscurité. On retrouve la maison de Zollern en 1095, lors de la fondation par le comte Adalbert de Zollern, d'un monastère dans la vallée de la Kinzig (Forêt-Noire) où lui-même, ayant pris l'habit, se retira. Son frère Frédéric resta en possession du château.

Au XIIe siècle (je ne rappelle que les faits les plus saillants de cette histoire que commémore un arbre généalogique peint sur les murailles d'une salle du château actuel), un comte de Zollern, Frédéric, prit part à la troisième croisade, à la suite de Frédéric-Barberousse. Par son mariage avec la fille du burgrave de Nuremberg, il hérita du titre de burgrave. Au XIIIe siècle, la souche primitive se divisa en deux branches, l'une, celle des Zollern de Souabe, ayant en possession le comté de Zollern ; l'autre, celle des Zollern-Nuremberg-Brandebourg, qui descend du burgrave de Nuremberg, Frédéric VI, fait en 1411, par l'empereur Sigismond, margrave de Brandebourg, et d'où sont issus les électeurs de Brandebourg, les rois de Prusse qui leur succédèrent et les empereurs d'Allemagne, leurs descendants. Ce partage eut lieu en 1226. La ligne de Souabe elle-même se divisa en deux branches, celles de Hohenzollern-Hechingen et celle de Hohenzollern-Sigmaringen.

Au XVe siècle le château des comtes de Zollern fut détruit de fond en comble. En 1422, le souverain d'alors, le comte Frédéric, dit

l'Œttinger, qui avait, en sa vie de guerroyeur
pillard, maintes fois attaqué les villes de Souabe
et ravagé les campagnes, fut assiégé dans son
manoir par une nombreuse armée de confédérés. L'empereur Sigismond interdit qu'il lui
fût porté secours. Cerné depuis des mois, le
comte Frédéric put s'évader de la forteresse
le 1er janvier 1423, pour chercher assistance
au dehors. Il fut retenu prisonnier en Alsace
par le comte Louis de Lichtenberg. Privés de
leur chef, réduits par la famine, les assiégés
capitulèrent le 12 mai suivant. Les constructions du château furent rasées par les confédérés.

Condamnée par l'empereur Sigismond à la
ruine perpétuelle, la *Burg* héréditaire des
comtes de Zollern n'aurait pu être rebâtie si le
margrave Albert-Achille de Brandebourg n'avait
obtenu pour son parent le comte Josse-Nicolas,
que Frédéric III, empereur d'Allemagne, ré-
voquât l'édit rendu par son prédécesseur. La
première pierre fut solennellement posée au
printemps de 1454. La légende veut que le
margrave Albert-Achille, énorme colosse, ait
chargé sur ses robustes épaules la pierre fondamentale et l'ait portée du pied de la montagne jusque dans l'enceinte du château. Au
moment où elle fut placée dans les fondations,
deux aigles, descendus des nues, se seraient

perchés sur la crête d'un rocher voisin. En 1460, la construction était achevée. Là ne se borna pas la bienveillance du margrave pour son parent. En 1482, il voulut unir sa souche à celle des Zollern par le mariage de sa fille Magdeleine avec le jeune comte Frédéric. En 1534, le comte de Zollern reçut l'investiture des fiefs de Væringen et de Sigmaringen. Le 22 mars 1623, il obtint le titre de Prince du Saint-Empire.

En vertu du statut de famille du 24 janvier 1821, la branche des Hohenzollern-Brandebourg était appelée à recueillir l'héritage des deux autres branches. La réunion à la Prusse a eu lieu en vertu d'un acte du 7 décembre 1849, par l'abdication des princes régnants. La souveraineté de la principauté appartient donc au roi; elle lui a été dévolue à la mort du prince Charles-Antoine, qui en eut la jouissance sa vie durant. Aujourd'hui, son fils Léopold a reçu, en guise de dédommagement, le titre de membre héréditaire de la chambre des seigneurs et de général d'infanterie prussienne, chef du régiment des fusiliers, « prince Charles-Antoine de Hohenzollern ». Après avoir failli devenir le souverain de l'Espagne, il n'est plus qu'un prince de parade dans son domaine.

Quant au château de Hohenzollern, détruit

de nouveau par les Suédois pendant la guerre de Trente-Ans, il a été rebâti de 1850 à 1867.

Au milieu d'une enceinte heptagone de bastions construits par le génie militaire, se hérissent ses cinq tours et la flèche de sa chapelle. La route mène à une porte d'entrée en ogive, au-dessus de laquelle une inscription rappelle que les familles de Zollern, Nuremberg et Brandebourg se sont unies pour relever le château de ses ruines. Une rampe pratiquée dans la tour d'entrée conduit à une seconde tour, bâtie sur un terrain plus élevé de 23 mètres. Les bâtiments du château ont été construits sur les plans de l'architecte Stüler, dans le style gothique de la fin du xive siècle. Il contient deux chapelles ; l'une est moderne, elle sert au culte réformé ; la chapelle catholique est tout ce qui reste de l'ancienne construction. Dans la cour haute, un magnifique tilleul et, dans le jardin, la statue en bronze de Frédéric-Guillaume IV. Une autre statue, sur le perron de l'habitation, représente le comte de Zollern, Josse-Nicolas, qui rebâtit la *Burg* en 1454. L'intérieur du château, comme celui de la Wartburg, comme celui de Neuschwanstein, en Bavière, est un monument élevé à la gloire de la patrie allemande.

Dans une niche au-dessus de la porte de l'enceinte, se voit la statue d'un prince de

Hohenzollern, sur un cheval lancé au galop. Plus haut, sur les créneaux, figure un aigle portant le blason avec la devise de la famille : *Vom Fels zum Meer*.

Du rocher à la mer ! Combien est justifiée cette devise des Hohenzollern ! Comme elle exprime bien les progrès de leur ambition, leur aspiration à rassembler sous leur sceptre toutes les contrées qui séparaient du rocher natal le rivage de la mer, en une conquête hardie et prompte que symbolise, sur la tour de la *Burg,* le cavalier lancé au galop ! En moins de deux siècles, le modeste électeur de Brandebourg, dont l'autorité s'étendait à peine sur quelques provinces pauvres du nord de l'Allemagne, a su ériger son fief en royaume, l'agrandir par des accroissements successifs dus aux victoires de la guerre ou de la diplomatie, acquérir enfin en Europe une prépondérance si éclatante qu'elle lui permît de ceindre la couronne impériale. Mais peut-être ce dernier triomphe a-t-il marqué pour le cavalier symbolique le terme e sa course.

LES LACS DE BAVIÈRE

LE WURMSEE, L'AMMERSEE

Pour avoir une vue d'ensemble de la région
où mon récit va conduire le lecteur, le mieux
est d'aller naviguer pendant une heure sur le
Wurmsee ou sur l'*Ammersee*. Le *Wurmsee*, ou
lac de Starnberg, est le plus connu des lacs bavarois, parce qu'il est le plus près de Munich.
C'est un lac de forme très allongée, dont les
rives sont bordées de collines peu élevées,
mais boisées, avec des jardins, des villas, des
pensions d'été. C'est un lieu de plaisance bourgeois, le lac d'Enghien des Munichois. Tout
voyageur qui a passé deux jours à Munich
n'aura pas manqué de faire cette facile excursion. Il en connaît les sites agréables : Leoni,
Roseninsel, Tützing, Bernried, au moins pour
les avoir aperçus du bateau à vapeur et il s'est
arrêté certainement à la station du *Schloss Berg*
pour visiter, moyennant cinquante pfennigs,
le très modeste château, villa carrée à quatre

tours crénelées dans le style Moyen-Age des architectes de la Restauration, où est né Louis II, où il a été élevé et où il a été interné comme fou.

L'intérieur n'a rien de somptueux. Un ameublement bourgeois en acajou, Louis-Philippe. Aux murs, des vues de Munich, de diverses villes, des lithographies du style le plus démodé. Un grand nombre de peintures ou d'aquarelles de toutes les époques, inspirées par les scènes fameuses des drames de Wagner, ornent les principales pièces. Rien d'artistique dans ces *illustrations* ; les moins mauvaises sont d'un troubadourisme allemand qui nous paraît légèrement ridicule. Il y a là des Lohengrin, des Tannhæuser, des Siegfried et des Parsifal à faire reculer le plus sincère admirateur de Wagner. Tout cela est pieusement recueilli dans ce petit musée dont une collection de statuettes en plâtre, de Zumbusch, représentant les héros wagnériens, fait l'ornement principal.

Cette visite au château de Berg n'offre qu'un intérêt de souvenir : elle restitue, en sa sincérité bourgeoise, la vie familiale des parents de Louis II. A la simplicité de cette résidence royale, qui fut souvent son séjour d'été, le fastueux souverain, qui créa les splendeurs de Herrenchiemsee, de

Linderhof et de Neuschwanstein, n'a pas touché. Le dernier des châtelains français trouverait indignes de lui les meubles qui garnissaient la chambre à coucher, le cabinet de travail du roi de Bavière ; le gardien lui-même a l'air de s'excuser de vous montrer de pareilles pauvretés.

Le seul mérite du château, c'est sa situation qui lui donne vue sur le lac de Starnberg et sur un parc très boisé dont l'œuvre du jardinier a su respecter la libre végétation naturelle. Dans une allée de ce parc, à quelques pas de l'endroit où le roi s'est noyé, s'élève un monument commémoratif de sa mort. C'est une colonne de syénite, sur un socle de granit, surmonté d'une lanterne et d'un haut crucifix de bronze. Au-dessous, les armes de Bavière et l'inscription rappelant la date du mystérieux accident : *13 juin 1886.*

Ce qui fait le charme principal du *Wurmsee*, c'est, à mesure qu'on avance vers le fond du lac, la vision de plus en plus nette des montagnes, dont les sommets se détachent sur un ciel clair et vaporeux. Ce spectacle sommaire, qui suffit au voyageur pressé, est incomparablement plus beau vu de l'*Ammersee*. Un panorama beaucoup plus étendu se découvre où se profilent, à divers plans, toutes les cimes des Alpes bavaroises. L'installation d'un service

de bateaux à vapeur permet depuis peu de
parcourir aisément l'*Ammersee*. Par la ligne
de Lindau, on va en chemin de fer jusqu'à
Grafrath. De la station, on gagne, à travers un
bois de sapins peuplé d'écureuils, l'embarcadère du bateau, en amont du bourg, sur l'Amper, jolie rivière verte qui sort de l'*Ammersee*
à Stegen.

Pour remonter l'Amper, on se sert d'un très
petit bateau. La rivière est très étroite, très
sinueuse, ses rives très basses et verdoyantes,
de sorte qu'on a l'air de naviguer au milieu
des prairies. Au bout d'un quart d'heure de
cette navigation, on arrive sur la berge du lac,
à Stegen, où l'on change de bateau. La traversée du lac se fait sur un bâtiment plus
grand, mais qui est loin d'avoir l'allure et le
confort des bateaux de Starnberg.

Les rives de l'*Ammersee* sont basses et plates, surtout à l'ouest. Le lac est de forme allongée comme le *Wurmsee*, avec une sorte de
baie qui l'élargit, à Hersching. Le côté de
l'est est le plus boisé. Le trajet m'aurait donc
paru assez monotone, car les escales n'offrent
pas d'intérêt, s'il n'avait soufflé une fraîche
brise du sud-ouest qui fouettait, faisait mou-
tonner les eaux glauques. Le paisible lac affec-
tait une agitation de petite mer, le bateau
donnait de la bande, des embruns jaillissaient

sur les passagers. A l'approche de Diessen, se développait comme peinte sur une toile de fond, tant le ciel était éclairci par le souffle de la brise, toute la chaîne des Alpes allemandes. Avec une bonne carte de montagne, on aurait pu en nommer un à un les sommets et les pics. Cette contemplation retint à Diessen la plupart des voyageurs, mais la journée s'avançait et, pour faire avant le coucher du soleil l'excursion d'Andechs, je repartis aussitôt pour Hersching.

Près de la baie d'Hersching des villas se construisent; une *restauration* attend le voyageur à la sortie du bateau, mais il faut gagner le village, à dix minutes de là, pour prendre la route d'Andechs. Cette route suit une vallée charmante, le *Kienthal*. Au bout d'une heure de marche à peine, on arrive à Andechs dont les comtes furent princes de Tyrol.

Sur une hauteur assez escarpée s'élève un cloître de bénédictins dont l'église est un lieu de pèlerinage. A côté, une brasserie. A l'ombre de grands arbres plantés sur le terre-plein, des bancs en bois et des tables pour les buveurs, le long d'une balustrade, d'où l'on a une vue splendide sur la chaîne des Alpes, plus étendue encore, surtout vers l'est, que du niveau du lac.

Le soleil se couche, l'horizon des montagnes se ternit de brume. Je dévale vers le

Kienthal par des sentiers abrupts, qui m'amènent au bord du ruisseau. Si cette vallée solitaire n'est pas, malgré ses flancs escarpés et ses rochers, d'aspect grandiose comme certaines longues et profondes vallées du *Hochland*, avec ses beaux arbres d'essences variées, ses feuillages pittoresquement alternés de pins, sapins, hêtres et bouleaux, elle n'en produit pas moins, à cette heure crépusculaire, une impression de douce paix, de fraîcheur délicieuse.

Après cette promenade, je reviens à Hersching pour dîner. L'auberge est prise au dépourvu pour me donner à manger; on a peu l'habitude, sans doute, de recevoir des étrangers. Dans les explications de la servante, je ne discerne pas bien en quels termes elle excuse le manque de victuailles, si elle me dit : « *Tout le monde est à la danse* (1) », ou : « *Tout le monde est mort !* » Ce n'est pas précisément la même chose, mais l'effet est le même pour moi. Je quitte donc cette auberge peu hospitalière et je vais dîner à la *restauration* du bord du lac. On peut aussi y coucher, mais non y dormir, tant les lits sont exécrables.

Aussi, le lendemain, de bonne heure, suis-je

_____

(1) En allemand : *Alle zum Tanz !* ou *Alle sind Todt !*

debout. En route pour le *Pilsensee*, le *Wœrth-see*, deux petits lacs situés au nord-est de l'*Ammersee*. On est ici déjà dans la plaine bavaroise que d'épais bois de sapins revêtent çà et là d'une fourrure vert sombre. J'arrive enfin à Wildenroth, village assez pittoresque sur le cours de l'Amper, en aval de Grafrath, où je dois aller reprendre le chemin de fer. Je remonte la vallée de la verte rivière et voici bientôt Grafrath, son église réunie par une arcade à un cloître et sa coupole ronde.

J'entre, et quelle est ma stupéfaction de rencontrer dans une église du *rococo-styl* le plus flamboyant, un tombeau, entouré d'une grille en ferronnerie, dallé d'une plaque en marbre rouge où est sculptée l'effigie d'un chevalier bardé de fer! Ce tombeau est celui d'un saint local, Saint-Rasso, à qui l'église est dédiée, si profondément vénéré en Bavière que ce sanctuaire est un lieu de pèlerinage. Voici, brièvement résumée d'après la notice affichée dans l'église, la légende de Saint-Rasso :

Fils du comte Ratbotho, de Diessen, il naquit en l'an 900. D'une très haute taille (son corps atteignait neuf pieds bavarois, soit deux mètres et demi environ), expert à la guerre, ce chevalier fut nommé général de l'armée allemande pour repousser l'invasion des Huns. De

946 à 948, il les combattit avec une grande vaillance et les vainquit. En 949, il partit en pèlerinage pour les Lieux-Saints, en revint l'année suivante, possesseur de reliques pour lesquelles il fit construire une église. Elle fut consacrée en 951. L'an d'après, il entra comme frère lai dans l'ordre de Saint-Benoît. Il y mourut, deux ans plus tard, d'une sainte mort.

La première église ayant été détruite en 955 par les « Rouges Hongrois », une seconde fut édifiée de 1488 à 1489, et nommée Grafrath (de *Graf*, comte, et *Ratbotho*), car le saint chevalier avait été proclamé Bienheureux par le pape Innocent II, en 1132. La construction, peu solide, s'écroula. Aussi, le 12 août 1688, dut être posée la première pierre de la récente église. Consacrée le 17 juillet 1695, elle reçut comme reliques les jambes de Saint-Rasso. On les plaça dans un sarcophage, sur le tabernacle du maître-autel.

Au XIXe siècle, le 30 janvier 1867, une main sacrilège osa violer le reliquaire et dépouiller le corps de ses ornements. Mais, par la grâce de Dieu, le 11 mars suivant, les os de Saint-Rasso furent en grande partie retrouvés. Parés de nouveaux ornements, ils furent replacés solennellement dans le sarcophage, sur le maître-autel. La notice attribue à Saint-Rasso plus de dix mille miracles, consignés dans des manuscrits que conserve la bibliothèque du cloître voisin.

Ainsi repose, dans l'église d'un obscur village, très ignoré de l'univers, un grand guerrier qui sauva probablement sa patrie de l'invasion des Huns.

LE KOCHELSEE, LE WALCHENSEE

Pour aller voir ces lacs, on se rend en chemin de fer à Penzberg, où sont des houillères. A la gare stationne le *Post-omnibus* de Mittenwald. Ces voitures de poste sont à caisse jaune, avec banquettes de velours grenat, montées sur un train de roues très étroit, vu le peu de largeur des routes de montagne. Elles sont conduites par des cochers à costume de postillon, bottes, culottes de panne, veste bleue, galonnée d'argent, chapeau de cuir bouilli, portant en sautoir un cor à pistons sur lequel, à la traversée des villages, ils jouent des tyroliennes. On traverse la Loisach, charmante rivière qui sort du *Kochelsee* et va se jeter dans l'Isar, au-dessous de Wolfratshausen, délicieux bourg à 24 kilomètres de Munich; on rejoint à Benedictbeuern l'ancienne route postale, l'une des voies qui mènent de Munich à Innsbrück. Le grand bâtiment qui s'élève dans ce bourg est une ancienne abbaye de bénédictins sécularisée ; il sert aujourd'hui de dépôt de remonte. Arrêt à Kochel où aboutit la chaussée qui sépare le *Kochelsee* proprement dit, de la partie inférieure du lac, sorte de marécage appelé le *Rohrsee*. Mais, de la route, on n'aperçoit le lac qu'à un quart d'heure du village, près de l'auberge de l'*Ours gris*.

Arrivé au pied de la montée du Kesselberg, on a une jolie vue sur le *Kochelsee* et ses entours pittoresques. Il est borné au sud par l'Herzogstand, dont les rochers à pic le dominent, à l'est par le Jochberg, à l'ouest par le Heimgarten. La route du *Walchensee*, construite en 1492 par le duc de Bavière, Albert IV, ainsi que le rappelle une inscription commémorative encastrée dans un rocher, gravit le Kesselberg par une pente si raide qu'à la descente, l'omnibus de la poste est obligé, tous les dix pas, de se caler sur sa fourche de fer pour ne pas être entraîné. En moins d'une lieue, elle escalade les 200 mètres qui forment la différence de niveau entre les deux lacs. A droite, sous des sapins énormes, bondit en cascades le Kesselbach. La beauté du site arrachait à mes compagnons de route, trois provinciaux allemands fort communs, de perpétuelles exclamations admiratives : « *Schœn ! schœn !* » disait l'homme. « *Ia, schœn !* » répondaient les femmes en écho.

Prononcé *chêne* par ces vulgaires touristes, ce mot répété sans cesse m'agaçait les oreilles et me gâtait le paysage.

Après cette dure montée le long du ruisseau qui arrose en bouillonnant le flanc de l'Herzog-stand, une petite descente conduit à Urfeld, sur le bord du *Walchensee*.

Une auberge, quelques villas. Sur l'eau, des remises à bateaux pour les pêcheurs. Tandis que le postillon va distribuer ses lettres et ses paquets, nous avons quelques minutes pour contempler l'aspect du *Walchensee*. Ce lac diffère absolument du *Kochelsee*. Les bords de celui-ci sont plats, avec un fond accidenté ; le *Walchensee*, au contraire, est entouré de tous côtés de bois et de montagnes. Ses bords s'élargissent en un vaste triangle dont Urfeld est le sommet ; il est presque aussi large que long. D'Urfeld, une route longe la rive orientale jusqu'à Sachenbach, à l'extrémité de la sombre et solitaire vallée de la *Jachenau*. Celle de Mittenwald contourne la rive occidentale. Les eaux sont d'un magnifique vert foncé. Au sud de Walchensee, où, par bonheur, descendent mes compagnons, s'incurve une baie paisible et solitaire, dominée par les hauteurs boisées du Hochkopf et le long de laquelle on a une jolie vue de la rive orientale du lac et de la presqu'île qui fait promontoire devant le bourg de

Walchensee. Puis la route s'engage dans la sombre et sévère vallée de l'Obernach, entre l'Isarberg et le Krottenkopf. Une forêt profonde la borne à l'ouest, des sapins énormes, des bouleaux, puis encore des sapins, tout le long du chemin jusqu'à Wallgau, à l'entrée de la vallée de l'Isar.

On est là en pleine montagne. Les façades des chalets et des auberges sont décorées de fresques aux sujets religieux, qui annoncent le voisinage du Tyrol. A l'est, s'infléchit la vallée où l'Isar, en plusieurs bras, roule sur un lit rocailleux ses eaux impétueuses de torrent, au pied de l'Isarberg dont les derniers contreforts détournent son cours en un immense arc de cercle vers Fall, Länggries et Tölz. Au delà, se dresse la cime de la Soyern-spitze. L'*Isarthal* s'élargit vers Krün en un vaste cirque de montagnes dont le sévère massif du Karwendel, à gauche, et le *Wetterstein-Gebirge*, à droite, forment le fond d'horizon. La nuit arrive, estompant les hauteurs sur lesquelles planent de gros nuages noirs.

Par le chemin qui rejoint la route de Partenkirchen à Mittenwald, je gagne le *Barmsee*, petit lac situé sur ce plateau, dans une dépression qu'environnent des bois. La nuit est venue, pas de lune. J'y vois juste assez pour me diriger sur les lumières de l'hôtel où j'es-

père trouver à dîner. Joli petit hôtel neuf ;
tout un personnel féminin s'empresse à me
servir pour me retenir au moins jusqu'au lendemain. On me dépêche le patron qui sait le
français, connaît Paris et parle l'argot parisien.
Comme je témoigne de mon admiration pour
les beautés alpestres du site, il répète plusieurs fois : « Oui, oui, c'est *très chic !* » mais
sans conviction. Il est évident qu'il aimerait
mieux parler du Boulevard et des Folies-Ber-
gère. En dépit de ses instances, je retourne
coucher à Krün. Cette nuitée dans une auberge
de rouliers me répugnait un peu. Bien à tort,
car on me logea dans une annexe, à côté de la
salle de danse du village, où j'occupai une
grande chambre à deux lits, ornée d'un portrait
de Louis II en chromo, évidemment la chambre
réservée aux autorités en tournée ; de tous les
lits bavarois, ce lit d'auberge est le seul où
j'aie dormi d'un bon sommeil.

La route de Mittenwald, qui passe entre le
Karwendel et le *Wetterstein-Gebirge*, est une
des voies principales qui mènent à Innsbrück.
Au sortir de ce bourg, la route remonte la
vallée de l'Isar jusqu'à Scharnitz, où est la
frontière tyrolienne, traverse la rivière et longe
le torrent du Rau, son affluent, puis de See-
feld, descend par de grandes courbes vers
Zirl, dans la vallée de l'Inn, à 15 kilomètres

d'Innsbrück. Mittenwald, dans un site très pittoresque près de l'Isar, au pied des flancs abrupts du Karwendel, est célèbre par la fabrication des cithares et autres instruments à cordes.

Il y avait au défilé de Scharnitz une forteresse que les Français firent raser en 1805, après que, par le traité de Presbourg, l'Autriche eut cédé le Tyrol à la Bavière, alliée de Napoléon. Sans cette imprévoyance, un corps peu nombreux aurait pu, lors du soulèvement du Tyrol, en 1809, contre la domination bavaroise, arrêter là les patriotes qui, profitant du départ des troupes françaises d'occupation amenées à Linz par le maréchal Lefebvre, lors de la campagne de Napoléon contre l'Autriche, marchèrent hardiment sur Munich par la route de Mittenwald — Benedictbeuern. Un autre détachement prit la route Partenkirchen, Murnau, Bernried. L'armée bavaroise eut beaucoup de peine à couvrir la capitale, menacée de deux côtés différents par les Tyroliens révoltés contre leur nouveau maître.

LE TEGERNSEE, LE SCHLIERSEE

Après le lac de Starnberg, le lac favori des Munichois est le *Tegernsee*. On y accède très facilement par chemin de fer. La ligne de Holzkirchen mène jusqu'à Gmund, au bord du lac. La route conduit de là directement le long de la berge jusqu'à Tegernsee. De nombreux omnibus y transportent les voyageurs. Le *Tegernsee* n'ayant qu'une longueur de six kilomètres, il me semble plus original d'en faire le tour par l'autre rive. Le chemin est tracé sur le flanc des hauteurs, à une faible élévation au-dessus du niveau du lac et à une certaine distance du bord de l'eau. Il s'en écarte de plus en plus, traverse des prairies verdoyantes, de petits ruisseaux, passe le long des fermes et des cultures. C'est le côté champêtre du lac. La route se rapproche de la rive, auprès de la petite baie qui se jette dans la Weissach. On traverse cette rivière, puis un sentier de raccourci mène le piéton à

Egern, petit village situé sur la rive sud, d'où l'on aperçoit en face de soi le château de Tegernsee.

Egern et Rottach, sur la rivière du même nom, sont deux villages de pêcheurs, qui forment une seule rue. Les habitations, d'une éblouissante blancheur, ont la forme des chalets tyroliens; leurs toits d'essandoles sont ornés de festons en bois découpé, surmontés d'une croix et d'une cloche; les balcons, qui font le tour de la maison, s'enguirlandent de vigne vierge. L'aspect de ces villages est propre, coquet, riant, il invite à se fixer pour quelques jours dans l'une des jolies auberges de la localité.

Une fois passé le pont de la Rottach, se dessine la courbe d'une calme et gracieuse baie verte, au pied d'un pic élevé, le Riederstein; puis c'est une série d'élégantes villas des deux côtés de la route jusqu'à Tegernsee. Les constructeurs de ces villas ont eu le bon goût de se conformer tout simplement aux modèles des habitations du pays. Ils conservent la forme chalet en la parant d'une ornementation plus luxueuse, en l'adaptant intérieurement aux besoins du confort; on ne les voit pas encore sacrifier à la manie du gothique, édifier des villas à l'italienne ou des monuments fastueux dans le style prétentieux des hôtels modernes de Francfort. Il faut se hâter de visiter ces pays tant qu'ils conservent encore leur simplicité naïve. Dans dix ans, ils seront envahis par les Anglais, gâtés par l'ostentation des millionnaires juifs.

Bientôt paraît, en dehors de la route, sur un petit promontoire, une énorme caserne sans caractère architectural. C'est une ancienne abbaye de bénédictins sécularisée, devenue le château du prince Charles-Théodore de Bavière. L'église, à haute nef, décorée à la manière du XVIII⁰ siècle, est attenante au château et à la brasserie qui en dépend. Au devant s'étend une sorte de parc, avec de belles pelouses et des allées qui longent le lac.

Voici enfin le village de Tegernsee. C'est un pays très animé, rempli d'étrangers qui en peuplent les hôtels et les pensions. Le village est échelonné sur la route, adossé d'un côté à la colline, de l'autre, proche de la berge où sont des restaurants, de nombreuses boutiques de photographies, de vues des Alpes, de bibelots-souvenirs, d'objets en bois sculpté, — des bains, des remises à bateaux d'où partent d'élégantes embarcations de promenade. On canote beaucoup sur le *Tegernsee*.

Devant la poste, qui est située aussi au bord de l'eau, stationne l'omnibus pour Kreut. J'en profite pour aller coucher danc ce pays, réputé pour ses eaux minérales. Je refais en voiture la route que je viens de faire à pied, traversant la Rottach, les villages de Rottach et d'Egern, et montant ensuite la vallée de la Weissach. Le trajet dure deux heures à peu près, la route monte le long des versants du Hirschberg et du Rindberg. A la nuit, j'arrive à Wildbad Kreut. L'omnibus me dépose devant l'hôtel des bains. C'est une immense bâtisse, élevée seulement de deux étages. L'intérieur est très proprement tenu, mais d'une simplicité claustrale. Derrière, sont d'autres bâtiments, l'établissement des bains lui-même, les fermes qui en dépendent, et, sur la route qui mène à Achenkirch, la caserne de gendarmerie. C'est le lendemain seulement, au jour, que je puis me rendre compte de la topographie.

En ouvrant ma fenêtre, j'ai vue sur une magnifique pelouse verte que contournent les deux routes, avec, à droite, sur une butte, une petite chapelle dont la cloche appelle les fidèles à la messe. De cette prairie s'élève un brouillard frais qui se déchiquette aux ramures des sapins, aux rocs de la montagne, et que volatilisent bientôt les rayons du chaud soleil d'été. Sur les allées, comme en un manège, galope un assez fringant cavalier. Mais cette piste bien plane qui ferait la joie des vélocipédistes leur est interdite. Les bicyclistes sont malheureux dans ces pays. Lorsque les routes ne sont pas impraticables à leur véhicule, l'usage leur en est défendu, souvent ils ne peuvent même pas traverser les villages. Aussi les voit-on réduits habituellement à conduire leur monture à pied, tel un cavalier désarçonné.

L'établissement de bains de Wildbad Kreut, appartenant au prince Charles-Théodore de Bavière, est dans un site magnifique. Le plateau sur lequel il est construit est environné de montagnes que dominent les sommets plus élevés du Hirschberg, du Risserkogel et du Planberg. Partout des sentiers bien tracés, marqués de flèches et d'indications par les soins du Club Alpin, invitent aux excursions, sollicitent les ascensionnistes. Une allée ombragée d'arbres splendides descend dans le ravin où court le torrent de la Weissach. A Kreut, les omnibus d'Achenkirch et de Scholastika amènent les baigneurs du Tyrol autrichien. Au retour, ils emmènent ceux qui se rendent à l'*Achensee*. Devant faire le trajet par une autre voie, je reprends l'omnibus pour Rottach, d'où je compte me diriger à pied vers le *Schliersee*.

Du *Tegernsee* au *Schliersee*, il n'y a guère que trois lieues. Un assez bon chemin, peu fatigant, met les deux lacs en communication. La route commune me paraissant trop facile, j'ai le projet de prendre un chemin plus long, mais plus accidenté, qui s'amorce entre Rottach et Tegernsee. Seulement je n'ai pas remarqué sur la carte que ce chemin, bientôt devenu sentier, monte tout d'abord par une pente raide au Riederstein, pic aigu émergeant de la forêt, au sommet duquel se dresse une chapelle à la flèche pointue. C'est, pour commencer, une dure ascension de quatre cents mètres que me vaut mon horreur des chemins battus, puis le sentier redescend à travers la forêt. J'imagine qu'il va rejoindre une vallée. Non pas, il est suspendu sur les flancs à pic de montagnes boisées de sapins, côtoie des ravins à précipices, traverse des cols et monte enfin à la *Baumgarten-Alpe*. Je me vois condamné, par trente-cinq degrés de chaleur, à une nouvelle ascension de deux cent cinquante mètres. Cependant, arrivé sur une vaste croupe boisée, couverte d'un tapis de prairies, le sentier paraît tourner vers le nord. Va-t-il au *Schliersee ?* Il s'agit de ne pas se tromper... Heureusement paraît la silhouette d'un Tyrolien gigantesque, aux jambes fortement musclées, à la figure placide encadrée d'une épaisse barbe rousse. Un gros bâton à la main, il marche d'un pas lent, mesuré, toujours pareil, aux énormes enjambées. J'interroge ce montagnard. Le bon géant aux yeux bleus, après m'avoir salué d'un *Grüss't Gott !* me renseigne en son patois. Puis il se dirige vers le sommet de l'Alpe, du même pas régulier, sans hâte, sans fatigue, uniforme à la montée comme à la descente. On devine qu'il peut faire ainsi des lieues dans la montagne, dont tous les tracés lui sont familiers.

Un peu plus loin dans la prairie, s'élève un chalet alpestre en troncs d'arbres noircis, autour duquel paissent des vaches rousses. Sous prétexte de boire un verre de lait, j'entre dans la demeure. Étable et habitation sont de plain-pied. Ce chalet montagnard est moins propre et moins élégant que les maisons riveraines du lac. Le pâtre confirme les renseignements donnés par le Tyrolien : le sentier ne tarde pas à me ramener sur le *Prinzenweg*, ce facile chemin de dames que j'ai méprisé tout d'abord. Par l'agréable vallée du Breitenbach, il aboutit à une prairie où s'élève, à l'ouverture d'une autre vallée, un hameau entouré de cultures. La route se dirige vers le lac, qu'elle contourne, et parvient aux premières maisons de Schliersee.

C'est un joli petit village au bord du lac de ce nom. Celui-ci est plus petit et moins pittoresque que le *Tegernsee*, bien qu'entouré de pics boisés au-dessus desquels s'élance la haute cime du Wendelstein, but d'excursion pour les ascensionnistes. Leur gloire ne me tente pas, je demeure au bord du lac. Le pays est en joie : c'est le jour de l'Assomption, la grande fête de la catholique Bavière, vouée à la Vierge, dont elle porte les couleurs. Des mâts plantés dans les clos et les jardins dressent les oriflammes blanches et bleues, qui jettent dans le clair ciel d'été une note de tendre allégresse. Les habitants ont revêtu leurs costumes nationaux : les femmes portent un chapeau en feutre vert plat comme un *canotier* anglais, le lourd et massif corset qui leur fait la taille si épaisse, malgré les chaînes d'argent qui l'ornent sur le devant, le tablier blanc et le fichu brodé à leur nom dans le dos ; les hommes, la culotte *à pont*, brodée de fleurs de soie, coupée au-dessus du genou, les molletières en tricot de laine, les bretelles à broderies vertes, la veste à parements verts, à boutons de corne de cerf, le chapeau tyrolien.

Presque tous ceux du pays sont réunis au tir. Dans une hutte construite sur une colline, derrière le village, sont les tireurs à la carabine, faisant face à une rangée de cibles doubles qui, par un système de contrepoids, se remplacent automatiquement, dès que l'une d'elles est atteinte. C'est un va-et-vient perpétuel ; tous les coups, ou peu s'en faut, sont justes ; on sait l'adresse des chasseurs tyroliens. Ils en sont fiers et la proclament, dans le Tyrol proprement dit, en clouant au-dessus de la porte de leurs chalets les cibles en bois, à sujets peints, que leurs balles ont transpercées.

L'adresse au tir n'est pas le seul talent des montagnards des Alpes bavaroises et du Tyrol. Cette race robuste, hardie, leste et joyeuse, douée d'une singulière vivacité d'allures, possède une aptitude naturelle au chant et à la danse. Des paysans du *Schliersee*, réputés comme danseurs ou comme chanteurs, ayant figuré naguère au *Gærtner-Theater*, de Munich, en des intermèdes, dans des pièces populaires relatives aux mœurs des habitants de la Haute-Bavière, un ancien comédien de ce théâtre, Conrad Dreher, eut l'idée de les former à dire le dialogue. Leur facilité l'engagea à faire représenter ces mêmes pièces par de véritables paysans. Il eut bientôt recruté sa troupe dans les environs de Schliersee.

C'est dans un jardin dépendant de l'hôtel *Seehaus*, dont une exquise potence en ferronnerie peinte supporte l'enseigne, qu'un architecte de Munich, M. Em. Seidl, a élevé le *Bauern-Theater* (théâtre de paysans), sur lequel jouent ces rustiques acteurs : modeste construction en planches, semblable, vu du dehors, à un chalet tyrolien, avec deux esca-

liers extérieurs menant à l'étage, une grande
fenêtre garnie de rideaux rouges au-dessus de
l'entrée, que surmonte une tête de cerf.

Les représentations n'ont lieu que les dimanches et les jours de fête. Elles attirent au
Bauern-Theater non-seulement les paysans de
la contrée, mais des amateurs venus des petites villes voisines, de Munich même, où le
chemin de fer ramène les spectateurs le soir,
après la représentation. La salle est rectangulaire. Sans la scène qui la coupe en deux, elle
ressemblerait à un *hall* de brasserie. Sur le
sol, de l'orchestre au parterre, au lieu de rangées de sièges, trois longues tables en char-
pente, avec des chaises tout du long où l'on
s'asseoit pour boire et manger. Derrière, un
parterre avec des bancs de bois, dominé par
une galerie qui fait le tour de la salle. Au-dessus de l'orchestre où les musiciens, comme
préludes et entractes, jouent des *lændler*, en
manière de boîte à souffleur s'arrondit le dôme
d'un énorme parapluie rouge. Le rideau, peint
par un artiste de Munich, représente la cime
du Wendelstein, escaladée par des touristes
que précède un guide en costume tyrolien,
tenant à bras-le-corps son amoureuse et agitant son chapeau à plumes d'un air vainqueur. Enfin, pour accentuer la couleur locale, le commencement des actes est annoncé

par le tintement d'une clochette de vache.

Je n'ai guère pu juger du mérite de la pièce représentée devant moi, pièce en cinq actes, mêlée de chants et de danses, de MM. Hans Neuert et Louis Ganghofer, *le Sculpteur de crucifix d'Ammergau*. Rien de plus difficile pour un étranger que de comprendre le dialecte populaire bavarois dans lequel elle est écrite, la prononciation des acteurs et les plaisanteries locales. Mais les acteurs sont remarquables. Ils rendent visible au spectateur la vie de ces montagnards dont se compose l'auditoire. Il les voit, grâce à eux, marcher, agir, parler en scène comme ils se comporteraient dans la réalité, et quand l'un des comédiens, prenant sa guitare, commence une tyrolienne, les autres aussitôt d'empoigner par la taille les actrices, pour la danse, et les voici qui se trémoussent avec une agilité d'Espagnols, en poussant les *jodls* les plus retentissants, auxquels répondent les éclats de rire des femmes élevées en l'air à bout de bras... Les principaux acteurs de la troupe sont Willi Dirnberger, de Miesbach, et sa femme Thérèse qui montre si volontiers ses dents éblouissantes, Xavier Terofal, de Schliersee, et Anna Terofal, Anna Rais qui joue avec tant de naturel les rôles de vieille, enfin Michaël Dengg, comique campagnard qui ne peut dire un mot sans soulever le rire de ses compatriotes.

En disciplinant le talent naturel de ces amateurs, Conrad Dreher n'a fait que développer l'instinct scénique des habitants de la Haute-Bavière. En beaucoup d'endroits, existaient déjà des théâtres semblables, voués au sacré ou au profane. Le plus connu est le décennal *Passionspiel* d'Oberammergau. A Kochel, pendant dix ans, des acteurs du pays ont joué une pièce locale, *le Forgeron de Kochel*. A Obersdorf, dans l'Allgau, la légende d'Andreas Hofer fut longtemps représentée par les montagnards eux-mêmes. Une pièce patriotique du même genre, *Le Tyrol en 1809*, a été donnée sur le théâtre populaire de Meran, mais le *Bauern-Theater* de Schliersee, régi par un véritable comédien, jouit d'une vogue artistique spéciale. Aussi, lorsque sa troupe vient donner une représentation à Munich, la salle du *Gærtner-Theater* est-elle presque entièrement louée à l'avance.

LE BADERSEE, L'EIBSEE, L'ALPSEE.

C'est en faisant l'excursion des châteaux du roi de Bavière que l'on voit ces petits lacs. Il ne faut pas les mépriser pour leur peu d'étendue, ils ont un charme tout intime qui ravit le touriste. Les deux premiers sont très voisins de Partenkirchen. Le chemin de fer de Partenkirchen remonte le cours de la Loisach, cette délicieuse rivière aux eaux vertes qui traverse le *Kochelsee*. La gare est située entre Partenkirchen et Garmisch. De Garmisch, une voiture mène en une heure au *Badersee*. Ce lac est exigu et si profondément dissimulé dans les bois qu'on peut passer à côté sans l'apercevoir, mais sa couleur vert d'émeraude est exquise.

L'*Eibsee* est à une altitude un peu plus élevée. La route y mène tout droit et en se rapprochant du massif du *Wetterstein-Gebirge*, dont la cime la plus élevée, la Zugspitze, haute de 2,960 mètres, surplombe le lac de sa muraille abrupte. La Zugspitze est une énorme montagne de calcaire dont la paroi nue émerge d'un manteau de verdure et fait valoir, par contraste, le beau vert de l'eau et les tons foncés des forêts qui entourent le lac. C'est là un séjour à peu près vierge (il n'y a qu'un hôtel et deux fermes) et *wild-romantisch*, comme s'expriment les Guides allemands. L'*Eibsee* n'a que 3 kilomètres de long et contient sept petites îles. Des sentiers à travers bois en font le tour. Le batelier de l'hôtel vous y promène en barque. Plus on s'éloigne des bords, plus s'accuse l'aspect sauvage et solitaire de ce lac enfoui dans la verdure des sapins, plus l'abrupte muraille de pierre de la Zugspitze s'érige, altière, écrasante...

En s'écartant de la rive vers le sud pour se rapprocher du pied de la montagne, on découvre en pleine forêt le petit *Frillensee*, une coupe d'eau verte et dormante. Des sapins, détruits par le temps ou abattus à coups de hache, de leurs troncs clairs ou noirâtres en obstruent les abords. Le bois est très fourré, le piéton trébuche parmi de grosses pierres envahies par la mousse. Des fleurs exquises dont personne n'a pu me dire le nom y croissent en abondance. Elles ont le calice, mais non la nuance du bouton d'or ; leurs pétales sont du blanc nacré des narcisses. Si l'on met le pied hors du sentier, dont la trace même est difficile à suivre, on se perd aussitôt dans le bois.

De retour à l'hôtel, au lieu de remonter en voiture, je préfère revenir à pied à Garmisch, à travers bois, puis, pour ne pas refaire la même route, je prends le chemin qui mène à Obergrainau, plus haut dans la vallée. De là, je redescends à travers les prairies, jusqu'à Garmisch et Partenkirchen. Le chemin traverse des propriétés, oblige à pousser des barrières, à pénétrer dans des pâtures. Mais cette violation de leurs champs ne choque pas les montagnards bavarois. Quelle différence avec nos paysans de l'Auvergne et de l'Ardèche, par exemple! Autant ceux-ci sont fermés, défiants, bourrus et cupides, autant les autres sont dignes, obligeants et polis. Jamais un regard de travers et, malgré leur complaisance à renseigner le touriste, jamais une attitude servile, ni une apparence de mendicité! Les bêtes elles-mêmes, ces belles vaches rousses du Tyrol, le contemplent d'un œil intelligent. Avenante est leur placidité de ruminants pour qui traverse leurs troupeaux, et c'est un concert délicieux que les sonnailles qu'elles agitent à leurs cous, carillonnant dans tous les tons!

Partenkirchen, gros bourg bâti au confluent de plusieurs petits ruisseaux, entre le *Partnach-*

thal et la vallée de la Loisach, commande la route qui mène en Tyrol par Mittenvald. Aussi, a-t-il eu toujours une grande importance commerciale. L'industrie locale est celle des bijoux tyroliens et de l'orfèvrerie d'argent. Les bijoutiers exposent dans leurs vitrines une quantité de bibelots des plus originaux : boutons de gilet, tabatières, broches, croix d'argent, d'un travail assez fin comme ciselure et d'une grande variété.

Admirablement situé dans une contrée pittoresque, avec une vue magnifique sur le Wetterstein, Partenkirchen est le centre d'une foule d'intéressantes excursions dans la montagne que facilite beaucoup le soin qu'a pris le Club Alpin de placer des écriteaux très explicites à l'entrée et aux croisements des chemins, de faire peindre des flèches rouges sur les arbres, dans la forêt. Malheureusement, ces inscriptions, très fréquentes au sortir des villages, se raréfient de plus en plus à mesure qu'on approche de la montagne et disparaissent là où leur secours serait le plus utile. Je soupçonne les habitants de détruire les poteaux indicateurs comme portant préjudice à l'industrie des guides. N'ayant pas le temps de visiter le pays plus longuement, je pars pour Oberau, d'où l'omnibus de la poste me mènera à Linderhof et à Reutte.

C'est d'abord une montée de voiture très raide, en lacets, le long des contreforts de l'*Ettaler-Mandl*, jusqu'à Ettal, puis on gagne de là la vallée de l'Ammer, qui court au milieu des prairies et reçoit de nombreux affluents. La route de droite mène au bourg d'Oberammergau. Il n'offre d'intérêt que par son industrie de la sculpture sur bois et par son théâtre à ciel ouvert où, tous les dix ans, le célèbre *Passionspiel* est joué par une troupe de paysans et d'artisans. Dans l'intervalle, on y représente d'autres pièces, sérieuses bien entendu ; ces représentations ont lieu le dimanche. A l'époque où j'y suis passé, l'affiche annonçait : *Die Blume von Sicilien* (la Fleur de la Sicile), tragédie antique dont l'action se passe sous Dioclétien.

La route de l'*Ammerwald* passe par le *Gras-wangerthal* et mène, en une heure et demie, à Linderhof. Une grille avec les L entrelacés de Louis XIV, copiés par Louis II, ferme l'entrée du parc, lequel est pris sur la forêt. On passe devant une maison de forestier, et l'on arrive à la *restauration* où l'on peut aussi coucher. La carte d'entrée au château coûte 3 marks.

Pour cette somme, les profanes sont admis à pénétrer dans la mystérieuse retraite du royal solitaire, à contempler les splendeurs de ce

Trianon favori, construit de 1869 à 1879 dans un *rococo-styl* qui ressemble surtout au style Haussmann. La description de la décoration intérieure et de l'ameublement est dans tous les Guides, je ne l'entreprendrai pas. Les prodigalités du feu roi plongent dans l'admiration les braves Bavarois, font sourire les Allemands du Nord, par cette préoccupation qu'elles révèlent de la France monarchique et de l'art français du xviiie siècle. Cette lourde et gauche imitation du style Louis XV par les sculpteurs, les peintres et les tapissiers de Munich m'irritait comme une mauvaise contrefaçon des élégances de notre art national ; la série des portraits de personnages célèbres de cette époque a l'air d'une parodie des pastels de Quentin de la Tour !

La Grotte d'Azur acheva de m'exaspérer. Conçoit-on rien de plus baroque, en un pays alpestre où la nature prodigue gratuitement les spectacles les plus grandioses, les effets de lumière les plus merveilleux, que cette passion de l'artificiel inspirant à un Des Esseintes couronné le caprice de faire modeler, dans une anfractuosité de rocher, une grotte blafarde en carton-pierre, avec imitation de stalactites, pièce d'eau sur laquelle flotte une nacelle dorée, jeux de lumière électrique à travers des verres de couleur et, au fond de cet antre, une grande toile plate, sans air, de Heckel, peinte en tons aigres et froids, représentant Tannhaüser parmi les délices du Venusberg. C'est à donner l'horreur de Wagner à ses plus sincères admirateurs.

Je fuis de cette fallacieuse caverne, en quête d'un véhicule pour Reutte. Mais l'omnibus est parti depuis deux heures. Il n'en passera plus que le lendemain. Je me décide donc à faire le chemin à pied. Un trajet de vingt-cinq kilomètres environ sur une très bonne route n'est pas pour m'effrayer.

Celle-ci traverse d'abord une forêt de hauts sapins. Je rencontre de nombreux voyageurs venant d'Autriche à Linderhof en voiture ou à pied, l'alpenstock à la main. La plupart sont vêtus du costume tyrolien, car pour venir dans cette région, tout docteur ou professeur allemand se croit obligé de se coiffer d'un chapeau pointu à plume d'aigle, à pinceau de poils de chamois, de porter le veston à revers verts, à boutons de corne de cerf, la culotte courte, les molletières en tricot. Ce travestissement jure avec leurs dos voûtés, leurs cheveux gris et leurs lunettes d'or, mais il contribue à leur donner l'illusion de la vie alpestre. Cette fantaisie est si commune que les magasins de confections de Munich tiennent des assortiments de ces équipements d'ascen-

sionnistes auxquels ils donnent le nom de
Tyroler-Loden.

Puis la route se rapproche de l'Ammer. La
rivière coule au pied du Kuchelberg, sur un
lit rocailleux très large qui témoigne de l'am-
pleur torrentueuse de son cours, lorsqu'elle
est grossie par les pluies d'hiver ou par la
fonte des neiges. En ce moment, l'Ammer est
presque à sec, tant les chaleurs de l'été l'ont
tarie. Un dur soleil réverbère ses brûlants
rayons sur les flancs calcaires de la montagne, déjà bien déboisés, d'où les bûcherons
précipitent les troncs de sapins ébranchés et
dépouillés de leur écorce, par le raide versant
qui dévale vers la rivière.

Le pont qui forme la frontière entre la Bavière et le Tyrol se trouve à l'entrée d'une
vallée qui se creuse entre le Kuchelberg et le
Geyerkof. Puis la route s'écarte encore de
l'Ammer et chemine en plein bois. Même à
l'ombre et bien que, de tous côtés, courent des
ruisseaux dans l'herbe, la chaleur est acca-
blante. J'éprouve dans cette vallée qui sert de
frontière entre les deux pays, sur cette route
déserte où ne passe ni un forestier, ni un
douanier (le poste de la douane autrichienne
est à environ dix kilomètres de là, au bord du
Plansee), la plus intense impression de solitude que j'aie ressentie de ma vie. Je com-

prends que Louis II ait choisi cette contrée sauvage pour y situer la *Hundings-Hütte*, cette imitation au naturel de la hutte d'Hunding, au premier acte de la *Walküre* (1).

Aussi, malgré le *Bædeker* et la carte, qui dirigent mes pas, serais-je bien aise de demander mon chemin. Justement, voici un touriste allemand et sa femme. Ils parcourent pédestrement les montagnes du Tyrol, sans autre bagage qu'une sacoche de linge. Ils marchent à petites journées, sans hâte, et s'arrêtent souvent, sans doute pour se rafraîchir. Le mari me renseigne très exactement sur les distances, l'état de la route. Apprenant que je vais à Hohenschwangau, comme il est déjà tard, il m'engage, pour arriver plus tôt, à quitter la grande route de Reutte, à négliger le *Plansee*, qu'il dit peu intéressant, pour me diriger tout droit sur Hohenschwangau, par le chemin de montagne.

Arrivé à Ammerwald, j'entre un moment dans la maison d'un pâtre qui est aussi débitant de boissons, pour boire un verre de lait.

(1) Louis II se plaisait dans cette hutte alpestre. M. Bainville, dans son *Louis II de Bavière*, nous apprend qu'à cent mètres de là, le roi avait fait construire un ermitage en planches, couvert en chaume, d'après un passage de Wolfram d'Eschenbach, qui décrit la retraite du pieux solitaire Trévrezent. A l'intérieur, un foyer de pierres, une croix de bois avec un prie-Dieu sans coussin, un lit très primitif, des filets pour la pêche renfermant un poisson *de carton*.

Le chemin d'Hohenschwangau s'amorce sur
la route juste à côté de cette maison. C'est un
raccourci, sans doute, mais il faut acheter cet
avantage par une ascension très raide. Devant
les lacets du chemin, la masse calcaire du
Geyerkopf semble ériger toujours plus haut sa
muraille abrupte comme pour narguer l'ascen-
sionniste fatigué. J'arrive enfin sur un plateau
gazonné où paissent des troupeaux de vaches
et de chevaux. Au milieu du plateau s'élève la
Jæger-Hütte, abri tyrolien construit en ron-
dins. Elle est vide. Pas une âme ; le silence
n'est troublé que par les sonnailles des bêtes
au pâturage. Cette calme solitude alpestre,
l'air plus frais qu'on y respire, la sérénité de
l'atmosphère, me pénètrent d'un ravissement
qui dissipe ma fatigue. Je me réjouis d'avoir
tenté cette excursion et j'admire alors toute
la poésie du mot « excursion » en allemand :
Ausflug, qui signifie littéralement « envol ».
Oui, c'est bien l'impression d'un envol hors
des bassesses de l'humanité, des contraintes
sociales et des tracas de la vie, que me
fait éprouver cette course solitaire en pays
étranger, dans une région inconnue, presque déserte, une sensation fugace de pleine
indépendance, de libération physique et
morale ; et je m'explique l'ardeur des ascensionnistes, la fascination des altitudes.

Ici prend sa source la Pœllat. Le long du ruisseau, je suis la trace d'un sentier assez mauvais, puis la vallée se resserre, le ruisseau devient torrent, la route qui le côtoie s'améliore. Je suis récompensé de mon effort par le plus beau coucher de soleil : les rayons du couchant teignent de rose le pic ardu du Sæuling, qui domine Neuschwanstein, à plus d'une lieue de distance, embrasent l'*Alpsee*, qui, de loin, à travers la gorge de la Pœllat, paraît lumineux comme une patène d'or rouge... A Blockenau, la route, qui enjambe le torrent à chaque instant, devient plus large et plus ferme. La nuit vient, je ne vois plus la Pœllat dont le lit se creuse toujours plus profond, plus accidenté, je l'entends seulement bondir sur les rochers. La route s'en écarte, plusieurs chemins s'ouvrent devant moi, j'en prends un au hasard ; la silhouette du *Marienbrücke*, élégant pont en fer jeté à une grande hauteur sur la gorge de la Pœllat et que je reconnais sans l'avoir jamais vu, m'avertit de la proximité de Neuschwanstein. En effet, j'arrive juste au pied de la *Burg* féodale construite pour Louis II.

Le temps est sombre, couvert de gros nuages noirs. L'orage menace, le tonnerre gronde au loin, des éclairs de chaleur projettent une lumière bleuâtre qui découpe les silhouettes des hauts et noirs sapins dévalant sur les pentes

de la montagne jusqu'à Hohenschwangau.
Dans l'obscurité, j'entends les hiboux, effrayés
par ces clartés soudaines, dégringoler dans
les ramures. L'heure tardive, la crainte de la
pluie me font hâter le pas. Heureusement, une
fois sur la magnifique route de voiture dont
la rampe donne accès à Neuschwanstein, il
n'y a pas d'erreur possible; elle me conduit
tout droit à Hohenschwangau. J'y arrive ha-
rassé, mais l'hôtel *Alpenrose* se trouve là juste
à point pour me restaurer et m'offrir un gîte.

Le lendemain, en sortant, je m'aperçois que
l'hôtel est situé juste à côté de l'*Alpsee*. Demeurer quelques jours dans ce beau site, près
de ce lac ravissant qu'entourent des bois et
des promenades plantées de beaux arbres,
doit être un repos délicieux dans lequel la
visite des châteaux d'Hohenschwangau et de
Neuschwanstein met une diversion de curiosité. C'est dans celui de Hohenschwangau
que Louis II passa son adolescence. Ce château, bâti en 1836 par le roi Maximilien II, sur l'emplacement d'une *Burg* de la
famille de Schwanstein, ancêtre des Wittels-
bach, fût décoré de peintures murales par Moritz de Schwind. La légende raconte que sur
les eaux de l'Alpsee, dans une nacelle traînée
par un cygne, Lohengrin se serait présenté
pour défendre le bon droit d'une Elsa bava-

roise (1). Aussi le cygne figurait-il dans les armes des seigneurs de Schwanstein. La princesse de Prusse, Marie, mère de Louis II, commença à décorer ce château d'une collection de bibelots représentant des cygnes et elle légua cette manie à son fils. Mais Louis II ne s'occupa d'Hohenschwangau que pour continuer cette collection. Aussi l'intérieur de ce château royal offre-t-il, comme celui de Berg, l'aspect d'une résidence très bourgeoise.

Neuschwanstein ne trouvera que des admirateurs. Construit sur un rocher, au bord de la Pœllat, c'est un magnifique édifice roman, où l'architecture, la décoration, la peinture et l'ameublement ont été habilement combinés en vue de la restitution historique d'une *Burg* allemande du Moyen-Age (2). Les fresques des peintres bavarois Piloty, Spiess, Hauschild, peuvent ne pas satisfaire toujours notre es-

(1) Voir *Louis II de Bavière*, par Jacques Bainville, 1 vol. in-18, Paris, 1900, Perrin,

(2) Dans son livre déjà cité sur Louis II, M. Bainville fait connaître que cette restitution lui aurait été inspirée par la vue de Pierrefonds, lors de son voyage à Paris, en 1867. Il avait aussi visité, à Eisenach, la Wartburg dont il a fait reproduire la salle des Chanteurs. Le plan est dû à Janck, décorateur des théâtres royaux. Les architectes Brand et Riedel furent chargés de l'exécuter et le 15 septembre 1869 fut posée la première pierre. Certaines parties de la construction témoignent de préoccupations catholiques : l'oratoire placé sous l'invocation de Saint-Louis, roi de France, la salle du trône consacrée au triomphe de la religion et décorée des portraits des six rois saints, enfin la vaste basilique, de style byzantin.

thétique; il faut reconnaître qu'elles s'harmonisent beaucoup mieux avec le style de l'édifice que celles des châteaux construits par Louis II dans le goût français. Le principal mérite de Neuschwanstein, c'est que tout y est sincère : les murailles sont en pierre de taille; les sculptures sont en bois; on n'y est pas hanté par cette crainte de voir le stuc se fendiller et s'écailler, qui gâte la visite des autres résidences royales. L'amant de l'artificiel, le rêveur couronné que fut Louis II, a renoncé pour une fois à cette manie de l'imitation qui, ailleurs, à Linderhof comme à Chiemsee, lui a fait commettre tant d'erreurs artistiques, il a cherché la vérité locale en érigeant, dans un site alpestre grandiose, un monument à la gloire de l'Allemagne féodale, il a consacré des sommes énormes à l'évoquer en un poème de pierre. Mais, jamais satisfait, avant même que Neuschwanstein fût élevé, il projetait une nouvelle *Burg*, plus pittoresque encore, dont le gardien montre le modèle en réduction. Le site était choisi, le château devait avoir nom Falkenstein; on allait en commencer la construction lorsque Louis II fut interné par ordre du Conseil de Régence.

LE CHIEMSEE

La ligne de Munich à Salzbourg longe, après Rosenheim, le *Simmsee*, qu'on voit parfaitement du chemin de fer, et contourne le *Chiemsee*, dont elle traverse les marécages. De Prien, un petit embranchement mène à Stock, ou est le port des bateaux à vapeur. Le *Chiemsee*, le plus grand des lacs de Bavière, porte le surnom ambitieux de *Bayerisches Meer*. C'est qu'il a dix-huit kilomètres de long sur onze de large, et, comme il s'étend dans un pays plat, il en paraît plus vaste encore. Son aspect serait donc très monotone si, au sud et à l'est, les Alpes de Salzbourg et du Tyrol ne bornaient la vue par un bel horizon de montagnes. De plus, les trois îles qu'il contient méritent une visite.

La plus pittoresque est *Fraueninsel*. Elle renferme un cloître de religieuses, un hôtel, avec quelques grands arbres dans la cour ; au bord de l'eau un hameau de pêcheurs. Le profil et le groupement des toits, du clocher de l'église, couverts en essandoles, forment une silhouette intéressante à croquer sur un album, mais, sous un ciel couvert et pluvieux, l'aspect de ces constructions devient funèbre. Entre *Fraueninsel* et *Herreninsel*, se trouve l'îlot de *Krauteninsel*, qui sert de potager aux deux autres.

Herreninsel ou *Herrenwœrth* appartenait naguère à un couvent de bénédictins qui fut sécularisé en 1803. L'ancien domaine des moines fut acheté par le roi en 1875 et en partie déboisé pour la construction du parc et le tracé des perspectives dont jouit le château. Le cloître est devenu un hôtel-brasserie dont la terrasse ombragée offre une jolie vue sur *Fraueninsel*. Tout en déjeunant sur cette terrasse, je vois autour de moi de nombreux touristes procéder à leur correspondance. Partout où il va pour son plaisir, le premier soin du voyageur allemand est de noter, sur des cartes postales illustrées de vues du pays, les impressions qu'il n'a pas eu le temps de ressentir et qu'il transcrit tout simplement d'après son Guide.

Les exclamations dont il est si prodigue : *Wunderschœn!* (admirable!) *Prachtvoll!* (splendide!) *Kolossal!* lorsqu'il ne peut les jeter dans l'oreille de ses compagnons de route, il les consigne par écrit en des lettres à sa famille. La faculté d'admiration de l'Allemand est extraor-dinaire, aucune ironie ne vient la diminuer.

J'en eus une nouvelle preuve pendant la visite de la résidence royale d'Herrenchiemsee. Sin-gulière idée de misanthrope que celle d'édifier, dans une île située au milieu d'un vaste lac, en un pays que les ciels couverts rendent si lugubre, cet immense château copié sur celui de Versailles, avec dessein non seulement d'égaler le faste de Louis XIV, mais de com-pléter ses plans! Il n'y a d'achevé que le bâti-ment central; des ailes, les gros murs seuls sont construits, et en briques. Il résulte de cette disparate entre la splendeur rêvée par l'émule du Roi-Soleil et la réalité architecturale, une impression de *toc* choquante, analogue à celle qu'on éprouve en visitant la Résidence de Munich. Quand on pénètre dans le château, l'impression devient encore plus bizarre, par le désaccord qui existe entre cette carcasse de briques et la richesse folle de la décoration intérieure, par le mélange dans l'ornementation, de l'art français plus ou moins maladroitement imité par des ébénistes, des tapissiers et des peintres munichois, et des modifications per-sonnelles qu'y ont introduites le goût des architectes et celui du roi lui-même.

Le grand escalier est, à ce point de vue,

typique. Les revêtements des murailles, en marbre polychrome, font un contraste heurté avec les panneaux et le plafond peint de froides allégories par des artistes bavarois et ne préparent nullement le visiteur au spectacle qui l'attend au premier étage où toute une série de grands appartements prétendent reproduire les merveilles de Versailles : galerie des Glaces, plus grande de 20 mètres que celle de Versailles, salons de la Guerre et de la Paix, salon de l'Œil de Bœuf, chambre de parade, chambre du Conseil. Tout cela rutilant de dorure, de broderies d'or sur toutes les tentures, sur tous les meubles ! Cette apothéose de la royauté est entachée d'un excès, d'une exagération de richesses, que semble symboliser, dans le vestibule du rez-de-chaussée, l'énorme paon de bronze, d'argent et d'émail ; elle semble la contrefaçon même des splendeurs du Roi-Soleil, de même que les boiseries, les meubles, les étoffes paraissent être la parodie des modèles proposés aux artistes qui les ont exécutés (1).

Le visiteur allemand n'aperçoit pas ces erreurs de goût, il accepte cette profusion de luxe pour une merveille d'art et ne s'émeut, avec une

(1) M, Bainville, dans l'ouvrage déjà cité, assure qu'après la mort de Louis II, certains meubles et objets d'art commandés par lui pour ses châteaux, furent vendus par ordre du gouvernement et qu'il s'en fit un commerce chez les marchands de curiosités.

sorte de commisération un peu dédaigneuse,
que des sommes énormes gaspillées en un tel
déploiement de faste. L'admiration des gloires
de Louis XIV, qui fut la religion du roi de
Bavière, et qui se manifeste dans les peintures
des panneaux représentant ses victoires, ses
conquêtes, par les plafonds allégoriques où la
France trône au milieu des nations de l'Europe,
parmi lesquelles figure l'Allemagne, humiliée
et vaincue, doit froisser le patriotisme germanique et lui causer quelque malaise. Elle ne
flatte pas davantage l'amour-propre du Français, prompt à la critique et qui sait de reste
qu'on ne pastiche pas Versailles. Versailles est
le produit par excellence d'une époque historique et d'une civilisation abolie.

Aussi cette grande bâtisse de plâtre, devant
laquelle, en une percée pratiquée dans le parc,
se développent des parterres avec des groupes
allégoriques, une perspective de pièces d'eau
copiées sur les bassins de Lenôtre, aboutissant
au lac par un canal qui était destiné à devenir le
port du yacht à vapeur du roi, ce simili-Ver-
sailles dépaysé en face des Alpes, oublié en pé-
nitencedans une île, lui paraît être la chose la
plus lugubre, la plus attristante du monde. Il
n'a qu'une hâte, celle de s'échapper au plus vite
de cette prison dorée.

LE KŒNIGSSEE

Bien que le *Kœnigssee* soit situé dans une contrée de la Bavière enclavée dans l'Autriche et dès lors appartienne plutôt à l'excursion du *Salzkammergut* qu'à celle du Tyrol, on en est si près quand on revient du *Chiemsee* qu'il est aisé de pousser jusque-là. On peut y aller, soit de Freilassing, par l'embranchement de Reichenhall et de Berchtesgaden, sans sortir de Bavière, soit de Salzbourg, par un petit tramway à vapeur qui mène à Drachenloch. De là, une route de voitures qui suit la vallée de l'Alm, affluent de la Salzach, traverse la frontière bavaroise et donne un facile accès au *Kœnigssee*.

Parvenu à la berge du lac, on n'en soupçonne encore ni l'étendue ni la forme. Un peu plus à l'est, au bord de la Baie des Peintres, on commence à apercevoir le coude que dessine la masse énorme et majestueuse du Watzmann. Aucune route ne longeant le *Kœ-*

nigssee, pour se rendre compte de son aspect sauvage, il faut, de toute nécessité, le visiter en barque. Ce ne sont pas d'élégantes yoles de plaisance, comme au *Tegernsee*, qui sont mises à la disposition du touriste, mais de lourdes embarcations primitives que des bateliers en costume tyrolien, chapeau pointu, bretelles vertes soutenant la culotte de peau noire coupée au-dessus du genou, de leurs bras musculeux entraînent hors de la baie, entre la langue de terre où s'élève la villa Beust et l'îlot Christlieger. Une fois passé le rocher de Falkenstein, se révèle seulement la longueur du *Kœnigssee*. C'est bien le roi des lacs de Bavière, ce lac dont le lit est formé par une étroite fissure entre de hautes montagnes. Des murailles à pic, fourrées de noirs sapins, le dominent de leurs parois abruptes. Au sud se dresse la Schœnfeldspitze. A droite s'érige en un surplomb terrifiant la masse sombre du Watzmann. Ses eaux d'un vert foncé, immobiles et silencieuses, qu'assombrit l'aspect des montagnes, sa forme de goulet resserré lui donne l'aspect d'une rivière stygienne, et les grottes qui s'ouvrent parfois dans le rocher semblent des bouches béantes à l'entrée de quelque obscur royaume infernal. Plusieurs cascades s'y précipitent qui sur le roc noir tracent un sillon d'argent liquide. A un certain point du trajet, l'un des bateliers décharge un antique pistolet, gorgé de poudre, la détonation se répercute dans les rochers, en un retentissant et multiple écho. La rive droite fait un coude à Sanct Bartholomæ dont la chapelle est, à la Saint-Barthélemy, un lieu de pélerinage très fréquenté. Le 24 août, en l'honneur du saint, les hauteurs s'illuminent de feux de joie. La navigation aboutit enfin à la *Salet-Alpe*, isthme étroit qui sépare le *Kœnigssee* de l'*Obersee*. Entouré de hauteurs escarpées desquelles jaillissent de blanches cascades, ce petit lac produit une impression encore plus sévère que l'autre.

L'excursion du *Kœnigssee* se complète habituellement par la visite des salines de Berchtesgaden. Toute la région voisine de Salzbourg est, comme son nom l'indique, très riche en sel gemme. L'une des principales exploitations, celle du Ferdinandsberg, située à une demi-heure de Berchtesgaden, est visible pour les étrangers munis de cartes délivrées à la direction de la mine. Ce qui rend cette visite très amusante pour les enfants et les jeunes filles, c'est l'obligation de se travestir en mineur, avec des vêtements de grosse serge qu'on vous délivre au vestiaire. Les femmes se coiffent d'une sorte de résille, les hommes d'un chapeau de feutre. On empile les voyageurs dans les wagonnets d'un petit chemin de fer Decauville, et les voici qui roulent sur les pentes du couloir d'accès creusé à l'entrée de la montagne. Puis on oblique dans d'autres couloirs, on passe des embranchements où des convois se croisent et s'évitent, pilotés avec une adresse comparable à celle des gondoliers de Venise. La vitesse acquise est si forte qu'elle sert, comme dans les montagnes russes, à remonter les pentes, aux éclats de rire des femmes qu'amuse cette course folle dans l'obscurité. On arrive enfin à des galeries plus larges, récemment exploitées, puis à une vaste salle circulaire où s'étale un bassin d'eau noirâtre dont une rangée de lampions à huile fait miroiter la surface livide. On le traverse en bateau. Sur les cristaux rougeâtres, légèrement humides, dont le sel gemme revêt les parois et les voûtes de ces galeries, la lumière étincelle en paillettes fugitives. Dans une cavité spéciale sont déposés des échantillons dont la nuance varie du gris sale au grenat. On en distribue des fragments aux visiteurs en souvenir de leur exploration.

Le retour s'opère aussi en vagonnets, mais par des voies différentes. On court se déshabiller et l'on s'amuse de l'air ahuri des touristes qui s'embarquent dans le convoi suivant.

L'ACHENSEE (1)

De Rosenheim, le chemin de fer d'Innsbrück s'engage dans la vallée de l'Inn. La route, avec la vue des montagnes boisées du *Kaisergebirge*, est pittoresque ; elle passe au pied de Kufstein, jolie ville frontière bavaroise, située sur un rocher dominé par la forteresse de Geroldseck qui commande le défilé. Ensuite la vallée s'é-largit, surtout depuis Wœrgl. Sur la rive droite de la rivière, on aperçoit les ruines de plusieurs châteaux, notamment celles très dé-chiquetées de la Kropfsburg, à l'entrée de la vallée du Ziller. Peu de temps après l'avoir dépassé, on s'arrête à Jenbach.

Jenbach est un pays de forges et de hauts-fourneaux. Je m'attendais donc à trouver une ville assez importante. Arrivé à la nuit, je fus surpris de voir des rues sans alignement, pres-

(1) L'*Achensee* se trouve dans le Tyrol autrichien. Cependant, comme, par son système hydrographique, il se rattache plutôt à la Bavière, j'ai cru pouvoir le comprendre dans la description des lacs bavarois.

9

que sans éclairage, des chalets dispersés en un
désordre pittoresque le long du Kasbach, torrent qui, avant de se jeter dans l'Inn, bondit
en cascades le long de la colline et fait tourner de nombreux moulins aux roues antiques
et moussues. Partout des bruits d'instruments,
des chants, des grincements de guitare révé-
laient une population éprise de mélodie. Ce
séjour me parut cependant peu réjouissant;
faute de place dans les hôtels, je pensai être
réduit à coucher à la belle étoile. Une hôtelle-
rie plus vaste consentit enfin à m'héberger.
Atrocement mal couché sur une de ces dures
couchettes dont la Bavière et le Tyrol ont la
spécialité, entre des draps exigus que le moindre
mouvement disperse, je passai une nuit pénible.

Si les hôtels de Jenbach manquent de confort, il est vrai de dire que les voyageurs pour
l'*Achensee* ne s'y arrêtent guère, le chemin de
fer à crémaillère et le bateau à vapeur com-
binant leurs services pour les recevoir à la
sortie du wagon. Mais, avant de voir le lac,
je désirais faire l'excursion de la vallée du
Ziller. Le lendemain, je montai dans l'omnibus de la poste qui dessert cette vallée. Ce
n'était plus l'étroit et léger *Post-omnibus* de la
Bavière, mais une sorte de diligence très
lourde, divisée en coupé, rotonde et banquette,
attelée de deux vigoureux chevaux tyroliens.

Malheureusement le cocher n'avait pas de costume et ne jouait pas du cor à pistons comme ses confrères bavarois.

La route passe le pont de l'Inn, traverse la cour d'un ancien couvent converti en institut agronomique, puis, à Strass, quitte la vallée de l'Inn pour entrer dans celle du Ziller. Elle est presque toujours éloignée de la rivière jusqu'à Zell-am-Ziller, où elle la traverse. Large, verte et fertile, cette vallée s'étend entre deux chaînes de montagnes peué levées.

A Fügen, premier relai, l'auberge devant laquelle stationne l'omnibus est située en face du presbytère, vaste maison carrée dont les angles sont décorés de gargouilles en fer à silhouette fantastique de dragons aux gueules ouvertes. Il est à remarquer qu'en cette région les églises, au lieu de clochers bulbeux comme en Bavière, portent des flèches extrêmement aiguës, toitées en essandoles, peintes de couleurs claires. Celle de Fügen mérite une visite. Elle contient une série de douze cadres contenant les images en bois sculptées des douze apôtres. Ils ont des physionomies très variées, très expressives ; la tête de Saint Thomas est caractéristique. Sur l'autel, un grand tabernacle avec figures sculptées et peintes : David jouant de la harpe, le Baptême du Jourdain. Dans le cimetière, un Christ au tombeau, enseveli dans un linceul en vraie toile. Plus loin, un haut-relief en bois sculpté représentant le Christ au Jardin des Oliviers, d'une bizarre perspective : alors qu'au premier plan, Judas et les soldats qu'il conduit ont seulement quinze centimètres de haut, le Christ et ses apôtres, placés au second, sont de grandeur demi-nature. Les tombes sont indiquées par des croix en ferronnerie à feuillages et rinceaux dorés. Le soin avec lequel les habitants entretiennent les sépultures est touchant. Celles qui n'ont pas de verdure sont ornées de fleurs toutes fraîches dont les queues très courtes trempent dans l'eau ou sont piquées en terre. L'offrande consiste presque toujours en dahlias de diverses nuances. Les Tyroliens ont le même soin de leurs balcons en bois découpé où s'enroulent des plantes grimpantes et des fleurs, de leurs jardins où ils plantent par le goulot sur des piquets, des boules en verre de couleur.

A Zell, on franchit le Ziller. Laissant à gauche la route qui mène dans le *Gerlosthal*, une voiture plus petite et plus légère remonte la vallée jusqu'à Mayrhofen. Celle-ci se resserre de plus en plus à mesure qu'on approche des montagnes. Arrivé à l'auberge de nuit et par un temps couvert, je n'avais guère vu le pays. Le lendemain, en ouvrant ma fenêtre, je poussai un cri d'admiration. Sur un ciel merveilleusement clair, d'un bleu tendre, se dessinaient toutes les ramifications des Alpes qui viennent aboutir au *Zillerthal*. Au-dessus de tous ces sommets boisés, les champs de neige de l'Irgent, blancs comme un duvet de cygne...

Mayrhofen est au centre de quatre vallées étroites dont l'une est celle du haut Ziller, le *Zillergrund;* les torrents qui roulent dans le fond des trois autres, le Stillup, la Zemm, la Dux, en sont les affluents. Chacune de ces vallées offre des sites splendides, mais la plus pittoresque est celle de la Zemm.

On traverse ce torrent sur un pont couvert à l'entrée de la vallée, puis on en longe la rive gauche dans la gorge de Dornauberg, une gorge sauvage, étroite et froide où la Zemm, à une grande profondeur, bondit sur des rochers énormes. Le sentier longe l'un des flancs abrupts de la vallée, serpente parmi des rocs éboulés, couverts de mousse, portant des arbres en guise de cierges. D'un équilibre menaçant, ces rocs semblent toujours prêts à se détacher, à rouler dans le précipice. A un tournant du chemin, cloué à un tronc de sapin, un grand Christ en bois sculpté, saignant, le corps crispé sur la croix, la figure contractée par la douleur, un rictus d'agonie à la bouche, d'une expression d'effroi tragique. Le sentier contourne ainsi le cours de la Zemm jusqu'au

Carlsteg, nouveau pont en bois qui la traverse. Sur la rive droite, il monte encore jusqu'à Ginzling, le dernier village de la vallée. Devant repartir le jour même pour Jenbach, je redescends vers Mayrhofen, émerveillé de ces grandioses sites alpestres, de ce pays sincère, vierge, pas truqué, qui, bien qu'exploré par de nombreux touristes, Allemands du nord pour la plupart, conserve son caractère agreste et primitif.

Les chalets, ici, dans les prairies, en dehors des villages, sont construits en troncs d'arbres étagés les uns sur les autres et s'adaptant en travers par des mortaises. Leurs murs, au lieu d'être parallèles, s'évasent par le haut sous le toit débordant qui les couvre. Le rez-de-chaussée se partage entre l'étable aux vaches et la remise. A l'étage, l'habitation du pâtre et de sa famille, précédés d'un balcon en bois découpé. Sur le derrière, le grenier à fourrage auquel donne accès une rampe en terre gazonnée. A l'abri des auvents du toit, les instruments agricoles, les traîneaux et la provision de bois pour l'hiver. Telle est la disposition uniforme du chalet tyrolien.

Au retour, je visitai l'église. Sur la tribune de l'orgue, une série de panneaux peints de pareille dimension offrent les portraits de Jésus, de la Vierge, des douze apôtres, de Saint Paul et de Saint Sébastien. Aux murs,

les statues peintes de deux saints ; l'un d'eux
est vêtu en pélerin, l'autre est Saint Florian, qui protège contre l'incendie. Avec
Saint Népomucène, il jouit en Tyrol d'une
vénération toute particulière. Dans le chœur,
à droite et à gauche de l'autel deux portes
en toile peinte, avec l'image de Saint Rupert
et de Saint Virgilius. Au dessus, en bois
peint et doré, Saint Michel fait pendant à un
ange qui montre le ciel à un enfant. Au plafond, pend une colombe d'argent, auréolée
d'une gloire de rayons dorés. Dans le cimetière, un oratoire avec un Christ auprès
duquel deux veilleuses brûlent la nuit. Au-
dessous, une rangée de têtes de mort.

Sur la plupart des maisons est peinte
l'image de la Vierge de Cranach qu'on admire à Innsbrück, en l'église Saint-Jacques.
Très pieux, très polis, plus dignes encore
que dans la vallée, les habitants ne manquent jamais de vous saluer d'un *Grüss't Gott !*
Il ne paraît pas y avoir de pauvres. Chacun
a sa chaumière, son champ ou sa part au
pâturage communal et vit avec une simplicité
patriarcale. Ceux qui ne peuvent pas subsis-
ter s'expatrient. Le *Zillerthal* passe pour être
le pays des chanteurs tyroliens et des citha-
ristes, mais je n'ai pas eu l'occasion de les
entendre, ni de voir danser le *Schuhplatttanz*.

Quant au costume tyrolien, il est plus rare que dans le *Hochland* bavarois; il se réduit, pour les femmes, au chapeau, feutre à fond plat, forme *canotier*, ou chapeau de bergère à torsade de paille ou de passementerie. Sans être jolies, les femmes sont de figure plus agréable que les Bavaroises, de mine plus intelligente; les enfants ont de la grâce et de la vivacité.

Autrefois on montait à l'*Achensee* par une route de voiture très raide qui suit le ravin du Kasbach, traverse des forêts et des prairies. Aujourd'hui, l'ascension se fait d'une manière plus douce par une *Zahnradbahn* (1) qui part de la gare même et hisse le voyageur jusqu'à l'embarcadère du bateau à vapeur. La voie traverse des vallons fort pittoresques, offre de magnifiques échappées de vue sur les vallées du Ziller et de l'Inn, sur la tendre verdure de leurs prairies.

Il n'y a que 400 mètres de différence de niveau entre l'*Achensee* et la vallée de l'Inn. Néanmoins, l'air y est incomparablement plus vif et plus sain. Par les fortes chaleurs, le séjour de l'*Achensee* doit être fort agréable, au moins par le beau temps, car, dès que le ciel se couvre, avec les nuages arrivent la fraîcheur et l'humidité.

Après le *Kœnigssee*, l'*Achensee* passe pour

____
(1) Chemin de fer à crémaillère.

le plus beau lac de ces contrées. Sa réputation est méritée. Entouré de montagnes de tous les côtés, resserré entre le Bærenkof au sud, le Roth-Alpjoch et l'Unnütz à l'est, la Rabenspitze à l'ouest, ses bords sont formés par des versants très escarpés, quoique moins abrupts que les flancs du *Kœnigssee*. Si raide en est la pente que, pour construire la route qui le longe à l'est, on a dû tantôt l'entailler dans le roc, tantôt la poser sur des chevalets enfoncés dans l'eau. Du côté opposé, la route ne va que jusqu'à Pertisau, où la rive s'abaisse et découvre les vallées qui s'ouvrent entre le Plumserjoch et le Sonnenjoch : le *Rissthal* et le *Falzthurmthal*. Les sommets calcaires dénudés de ces hautes montagnes feraient un contraste heurté avec la verdure des bords de l'*Achensee* si la douceur de la lumière n'enveloppait la dureté du roc nu. De Pertisau à la vallée de l'Achen, petite rivière qui sort du lac, il n'y a de communication que par un capricieux sentier de chèvres, accidenté, fécond en montées et en descentes. Aussi est-il plus agréable de faire le trajet en bateau à vapeur. On admire de plus près la teinte de l'eau. Alors que la couleur des lacs de Bavière est uniformément verte, de nuance plus ou moins claire, celle de l'*Achensee* est d'un bleu splendide tirant sur le vert, un bleu minéral.

La beauté de ses eaux, du pays qui l'entoure, attire à l'*Achensee* de nombreux visiteurs qui, pour des prix modiques, trouvent à se loger dans les pensions de Seehof et de Scholastika. A Pertisau, le principal hôtel dépend d'un couvent qui appartient à des religieuses de Schwaz. La salle à manger a l'air d'un énorme réfectoire de cloître. A Scholastika, l'ancienne pension n'étant plus suffisante, on construisait un énorme et fastueux hôtel moderne. C'est de là que part l'omnibus pour les bains de Kreut, qui se trouvent à mi-distance à peu près entre l'*Achensee* et le *Tegernsee*. La route suit le cours de l'Achen, traverse Achenkirch. Une inscription sur l'hôtel Adler indique que l'empereur François-Joseph s'y est arrêté à la chasse en 1883. On passe à Kohlstadt, où se fabrique du charbon de bois, puis la vallée se resserre. On traverse une jolie forêt, le lit de l'Achen se creuse de plus en plus, devient torrentueux. Après Achenwald, la route monte au défilé d'Achen, jadis fortifié, traverse la frontière de Bavière, passe le col de la *Stuben-Alpe*, puis, par l'étroite vallée de la Weissach, parvient à Wildbad-Kreut, dont j'ai décrit le site délicieux.

LE « JEU DE LA PASSION »

A ODERAMMERGAU, EN 1900

A ceux qui, en l'été de 1900, se rendaient à Oberammergau, Munich servait de point de départ. De là le voyageur prenait le train pour Murnau, sur la ligne ferrée de Munich à Partenkirchen, d'où un tramway électrique le menait directement à Oberammergau. Trajet facile et relativement rapide, mais qui n'avait même pas l'avantage de dispenser d'aller coucher la veille dans le célèbre village, puisque la représentation commençait à 8 heures du matin et qu'il fallait partir de Munich à 3 heures de la nuit pour arriver à temps. Comme nous venions de Suisse, il nous parut moins banal et plus intéressant d'aller à Oberammergau par la route de voitures qui, de Füssen, remonte la vallée du Lech jusqu'à Reutte, en territoire autrichien, longe le *Plansee* et redescend en Bavière par celle de l'Ammer.

La représentation attirait un grand concours de pèlerins. Aux relais du vert *Plansee* se succédaient ceux du *Hochland* bavarois et du Tyrol ; il en venait en landaus, en cabriolets, en chars à bancs, en charrettes paysannes. Ces véhicules se suivaient dans le sombre et sévère *Ammerwald* où les hauts sapins s'éclaircissent sous la cognée, sans qu'on ait égard à ménager la beauté sauvage de la région chère au feu roi de Bavière, du site dans lequel il fit édifier la hutte de Hunding, d'après le décor du premier acte de la *Walküre*.

Après la halte de Graswang, nous entrons dans la vallée d'Ammergau. Bientôt apparaît le piton boisé surmonté d'une croix, dit Kofelberg, et peu après, au milieu de la prairie, sur un monticule, le calvaire en marbre que Louis II fit édifier en 1875.

Pour se conformer à une ordonnance de police, dans la principale et naguère unique rue d'Oberammergau, le cocher met son cheval au pas ; après avoir dépassé le châlet de Mme de Hillern, nous voyons se succéder, bâties sur un plan identique, les maisons rustiques du village, dominées par le clocher bulbeux de son église. Nous ne savons encore dans laquelle nous enverra loger le choix du *Wohnungs-Bureau*, car il y a ici, comme à Bayreuth, un comité de logement pour lequel le problème consiste à héberger deux ou trois mille étrangers dans un bourg de treize cents habitants.

Lorsqu'on n'a pas prévenu ce comité assez longtemps à l'avance, ou risque fort d'être renvoyé, littéralement, de Caïphe à Pilate, et même, Caïphe et Pilate étant des personnages de marque dans le *Passionspiel*, chez des figurants sans importance. On s'exagère, d'ailleurs, dans le public la difficulté de trouver gîte à Oberammergau ; nous voyons, affiché au-dessus de plusieurs portes, l'écriteau : *Zimmer zu vermiethen* (chambres à louer). Il y en a qui ne trouveront pas preneurs, car bien des spectateurs de la région arriveront à pied des environs, le matin même de la représentation, ou logeront dans les villages des environs, à Oberau, à Ettal, à Unterammergau, à moindres frais. En effet, l'hospitalité n'est pas offerte à des prix d'une aussi « extrême modicicité » que l'affirme avec confiance, — d'après des souvenirs vieux de dix ans sans doute, — le traducteur français du texte de la Passion.

Depuis ce temps le pays s'est transformé. J'ai visité Oberammergau il y a quelques années, alors que le théâtre était fermé ; je ne le reconnais plus. L'ouverture du chemin de fer a fait construire un quartier nouveau ; entre la gare et le théâtre pullulent les industries que suscite, comme une végétation parasite, la vogue soudaine d'un site ou d'un lieu de pèlerinage. Outre les marchands d'objets en bois sculpté, produits du pays, et ceux qui vendent les inévitables photographies et cartes postales illustrées, il y a d'innombrables bazars à *souvenirs*, des magasins d'antiquités suspectes et de bijoux tyroliens en argent ou en filigrane, comme à Partenkirchen, toute la boutique à treize des villes d'eaux et des stations de bains de mer. Entre les hangars affectés à ces divers commerces s'intercalent des échoppes de victuailles, des boutiques de coiffeur à l'instar de Paris ou de Vienne, des hôtels neufs et des restaurants dignes d'une grande ville. Ici c'est un banquier qui fait le change, là l'office-succursale d'une agence de voyages anglaise ou américaine. L'aspect général tint de Bayreuth, de Lourdes, d'Innsbrück et de Saint-Moritz.

La chambre où l'un des employés du Comité de logement, après avoir compulsé ses registres derrière un grillage, — vingt fois interrompu par des demandes de places ou de renseignements exprimées dans toutes les langues, — nous a envoyés loger, est une maison neuve, à l'extrêmité de la ville. Bien que construite d'après l'ancien modèle rustique, avec l'écurie, la remise, la resserre de bois et le grenier adossés à l'habitation, elle semble appartenir plutôt à un bourgeois qu'à un paysan. Cependant rien n'égale ma stupéfaction quand, par un escalier raide comme une échelle de meunier, nous accédons à une petite chambre, basse de plafond, mais toute neuve, avec lits *à la française*, service de toilette d'un modèle nouveau, ornée d'aquarelles et tendue d'un papier *modern style!*

Ce premier contact avec la récente civilisation, qui va transformer ce village de paysans, commença ma déception, qui le lendemain s'accrut encore. J'avais intentionnellement choisi cette date du 15 août. Me fiant à des souvenirs vieux d'à peine quelques années, j'avais dit à mon compagnon : « Vous aurez la chance de voir une fête incomparable, un village de Bavière le jour de l'Assomption, toutes les maisons décorées de guirlandes de feuillage, d'oriflammes blanches et bleues, aux couleurs de la Vierge, patronne du royaume, les paysans et les paysannes en costumes tyroliens, les hommes avec la culotte de drap vert ou de cuir coupée au-dessus des genoux, la veste aux parements vert clair, le chapeau à plumes, les bretelles brodées, les molletières; les femmes avec leur lourd corset garni de multiples chaînes d'argent, leurs guimpes festonnées, leurs jupes de couleur et leurs tabliers bancs. Qui n'a pas vu cela n'a rien vu! » — A vrai dire, le soir j'avais été un peu étonné de ne trouver aucun apprêt pour la fête du lendemain et de rencontrer dans

les rues des artisans à longs cheveux, — des
acteurs du drame probablement ; on les dis-
tinguait à un éclair de vanité dans leurs yeux,
— prosaïquement vêtus comme des pauvres
diables de commis râpés. Toutefois je comp-
tais sur un changement à vue, Il y en eut un
en effet, mais non celui que j'attendais.

· ... Il a plu toute la nuit, il pleut encore. La
vallée est noyée de brumes ; la chaussée, dé-
trempée par l'eau et les charrois, forme des
mares. Pas une maison pavoisée, pas un costume de fête. Par les routes boueuses, les spectateurs retardataires, les piétons de la dernière
heure arrivent crottés ; une foule bourgeoise
mêle ses vêtements sombres. Allons ! il faut en
prendre son parti. La couleur locale se perd,
en Bavière comme en Bretagne, en Suisse ou
en Tyrol! Toute pareille est l'assistance, qu'elle
soit placée dans les bas-fonds à deux marks la
place qui s'étendent devant la scène, de chaque côté de l'orchestre des musiciens, ou assise dans les fauteuils de *premières*. Même
aspect incolore, mêmes chapeaux quelcon-
ques, même livrée de deuil partout, sous la
haute voûte construite cette année en vue de
préserver les spectateurs des intempéries et
qui a coûté 250,000 francs. L'utilité en est
aujourd'hui manifeste, et chacun pense au
malheureux sort des spectateurs d'autrefois

que rien ne défendait contre la pluie. Cependant, cette voûte métallique protectrice choque le sens esthétique par son gabarit industriel.

Sa toiture, en réduisant l'horizon, tend forcément les regards vers la scène laissée à découvert, scène à plantation multiple comme celles qui servaient aux *mystères* du moyen âge : au milieu, un théâtre fermé par un rideau, encadré de décors praticables, placés en plein air, avec, au premier plan, la maison d'Anne à droite, à gauche la maison de Pilate ; en arrière, la perspective des rues de Jérusalem. Malgré tout, si une claire lumière d'été illuminait les vertes montagnes du fond, la vue serait belle encore, mais des nuages gris estompent les collines, un temps brouillé fait paraître faux le ton des décors aux feuillages artificiels dont la crudité s'harmoniserait avec un limpide azur. La première impression est donc lugubre ; attendons, le soleil se montrera peut-être. Annoncée par trois coups de canon, la représentation commence à huit heures précises ; l'orchestre, un orchestre formé d'éléments locaux et heureusement invisible, entame l'ouverture...

Ce serait le moment de faire preuve de quelque érudition et d'aller rechercher, par delà les *autos sacramentales* espagnols de

Lope de Vega et de Calderon, et nos mystères du Moyen-Age, l'origine du drame religieux. On la trouve, paraît-il, dans l'œuvre
d'un docteur de la primitive église, Grégoire
de Nazianze. Du IX⁰ au XI⁰ siècle, des moines et des religieuses composèrent, en latin,
des drames liturgiques. Tout le monde connaît, au moins de nom, les chastes tragédies
écrites en cette langue par la religieuse
saxonne Hrostvitha. A l'une d'elles, intitulée :
Paphnuce, M. Anatole France a fait l'honneur d'emprunter le sujet de *Thaïs*, parant
d'un style élégant et d'une philosophie dou-
cement sceptique la fable naïve et édifiante
de la pieuse nonne du X⁰ siècle. A cette
époque, pendant la semaine sainte, on repré-
sentait dans les couvents des scènes empruntées aux récits de la Passion, comme
l'apparition de Jésus aux disciples après sa
résurrection (1).

Peu après, l'usage des Pastorales de Noël
se répandit dans plusieurs diocèses. Ces
spectacles profanes furent condamnés en 1210,
par un décret du pape Innocent III, confirmé
par le synode de Trèves en 1227 et par celui d'Utrecht, en 1293. Plus tard, l'Église se

---

(1) M. Armand Gasté a publié, d'après des manuscrits des
XIV⁰ et XV⁰ siècles, le texte latin dialogué de *l'Office du Tombeau*, qui était récité à Rouen pour la fête de Pâques.

ravisa et toléra ces pieux intermèdes et même des spectacles beaucoup moins édifiants. D'après M. Petit de Julleville, c'est le mélange d'un comique grossier, parfois obscène, qui fit interdire le jeu des *mystères* en 1548, par un arrêt du Parlement de Paris.

L'usage de faire lire, par différents ecclésiastiques revêtus de costumes anciens, le dramatique récit de la Passion pendant la semaine sainte, usage qui fut conservé en Allemagne par l'Église réformée, amena les compositeurs à s'emparer de ce texte pour en faire la matière de leurs oratorios. Déjà, en 1530, Walther avait disposé les Passions selon Saint Jean et selon Saint Mathieu en musique, sur un texte allemand, à l'usage des temples luthériens. Cet exemple fut suivi. Parmi les musiciens qui se distinguèrent dans ce genre de compositions, il faut signaler, au xvii⁰ siècle, Henri Schütz et, au xviii⁰, Jean-Sébastien Bach, qui traita cinq fois ce sujet d'après les divers évangélistes. Mais l'oratorio ne comporte pas la forme dramatique. Par le récit et l'emploi de la musique chorale, il appartient encore à la liturgie et à la prière. Comme nous le verrons plus loin, le *Passionspiel* d'Oberammergau participe des deux, du *mystère* et de l'oratorio.

Son origine a une cause tout occasionnelle,

En 1632, pendant la guerre de Trente Ans, le pays d'Ammergau avait été ravagé par l'invasion des Suédois. A l'invasion succéda la peste, qui décima la population. Les magistrats s'engagèrent par un vœu à faire représenter tous les dix ans, par les habitants de la commune, le mystère de la Passion. Dans les idées du Moyen-Age, la représentation des mystères avait une sorte d'efficacité expiatoire. La première représentation eut lieu en 1634 ; en 1674, on convint d'ajourner l'exécution à l'année 1680. Depuis cette époque, elle a eu lieu à la fin de chaque période décennale.

Le texte primitif, dû aux religieux bénédictins du cloître d'Ettal, fut remanié cent ans plus tard par le P. Ferdinand Roser. Il y introduisit des tableaux allégoriques tirés de l'Ancien Testament, et des personnifications du Péché et du Démon, qui furent supprimées au début de ce siècle par le P. Othmar Weiss, ainsi que les plaisanteries surannées et les scènes de mauvais goût. Sur ce nouveau texte, le compositeur Dedler, né à Oberammergau en 1779, mort en 1822, composa une longue partition conçue en la forme des anciens oratorios. A vrai dire, exception faite pour le chœur invisible de la Cène qui est touchant et deux ou trois autres pas-

sages, sa musique, dont les meilleures pages
rappellent le style de Méhul, n'a rien de bien
passionnant : elle paraît aujourd'hui assez
languissante et de formes désuètes. Mais peu
importe ! Ce n'est pas une sensation d'art qu'entend procurerle « Jeu de laPas sion » à Oberammergau. L'auteur ne s'est proposé que « l'ins-
truction et l'édification du peuple chrétien ».

Voilà ce qu'il faut se répéter mentalement
si l'on veut comprendre et l'ordonnance de la
pièce et le but de la représentation. Ce *mystère* n'est point une œuvre dramatique ; il ne
vise point à la beauté littéraire. C'est la syn-
thèse, faite par un religieux, de ce que les
Écritures nous révèlent des épisodes que
l'Église commémore dans la semaine sainte,
depuis l'entrée de Jésus à Jérusalem jusqu'à
sa résurrection. Chacune des scènes dialo-
guées est précédée d'un prologue dans lequel
le chœur, tenant le rôle de l'ancien *argumen-
tateur* des mystères ou du récitant des oratorios, annonce et commente ce qui se passe.
Des tableaux vivants y sont intercalés, qui
rendent visible un fait historique tiré de l'Ancien Testament, interprété comme le symbole
et la prophétie du Nouveau. Ainsi, par exemple, le Sacrifice d'Abraham préfigure l'immolation de Jésus par son Père céleste ; la manne
dispensée aux Hébreux, dans le désert, est

une image de la Cène des Apôtres ; le baiser de Joab à Amasa, qu'il perce de son épée, annonce la trahison de Judas, et ainsi de suite. Au dernier tableau, Jonas, sortant du ventre de la baleine, devrait symboliser la Résurrection. On a supprimé cette figure et l'on a bien fait ; mais on a eu tort de fusionner ensuite le 17° tableau avec celui de la Résurrection. Nous y perdons l'exquise scène de l'apparition de Jésus à la Madeleine et le *Noli me tangere* qu'a célébré l'art de tous les temps et de tous les pays.

Si l'on désirait réduire l'énorme dimension de l'ouvrage, — il dure huit heures, divisées en deux séances, le même jour, — il y avait des coupures plus utiles à opérer, soit dans les tableaux vivants prodigués avec excès, soit dans les chœurs, dont la longueur abuse un peu de la patience du public. Ces tableaux vivants réunissent, en des décors généralement assez criards, des personnages trop nombreux servant uniquement à remplir la scène et parfois immobilisés dans une attitude bien forcée. Le chorège fait ensuite le rapprochement entre les deux situations, et les chants du bon Dedler confiés à des solistes et à des chœurs, s'efforcent d'émouvoir l'auditoire. Les solistes laissent parfois à désirer sous le rapport de la voix ou du geste, ainsi que l'or-

chestre pour la justesse, mais les ensembles
sont vraiment remarquables et feraient honneur à une scène lyrique. De plus, les choristes restent stoïquement en scène sous la
pluie, alignés comme à la parade, tous vêtus
de blanc, avec des manteaux bleus, roses,
violets, pourpres. Ils sont censés représenter
des anges. Ils s'éloignent à la file lorsque le
tableau va être joué et reviennent de même à
la chute du rideau, pour annoncer le tableau
suivant. Cela supprime les entractes et contribue à maintenir l'illusion.

La première partie du drame va de l'entrée
de Jésus à Jérusalem jusqu'à son arrestation
au Jardin des Oliviers. C'est la moins passion-
nante, bien que par le jeu des acteurs, et notamment d'Anton Lang, qui représente Jésus,
la scène du lavement des pieds et la Cène
soient d'une beauté incomparable. Le public
est déjà pénétré d'une sensation religieuse.
Point de bruit. On n'entend que le froissement
des feuillets lorsque les spectateurs tournent
la page du livret; à cause de l'immensité de
la salle et du jeu en plein air, toutes les paroles
ne parviennent point aux oreilles, on est donc
forcé de suivre le texte. J'admire même que la
voix des acteurs porte aussi bien. Une jolie
diversion a été l'envol des colombes s'échappant
de leur cage renversée, dans la scène des

marchands chassés du Temple. Fréquemment, des oiseaux traversent le décor rustique ou font entendre leur chant. C'est ainsi que les coqs n'ont pas attendu le reniement de saint Pierre. Le sifflet de la locomotive leur répond, nous rappelant que la gare n'est pas loin. Tandis que les nuées grises s'éclairaient de quelques volutes blanches, je suivais dans le vol plus haut des hirondelles le présage heureux d'un beau temps. Le ciel est resté sombre et la pluie a duré toute la journée.

Judas vient de livrer son maître, moyennant trente deniers qui lui ont été comptés dans une scène d'un curieux réalisme. A l'Ambigu on sifflerait le traître. Ici, la foule est restée calme, concentrée, silencieuse. Pendant les interludes des tableaux qui se succèdent sans interruption, elle n'a donné aucun signe d'agitation, aucune marque d'impatience devant la longueur des scènes chorales et des prologues explicatifs. Les assistants sont venus là comme on va au temple. Quelques applaudissements saluent les acteurs à la fin de la séance, mais ils sonnent faux ici, les interprètes y restent insensibles. Le public devrait même s'abstenir d'applaudir, ainsi qu'il le fait à Bayreuth, et à plus forte raison. Grâce au nombre et à la largeur des portes latérales, cette vaste salle, qui contient 4,200 specta-

teurs et qui est comble, se vide en quatre minutes. Il pleut toujours, il est près de midi ; on
va déjeuner.

L'extraordinaire est même que, dans l'intervalle d'une heure et quart qui s'écoule entre
les deux séances, tout ce monde trouve à se
restaurer dans un village de 1,300 habitants,
les uns chez leurs hôtes, les autres à l'auberge, d'autres chez les débitants de victuailles. Quelques-uns, munis d'avance de provi-
sions, ont fait des gradins du théâtre leur
table de famille. Tels les saucissonniers de
l'Exposition. Ce qui évoque encore davantage
les joies parisiennes, c'est la décoration murale du rez-de-chaussée d'un hôtel moderne,
où des dames, vêtues de chemises transparentes,
figurent des boissons capiteuses. Voici qui est
bien profane pour un pays de dévotion. Verra-t-on
bientôt le *Coucher d'Yvette* à Oberammergau ?

Pour la pièce, je redoutais fort la tragédie
de collège religieux. Elle vaut mieux, et se
borne à dialoguer le texte de l'Évangile. L'auteur n'a imaginé que les discussions des prêtres et des pharisiens acharnés à perdre Jésus,
l'interrogatoire de l'accusé par Hérode. Il a su
exprimer naïvement, mais avec assez de force,
les motifs de haine et de vengeance qui pous-
sent les prêtres, les pharisiens et les marchands, menacés les uns dans leur pouvoir,

les autres dans leurs privilèges, à se liguer contre le Christ. La mort du Juste est résolue d'avance ; la cause est jugée avant d'avoir été entendue. Mais il n'y a guère de véritable psychologie que dans les rôles de Judas et de Pilate.

Judas est le trésorier de la société des apôtres ; il tient à l'argent, non pas seulement dans leur intérêt commun, mais dans le sien propre. Lorsque Marie-Magdeleine a répandu le nard sur la tête et les pieds de Jésus, il déplore la perte des trente deniers que la vente de ce précieux parfum eût rapportés. Il ajoute : « Si, comme il est probable, la compagnie se sépare, j'aurais été tranquille pour longtemps !» Judas a les doigts crochus. Les émissaires du Grand Conseil ont tôt fait de gagner cette âme de caissier infidèle. « Oui, ma fortune est faite, se dit-il. Je tiendrai ce que j'ai promis, *mais j'aurai soin de me faire payer d'avance*..... S'il plaît au Sanhédrin de mettre le Maître au cachot, si c'en est fait de lui, j'aurai mis mon petit bien en sûreté et, par dessus le marché, je deviendrai un homme célèbre, je passerai pour avoir sauvé la loi de Moïse. Si, au contraire, le Maître triomphe... eh bien, je me jetterai à ses pieds, je lui demanderai pardon. *Il est si bon !* Jamais je ne l'ai vu repousser le repentir. » Il discute avec lui-même s'il commet une trahison, mais il repousse vite le scrupule : « Du courage, Judas! Il s'agit d'assurer ton avenir. »

Caïphe, qui l'interroge sur les raisons de sa défection, lui demande : « Mais pourquoi as-tu changé de sentiment ?

Judas. — Il n'y a plus rien à espérer avec lui... J'ai réfléchi et j'ai résolu d'être du côté de l'autorité légitime. *C'est toujours le plus sûr !* »

Il s'est laissé tenter par le lucre, mais il n'est pas entièrement pervers, il éprouve des remords quand il apprend d'Anne que sa trahison va causer la mort de Jésus. Le Grand Conseil lui confirme la nouvelle; Judas jette à ses pieds les trente deniers. Dans son dernier monologue, son désespoir est exprimé avec une certaine éloquence.

Ponce-Pilate, lui, veut d'abord se convaincre de la culpabilité de Jésus. En bon fonctionnaire, il annonce l'intention d'examiner le dossier de l'enquête. « D'ailleurs, pense-t-il, qui sait si ce Jésus n'est pas réellement le fils d'un Dieu ? » Il n'a pas entendu dire que l'accusé ait soulevé la populace contre l'autorité de l'Empereur, et il a à ce sujet une réflexion étonnante, digne d'un préfet : « Si quelque chose de ce genre s'était passé, *je l'aurais appris avant vous,* moi qui suis établi pour maintenir l'ordre dans ce pays et *qui suis bien informé de tous les agissements et mouvements des Juifs !* » — « J'admire, dit-il plus loin aux prêtres, le zèle que vous montrez tout à coup pour les intérêts de l'Empereur ! »

Il interroge donc Jésus en particulier. Comme sa femme lui a fait dire qu'elle a été tourmentée toute la nuit par un songe terrible, et que Jésus a produit une bonne impression sur lui par sa dignité, il ne veut pas se laisser entraîner par un « sacerdoce haineux ». Lui, Romain, ne trouve en Jésus, « d'après les lois de sa nation, rien qui mérite la mort ».

Ayant appris que l'accusé est Galiléen, c'est-à-dire justiciable d'Hérode, Pilate est trop heureux de le lui renvoyer, mais celui-ci se borne à le traiter comme un fou inoffensif. Les prêtres ramènent donc Jésus à son prétoire. Pour leur donner quelque satisfaction, il le fait flageller. Mais cela ne suffit pas à apaiser leur haine. Alors, comme il a demandé à être éclairé sur l'opinion du peuple, Caïphe et ses acolytes soulèvent le peuple. Cette scène est rendue avec une véhémence très émouvante.

Devant les cris de fureur des Juifs qui réclament la mort de Jésus, il s'étonne de leur revirement ; mais comme ils exigent la vie de Barabbas, il délivre Barabbas et, par crainte d'être dénoncé à l'Empereur, condamne Jésus. Ce rôle de fonctionnaire pusillanime et habile

à ne se point compromettre est d'une vérité
éternelle.

A partir de la condamnation de Jésus, il n'y
a, pour ainsi dire, que les paroles mêmes de
l'Évangile et la mise en action des stations des
chemins de croix. Si, pour le drame, j'avais
redouté la tragédie de collège, pour la plastique, je craignais les horreurs de l'imagerie religieuse du quartier Saint-Sulpice. A propos
d'un drame sacré italien qui fut représenté au
Nouveau-Théâtre, M. André Hallays écrivait
qu'on croyait voir s'animer les statues pein-
turlurées de la rue Bonaparte. J'avais cette
appréhension. Les scènes sentimentales et
tendres : l'entrée de Jésus à Jérusalem, les
adieux de Béthanie, ne sont pas toujours
exemptes de fadeur. Dans un rôle de
douceur et de mansuétude infinie, comme celui du Jésus de la *Passion*, il est difficile de
ne pas être un peu bénisseur, bien qu'Anton
Lang sache éviter de donner cette impression.
Ces adieux de Béthanie sont d'ailleurs la partie faible de la pièce, et l'on ne peut appliquer
aux auteurs du *Passionspiel* d'Ammergau
l'éloge que M. Petit de Julleville décerne à Ar-
noul Gréban, poète manceau, qui composa une
Passion en 1450, et à Jean Michel, médecin
d'Angers, qui la remania vers 1486 : « Ces
deux poètes ont su rendre d'une façon sublime

et touchante le dialogue de Jésus et de Marie, à la veille de leur séparation. »

Trois vers du *mystère* français, cités à titre d'exemple, prouveront la justesse de cette opinion. La Vierge, après de vaines supplications, dit à Jésus :

A mes maternelles demandes
Ne donnez que responses dures !
JÉSUS-CHRIST
Accomplir fault les Ecritures.

En son éloquente concision, la réplique du Christ n'est-elle pas d'une beauté admirable ?

Mais dans le pathétique, le jeu des acteurs et même des figurants acquiert une force, une puissance, un accent bien autrement poignants, se hausse jusqu'au style des maîtres de l'art plastique. Si, pour le tableau de la Cène, on s'est conformé à la disposition de la fresque du Vinci, dans les divers épisodes de la Passion, il semble qu'on voie prendre vie et mouvement les figures de Dürer et de Wohlgemuth. L'art allemand des xv⁰ et xvi⁰ siècles, paraît avoir inspiré les dessins des costumes, l'ordre des cortèges. Les groupements des prêtres, des soldats, les agitations de la foule, les attitudes des principaux personnages, on les dirait empruntés à l'un de ces beaux rétables sculptés qui décorent les sanctuaires de la Souabe, les musées rétrospectifs de Munich ou de Nuremberg.

Et il n'y a rien d'étonnant à cela. Le souvenir des maîtres de la sculpture religieuse, des ciseleurs de ces triptyques à figures multiples, vit chez ces artisans. Oberammergau est un pays de sculpteurs sur bois. Tout ce que produit leur industrie n'est pas chef-d'œuvre, tant s'en faut. Mais ils continuent les traditions, ils suivent les vieux modèles. Ils n'ont même pas besoin d'être entrés dans les églises, d'avoir visité les musées où sont conservés les beaux rétables des xvᵉ et xvıᵉ siècles, ils n'ont qu'à regarder autour d'eux, sur les routes du Tyrol bavarois et autrichien. Partout des calvaires, des Christs en croix, souvent pleurés par la Vierge et Saint Jean. Les souffrances de Jésus, les tourments de la Passion, mais tout les raconte aux yeux de ces pieux villageois. Et si l'on se demande qui a enseigné à Anton Lang l'expression de douleur résignée qu'exprime son visage lorsque les soldats lui enfoncent sur la tête la couronne d'épines, ou ses regards d'angoisse dans l'agonie du Golgotha, on n'a qu'à s'arrêter dans un champ de la vallée de l'Ammer devant un modeste calvaire en bois sculpté, et à considérer la figure du Crucifié.

Ce rôle de Jésus est écrasant. Anton Lang a le mérite de le soutenir jusqu'au bout sans que sa voix faiblisse, et avec une sûreté, une dignité admirables. Quand on songe à l'effort qu'il exigerait d'un tragédien consommé, on demeure confondu de voir un acteur de village donner une figure acceptable à l'Homme-Dieu. Autour de lui, les autres artistes ne méritent guère une mention, sauf peut-être M. Zwinck dans Judas, dont il exprime avec force la cupidité et le sinistre désespoir, et M. Thomas Rendt qui est touchant dans les remords de Saint Pierre. Saint Jean est un peu insignifiant, Hérode l'est aussi ; Pilate ne tire pas tout ce qu'il pourrait d'un rôle important. La Vierge bavaroise pleurniche, avec une voix nasillarde ; la Madeleine manque de beauté. On pourrait signaler quelques gaucheries, mais ces gaucheries mêmes excluent toute idée de cabotinage, préviennent cette impression de vague sacrilège que ressent le spectateur le moins religieux devant un drame chrétien représenté sur les planches d'un théâtre profane, par des comédiens de profession, impression que M. André Hallays a si subtilement analysée dans un des articles de son volume : *En flânant.* Ici, la conviction anime les artistes, la foi les soutient. Depuis six mois qu'ils ont appris leurs rôles, répété sur la scène d'Ammergau, ils sont bien évidemment certains d'être, chacun sous son costume, apôtre du Christ, mar-

chand juif, pharisien ou soldat romain. Pour
avoir joué cinq cents fois *Michel Strogoff*, l'acteur
Marais ne se croyait-il pas devenu sujet du tzar ?

Mais ce n'est pas tant par le mérite indivi-
cuel que se recommandent, au point de vue
artistique, les représentations d'Oberammergau. Ce qui surprend par dessus tout, c'est la
sensation d'ensemble, la subordination de tous
à l'effet général. Grâce à cette subordination
qu'on n'obtient guère que sur la scène de Bayreuth et qui procède ici du consentement una-
nime, le *mystère* est bien, comme l'étaient,
d'après M. Petit de Julleville, ceux du Moyen-
Age, « un spectacle immense, animé, mou-
vant ». Ce qui est admirable, c'est le goût qui
préside à ces groupements plastiques si ex-
pressifs par l'originalité des costumes, la
diversité des accoutrements ; la convenance et
la dignité parfaites avec lesquelles sont ren-
dues, — quoique de la manière la plus réa-
liste, — les scènes les plus scabreuses, la mise
en croix et la descente de croix, par exemple ;
c'est l'ordre qui règle ce désordre apparent,
met en mouvement ces foules hurlantes, soulève ces élans populaires, ces fureurs juives,
au point qu'elles donnent la sensation de l'é-
meute, et par la véhémence et par le nombre.

Car tout le village est là ; tout au moins la
moitié des habitants concourt à la représenta-

tion : les uns comme interprètes, les autres
comme figurants, choristes, musiciens, déco-
rateurs, costumiers. Six cent quatre-vingt-dix-
sept personnes y sont employées, depuis l'enfant de quatre ans jusqu'au vieillard à cheveux
blancs. D'ailleurs, on n'attend pas les jeux dé-
cennaux pour former les acteurs à la diction,
les chanteurs au chant choral. Chaque année,
sur le théâtre municipal, on leur apprend à se
tenir en scène, à parler, à marcher ; on leur
fait répéter des scènes classiques, jouer parfois des tragédies sacrées. Au reste, ce n'est
pas seulement à Oberammergau que les montagnards bavarois ont le goût du théâtre. A
Schliersee, j'ai vu représenter des comédies
populaires en dialecte du *Hochland*, mêlées
de chants et de danses. On m'assure qu'on
donne à Brixen (Tyrol) un *Passionspiel* tous
les dix ans, l'année qui précède la représentation d'Oberammergau.   .

Les paysans tyroliens jouent entre eux des
drames patriotiques dont Andreas Hofer est le
héros. En Suisse, il existe aussi des théâtres
populaires. A Diessenhofen, on a donné en 1900
une tragédie historique : *Charles le Téméraire
et les Confédérés*, due à l'écrivain lucernois
Ott ; à Altdorf, au mois d'août, le *Guillaume
Tell* de Schiller. En célébrant un héros national, un événement important dans l'histoire

du pays comme la victoire de Morat, un théâtre populaire est assuré d'intéresser un nombreux public. Qu'est-ce donc lorsqu'il offre
aux spectateurs la tragédie sacrée par excellence, celle qui met en action la vie mortelle,
la Passion et l'immolation de l'Homme-Dieu,
du Christ qu'ont célébré les liturgies, les poèmes, les chants religieux, les arts plastiques,
du Rédempteur qu'adorent des millions d'hommes? C'est à l'ensemble du monde chrétien
que s'adresse le *mystère* d'Oberammergau et
le monde chrétien vient le contempler. Les curieux d'art, les blasés, les *snobs* d'Amérique
et les touristes à jumelles photographiques
sont noyés dans la masse des croyants qui as-
sistent à ce drame religieux comme à un
office. Les naïfs paysans tyroliens qui en forment la plus grande part s'en retournent ensuite chez eux, émus, édifiés, raffermis dans
leur foi plus que par un sermon de leur curé;
et il n'est point invraisemblable qu'à ce pieux
spectacle des incrédules se soient convertis.

RATISBONNE

Vue de Stadt-am-Hof, sur la rive opposée du Danube, Regensburg, bien que construite sur un plan plus horizontal, offre à peu près le même aspect d'ensemble que Bâle. Toutefois, les flèches grises de la cathédrale, en harmonie, quoique modernes, avec le style de l'édifice, n'ont pas ce ton éclatant du rouge *Munster* de Bâle, qui tranche avec tant de vigueur sur le panorama de la ville suisse. Ratisbonne, autrefois place forte et cité impériale, proclamée ville libre en 1183, bien déchue de cette antique splendeur, présente aujourd'hui l'apparence morne, avec ses couvents, ses nombreuses églises, d'une ville de province morne, froide et dévote.

Ce fut, en effet, dès le VIIe siècle, le siège d'un évêché, qui, au VIIIe, fut incorporé au royaume franc. Deux conciles y furent tenus sous Charlemagne. En 1524, les princes allemands catholiques y formèrent une ligue contre la Réforme ; aussi la ville eut-elle à souffrir pendant la guerre de Trente Ans. En 1800, elle fut occupée par les Français. En 1808, l'évêché fut érigé par Napoléon en archevêché en faveur du prince de Dalberg, à qui la paix de Lunéville avait enlevé son archevêché de Mayence, sécularisé. En 1810, Ratisbonne fut cédée au royaume de Bavière, mais l'archevêque-primat avait été indemnisé par le don des principautés de Hanau et de Fulda.

Un passage du Journal du général Fantin des Odoards (1) nous donnera la physionomie toute particulière de la vieille cité ecclésiastique au commencement du XIXe siècle : « Je suis allé ce soir au théâtre, écrit-il le 9 février 1806, et j'ai été satisfait de la salle, du spectacle et de la musique ; mais rien n'a excité ma surprise comme de voir parmi les spectateurs une foule de prêtres et de moines dans le costume de leur état. L'Electeur y était en robe violette et il n'y a pas de loge où l'on n'aperçût un rabat ou un capuchon. Les comédiens étant, comme chacun sait, des gens damnés sans rémission et ·les œuvres qu'ils représentent des œuvres du démon, comment se fait-il que, dans une principauté dont le chef est un homme d'église, non seu-

____

(1) 1 vol. in-8, Paris 1895, Plon.

lement on tolère cette pépinière d'excommu-
niés, mais encore on les écoute avec complaisance ?

« Il est avec le ciel des accommodements. »

La Cathédrale, une des plus intéressantes
églises gothiques d'Allemagne, est consacrée
à Saint Pierre dont la statue est érigée sur la
voûte de l'abside. Le porche, malheureusement masqué, lors de ma visite, par des écha-
faudages destinés à des travaux de restauration, affecte une forme trigone originale et la
façade, surmontée d'une sorte de poivrière
placée entre les deux tours, offre aux yeux le
régal d'un manque absolu de symétrie dans
l'architecture. Une galerie à balustrade fait le
tour du toit et, dans l'intérieur de l'église, une
autre galerie, avec une rampe finement sculptée, règne le long des nefs latérales, formant
escalier au-dessus du portail du sud. Près de
ce portail, à côté des fonts baptismaux, est un
puits surmonté d'un berceau de pierre ou-
vragé, de style gothique, avec, sur l'une des
colonnettes, deux statuettes supportées par
des consoles, Éliézer et Rébecca portant une
amphore. La présence de ce puits au milieu
de la nef de droite est d'autant plus singulière
que le transept ne dépasse pas les bas-côtés.

Comme pendant à ce merveilleux travail de sculpture, s'élève dans le chœur un élégant tabernacle du xvɪᵉ siècle, délicatement ajouré, analogue à ceux qu'on peut voir en d'autres églises de Bavière, notamment à Nuremberg.

Si, tournant le dos à l'autel, on se dirige vers le portail principal, après avoir dépassé le monument de bronze de l'évêque Philippe-Guillaume, duc de Bavière, on aperçoit, en saillie au-dessus de l'entrée, deux élégants pignons à jour et, portés sur des chapiteaux sculptés, deux cavaliers de pierre, dont l'un est Saint Martin et l'autre Saint Tyronisius. Près de là, dans le bas-côté du sud, une petite porte bâtarde au-dessus de laquelle sont figurés en relief deux singes se léchant le museau et, dans l'autre, de nombreuses pierres tombales en marbre rouge, encastrées dans le dallage ou dressées contre la muraille. Elles indiquent la sépulture des anciens évêques de Regensburg. L'un de ces évêques, Jean-Georges, comte de Herberstein, mort en 1663, a son monument dans le chœur latéral du nord ; c'est une table de marbre qui a pour sujet la multiplication des pains. En face, se trouve celui de Marguerite Tucher, bas-relief en bronze où Pierre Vischer, le célèbre fondeur nurembergeois, a représenté Jésus chez les sœurs de Lazare.

Dans le bas-côté du nord, deux monuments
funéraires se font vis-à-vis dans une sorte
d'étroit réduit. L'un est celui du prince-pri-
mat Charles de Dalberg, qui mourut à Ratisbonne en 1817, exécuté en marbre blanc,
d'après les dessins de Canova ; l'autre, d'un
style bien différent, a été érigé, au xvi° siècle,
pour Ursule, baronne de Schonenberg.

Le contraste est saisissant. A cette œuvre
moderne, d'une froideur académique, d'une
banalité officielle, s'oppose l'originale conception du bas-relief ancien. Au milieu de la table de marbre, l'inscription mortuaire et les
armoiries sculptées ; tout à l'entour, une ornementation déliée, qui représente des animaux chimériques. Au-dessus, en guise de
fronton, se dresse l'effigie de la défunte en
costume du temps. Les voiles qui pendent de
ses épaules et ceux qu'elle soutient dans ses
mains, s'écartant d'elle, s'étendent obliquement jusqu'à envelopper à moitié de leurs plis
deux figures d'homme et de femme couchées,
qui semblent sommeiller, accoudées sur les
angles du monument.

Derrière le *Dom* est un cloître contenant
de nombreuses pierres tombales en marbre
rouge, avec, aux fenêtres de ses galeries, de
belles sculptures du xvi° siècle. Il serait intéressant d'étudier successivement l'œuvrage de

chaque pierre, mais l'impitoyable sacristain, qui se sent réclamé au dehors par de nouveaux visiteurs de la Cathédrale, ne laisse pas le temps d'examiner à loisir ces reliques des vieux âges.

Sur la place, en face du *Dom*, se trouve une fontaine heptagone, en pierre, à reliefs sculptés. Au milieu de la vasque se dresse une colonne surmontée d'un aigle perché sur un globe. Une grille en fer forgé l'entoure, dont les angles s'épanouissent en fleurs délicates et légères, un de ces merveilleux ouvrages de ferronnerie dont Nuremberg possède des types si remarquables.

Parmi les autres églises de Ratisbonne, il faut citer l'église Saint-Jacques, appelée aussi *Schottenkirche*, basilique romane du XII\u1d49 siècle, restaurée de nos jours. Le portail nord est d'une originalité remarquable, avec ses archivoltes reposant sur de fines colonnettes. Les deux colonnes principales de l'encadrement sont supportées par deux lions et d'autres sculptures ornent les chapiteaux et les surfaces entre colonnes.

Le *Rathhaus* (hôtel de ville) de Ratisbonne, bâti sur un plan très irrégulier, est du XIV\u1d49 siècle. Une partie du monument fut reconstruite en 1722, sur l'emplacement d'un bâtiment ancien qui comprenait une très curieuse tour à horloge. C'est dans le sombre édifice gothique que, de 1663 à 1806, se tint la Diète de l'Empire.

On sait que la Diète se composait des neuf Électeurs, dont trois ecclésiastiques et six séculiers, du collège des princes séculiers et ecclésiastiques, auquel se rattachaient les prélats immédiats du second ordre divisés en deux bancs, ceux de Souabe et ceux du Rhin, et les comtes immédiats de l'Empire, répartis en quatre classes: Wettéravie, Souabe, Franconie, Westphalie, enfin du collège des villes impériales, composé de deux bancs, un pour celles du Rhin, l'autre pour celles de la Souabe. Chaque banc ne possédait qu'un suffrage.

Le concierge de l'Hôtel de Ville montre aux étrangers quelques-unes des salles affectées aux séances de ces divers collèges, celle de la Diète entre autres et celle des Électeurs. L'une de ces pièces, aujourd'hui complètement vide, renferme des tapisseries d'époques très différentes, dont les plus curieuses sont celles des xiv° et xv° siècles. L'ameublement ancien n'ayant pas été conservé, il faut se reporter aux estampes du xvii° et du xviii° siècles, pour se rendre compte de l'organisation intérieure des délibérations.

Dans la salle du Collège électoral, se trouvaient la table directoriale où siégeaient le directeur de la Diète, qui était en général l'archevêque de Mayence et les co-directeurs, une autre table pour les secrétaires électoraux, un banc tendu de drap vert, réservé aux Électeurs, un autre banc aux ministres du second rang. Dans la salle du collège des princes, autour de la table directoriale, les fauteuils des directeurs et du maréchal héréditaire de l'Empire ; — à gauche, le banc pour les princes ecclésiastiques ; à droite, celui des princes séculiers ; en travers, celui des évêques protestants de Lübeck et d'Osnabrück. Au milieu, les bancs des ministres du second rang, secrétaires des princes et des comtes. Derrière, enfin, une grande table tendue de drap vert, où les secrétaires rédigeaient le protocole. Dans un angle, la petite table où l'on présentait autrefois des confitures. Il y avait des dispositions analogues dans la salle affectée au collège des villes électorales.

La grande salle où tous les collèges réunis formaient la Diète proprement dite, sous la présidence de l'Empereur ou de son représentant, portait le nom de salle de *Corrélation*. Voici quels étaient les rangs établis pour chacune des classes par l'usage et l'étiquette. Au fond, le fauteuil impérial ; un peu plus bas, sur les degrés de l'estrade, le tabouret de l'Électeur de Trèves, et, au milieu de la salle, celui du maréchal héréditaire, comte de Pappenheim. À droite et à gauche du trône, le banc des Électeurs. Le long des murs, les bancs des princes se faisant vis-à-vis. En travers, siégeaient les évêques d'Osnabrück et de Lübeck. Au milieu, transversalement, les bancs des ministres du second rang ; puis, à gauche, les quatre bancs des villes impériales et, à droite, ceux des secrétaires électoraux, ainsi que des secrétaires des princes. Quand la Diète était au complet, il y avait dans cette salle près de trois cents personnes.

Ce fut seulement en 1754 qu'un siège à la Diète, avec voix délibérative, fut octroyé à la famille de Thurn-et-Taxis, non sans protestations de la part des autres membres qui s'opposaient à l'admission de nouveaux princes. Au XVIIe siècle, cette famille avait obtenu le privilège du service des postes de l'Empire, fondées par un des siens. Alexandre-Ferdinand de Thurn-et-Taxis fut non seulement admis au banc des princes, mais encore nommé commissaire impérial près la Diète siégeant à Ratisbonne. Aussi, les princes de Thurn-et-Taxis eurent-ils leur résidence en cette ville jusqu'à la dissolution de l'Empire. Depuis 1809, ils ont fixé leur demeure dans l'ancien couvent bénédictin de Saint-Emmeram.

Qu'on se figure une réunion de bâtiments,

de cours, de jardins, de cloîtres et de chapelles, une cité entière dominée par une haute tour isolée, ornée de statues, c'est là cet ancien couvent converti en habitation seigneuriale. Dans l'église romane et dans la cour qui y donne accès, de vieilles sculptures, des pierres tumulaires, un calvaire de 1513 à figures peintes, avec, au pied de la croix, une Magdeleine qui l'embrasse éperdument, dans un élan de ferveur admirable. Cette statuaire primitive n'est pas sans défauts, on peut juger exagérée la longueur des bras de la sainte, mais son enlacement passionné est d'une vérité d'attitude frappante. D'ailleurs, les calvaires à figures peintes sont d'une rencontre fréquente en Bavière. A Regensburg même, on peut voir, dans la cour d'un couvent, une Vierge en bois colorié adossée à la croix; à Stadt-am-Hof, le faubourg de Ratisbonne, dans une véritable rue de village aux maisons enguirlandées de plantes grimpantes, qui mène à la Regen, un Christ du xviiie siècle au-dessous duquel une Vierge, transpercée d'un énorme sabre, exhale une douleur emphatique.

Pour descendre au pont, il faut passer dans une rue où, sur le mur d'une vieille tour est peint à fresque un gigantesque Goliath en face duquel un David, presque enfant, brandit encore sa fronde. Cette tour, avec quatre ou cinq autres telles que la Tour d'Or dans la *Waller-strasse*, celle de l'hôtel *Zum Goldenen Kreuz*, celle de l'*Osten-Thor*, celle enfin qui s'élève dans l'ancien cimetière du couvent de Saint-Emmeram, est tout ce qui subsiste aujourd'hui des fortifications du Moyen-Age. D'autres tours carrées, au nombre de trois, avaient été érigées sur le pont même du Danube dont la construction remonte au XIIe siècle. Elles ont été détruites, ainsi que celles qui jalonnaient le mur d'enceinte.

Sur les anciens plans, Ratisbonne est représentée comme une forteresse, protégée d'un côté par un large fleuve au courant rapide, de l'autre par une ceinture bastionnée. Épargnée par les Français lors de la campagne de 1805, en vertu d'une convention particulière de neutralité, qui dispensa même la ville de subir leur passage au retour de la campagne, ses défenses militaires ne la sauvèrent pas en avril 1809, après la bataille d'Eckmühl, d'une surprise si inopinée que la place fut enlevée, d'un coup de main hardi, par les troupes du maréchal Lannes. Elles y entrèrent d'assaut par la brèche qu'elles avaient ouverte, après avoir battu sous ses murs la cavalerie autrichienne, ravagèrent la ville par le carnage et l'incendie et y firent 8,000 prisonniers. Pendant le combat, Napoléon avait été atteint d'une balle au talon qui lui fit une contusion sans gravité.

Depuis lors, ses fortifications ont été rasées et converties en promenades ombragées qui font le tour de la ville. Les fossés étant cultivés en jardins comme ceux de Nuremberg et en France ceux de Vannes, les feuillages des arbres fruitiers atteignent parfois au niveau des anciens glacis et la muraille de pierre disparaît sous un voile de verdure.

La visite de Ratisbonne a pour complément obligé l'excursion du *Walhalla*. Les bateaux du Danube qui mènent à Donaustauf la rendent facile. De ce village, on gravit la colline sur laquelle s'élève cet édifice, par une route qui mène à l'entrée nord du monument.

C'est une sorte de temple de style dorique, construit par Klenze sur le modèle du Parthénon d'Athènes, dans cette période d'imitation de l'antique qui distingue le règne de Louis Ier et à laquelle on doit les palais néo-grecs de Munich, qui surprennent si vivement le visiteur français. Mais, à la différence de ces monuments construits en matériaux vulgaires recouverts d'un badigeon de plâtre peint qui s'effrite lamentablement sous le ciel triste et pluvieux de Munich, le *Walhalla* est bâti en marbre. De marbre aussi sont les statues et

les bustes qui en décorent l'intérieur, pavé de
mosaïque.

Ainsi que son nom : le *Temple de l'Honneur*, l'indique, c'est une sorte de Panthéon
des morts illustres, des grands hommes de
l'Allemagne ; c'est une ode de pierre aux
gloires germaniques. Conformément .au sens
de l'appellation mythologique : *Walhalla*, quatorze Walkyries sculptées par Schwanthaler
et formant cariatides, supportent l'entablement. Au-dessous de la corniche qui les soutient, s'étend une frise où le sculpteur Wagner
a représenté la race germanique jusqu'à l'é-
tablissement du christianisme. « Au-dessus de
cette frise, dit Bædeker, 64 tables de marbre
avec les noms des Allemands célèbres dont on
n'a pas les portraits », et au-dessous une rangée de bustes parmi lesquels je n'ai pas été
peu étonné de trouver celui de Shakespeare.
Les compatriotes de Gœthe considèrent-ils le
dramaturge anglais comme ayant été natura-
lisé allemand par la fidèle traduction de ses
œuvres due à Schlegel, ou le revendiquent-
ils, à cause des liens d'origine qui rattachent
la branche anglo-saxonne à la souche germanique ? J'ignore à quel titre cet hommage officiel a été rendu à l'auteur d'*Hamlet*.

« Entre les piliers, continue la description
du Guide, six magnifiques Victoires, par

Rauch », — le sculpteur prussien — « la plus
belle au milieu ». Ces statues sont belles, en
effet, plus vivantes et drapées avec plus de
goût que ne le sont ordinairement les œuvres
de la statuaire allemande. Le gardien les désigne avec dévotion à l'admiration des visiteurs, qui les contemplent pieusement, non
seulement pour leur mérite artistique, mais
pour le symbole qu'elles expriment de la suprématie teutonne. Ce sentiment d'orgueil peut
s'exalter aussi à la vue des sculptures des
deux frontons, par Schwanthaler, qui représentent, du côté nord, tournée vers les sommets du *Bàyrische-Wald*, la *Victoire d'Armi-
nius sur Varus*,— au sud, au-dessus de la plaine
de Straubing, qui vit en 1809 la marche des
conquérants français, après la prise de Ratisbonne, *l'Allemagne recouvrant sa liberté à
Leipsick*.

Quand on a contemplé cette façade de l'é-
difice, on peut redescendre, par l'escalier gigantesque de 250 marches, vers l'embarcadère
de Donaustauf. Remonté sur le bateau qui
vous ramène à Ratisbonne, on se retourne
involontairement vers le monument. Bædeker
dit qu' « il produit un effet surprenant, quelque idée qu'on ait pu s'en faire à l'avance. »
Le plus surprenant, n'est-ce pas d'avoir édifié
sur une colline de Bavière, à deux lieues d'une

ville au caractère Moyen-Age bien conservé,
un temple grec en marbre dont les murs
blancs tranchent froidement sur le feuillage
sombre et sévère des noirs sapins et se mor-
fondent sous le ciel nuageux d'une contrée si
voisine des Alpes, traversée par le cours, fréquemment limoneux et jaunâtre, d'un vaste
fleuve provenant de la Forêt-Noire? Il est plus
extraordinaire encore d'avoir donné à ce temple grec un nom tiré de la mythologie scandinave. Ce sont là de ces imaginations bizarres,
comme seul en pouvait concevoir l'aïeul du
roi Louis II.

A TRAVERS LA FRANCONIE

BAYREUTH AU XVIII° SIÈCLE

« A droite, avant d'arriver à Bayreuth (par la
ligne de Neuenmarkt), dit Bædeker en son
Guide d'Allemagne, le Théâtre Wagner et un
grand hospice d'aliénés. » Si ce rapprochement n'est pas involontaire, il semblerait indiquer que Bædeker n'est pas wagnérien. Aussi
bien n'est-ce pas de la Bayreuth actuelle, cette
Mecque du wagnérisme, que je veux parler,
— la description en a été donnée déjà bien des
fois par d'autres et par moi-même (1), — mais
de l'ancienne Bayreuth, celle qu'ont faite les
margraves de Brandebourg d'un grand village
de la Haute-Franconie.

Ce qui frappe tout d'abord l'étranger, c'est
cet aspect de ville morte, de petite capitale
abandonnée, aux rues trop grandes, trop larges, trop bien alignées, cette apparence de

(1) Voir mon article : *L'Œuvre de Wagner à Bayreuth* (*Monde
moderne* de mars 1897).

paix morne, provinciale. Châteaubriand le remarquait déjà au retour de son voyage à Prague en 1833, en des notes publiées dans ses *Mémoires d'outre-tombe*. Les dehors frustes des monuments, les statues noircies, tout révèle que la vie est absente de cette ancienne résidence princière. Elle produit en petit l'impression que fait éprouver la vue des immenses avenues désertes et des rues froides de Versailles.

En effet, la principauté, qui appartint au XIIe siècle au duc de Meran, et qui passa, au XIIIe, sous la domination de Frédéric III, burgrave de Nuremberg, un Hohenzollern, n'a été en la possession des margraves de Brandebourg que jusqu'à 1791. En 1769, elle avait été dévolue de la ligne bayreuthienne à la ligne d'Ansbach ; en 1791, Christian-Charles-Alexandre, le dernier représentant de cette branche, céda ses droits au roi de Prusse, Frédéric-Guillaume II, son beau-père. Bayreuth fut donc prussienne jusqu'en 1806. Après la campagne de Prusse, le roi Frédéric-Guillaume III dut céder la principauté d'Ansbach à la France qui l'offrit à la Bavière, en échange des territoires de Juliers et de Berg qui formèrent l'apanage de Murat. Après la paix de Tilsitt, Bayreuth eut le même sort et fut cédée aussi en 1810 à la Bavière.

Les margraves eurent primitivement leur habitation au Vieux Château, sombre bâtiment du xv⁰ siècle, modifié au xvii⁰ dans le style de la Renaissance et qui s'élève au centre de la ville. Brûlé par un incendie en 1758, il fut reconstruit après le sinistre. Dans ce bâtiment, voisin de l'église catholique, qui date du xvii⁰ siècle et qui a été éprouvée par le même incendie, sont installés divers services adminis-nistratifs.

Au xviii⁰ siècle fut édifié le Nouveau Château, large construction dans le style de l'époque, qui sert aujourd'hui de résidence royale. Devant la façade se trouve la statue équestre en bronze du margrave Christian-Ernest, mort en 1712, représenté dans une attitude pompeuse et théâtrale, foulant un Turc aux pieds de son cheval. Il avait fait la guerre aux Turcs comme feld-maréchal de l'armée impériale. Aux angles du piédestal, quatre groupes personnifient les quatre rivières ayant leur source dans le *Fichtelgebirge* dont on aperçoit, de Bayreuth, au loin, les cimes bleuâtres, savoir le Mein, la Naab, la Saale et l'Eger. L'autre façade du château donne sur un très beau parc aux ombrages magnifiques, qui est devenu un jardin public.

Le Théâtre, l'*Opernhaus*, que signale une façade ornée de quatre colonnes, est un produit absolument caractéristique de ce *rococo-styl* si cher aux princes allemands, qui montre les élégances de Versailles lourdement copiées, adaptées au goût germanique, exagérées par le zèle d'imitateurs maladroits. Encore, dans ce théâtre, si rutilante et si chargée qu'en soit l'ornementation, on ne peut reprendre qu'un excès de faste et non de véritables fautes de goût. C'est une véritable bonbonnière en bois doré, avec des enroulements de volutes Louis XV, des cariatides sculptées, des vols d'amours et des guirlandes à profusion. La scène est grande comme la moitié de celle des Variétés, et cependant, en 1888, on y a représenté *Tannhæuser*. Elle semblerait créée plutôt pour y jouer *le Devin de village* ou *Rose et Colas*. Attenant à la scène, le magasin de décors s'ouvre sur un jardin. Rien de plus bizarre que d'apercevoir, à l'extrémité du plancher de la scène, le grand jour et la verdure des arbustes, alors que dans la salle tremblotte la lueur douteuse des bougies plantées sur le vieux lustre doré !

Ce théâtre, ainsi que le Nouveau Château, fut construit sous le règne du margrave Frédéric-Guillaume de Brandebourg, né en 1711, qui fut le mari de Frédérique-Sophie-Wilhelmine, fille du roi de Prusse et sœur de Frédéric II. Elle avait d'abord été demandée

en mariage pour le prince de Galles, et la
perspective de cette union flatteuse souriait à
l'ambition de sa mère, qui était une princesse
de Hanovre. Des intrigues de cour amenèrent
une rupture, provoquée par une avanie que le
roi fit subir publiquement à l'envoyé de la
Grande-Bretagne. Il faut lire dans les *Mémoires* laissés par la margrave, le dramatique
récit des péripéties qui suivirent cet événement, des souffrances qu'elle endura dans sa
jeunesse par les mépris de sa mère et les violences de son père. L'année d'après, sans
qu'on l'eût consultée, sa main était promise
au fils du margrave de Bayreuth.

Après quelques semaines d'un mariage qui
lui avait été imposé et qui, ne satisfaisant ni
son père ni sa mère, devait causer des décep-
tions au margrave lui-même, elle fut obligée
de quitter Potsdam pour se rendre dans les
états de son mari. Elle fait dans ses *Mémoires*
un amusant récit de ce voyage accompli en plein
hiver, où, après bien des fatigues, de plus déjà
grosse, elle manqua, la voiture ayant versé,
de périr écrasée par la chute de deux coffres-
forts qu'on y avait placés ; elle raconte sa ré-
ception par la noblesse franconienne, son
arrivée à Bayreuth, donne la description de
son appartement au château, du cabinet « meu-
blé d'une brocatelle couleur de crasse », de sa

chambre à coucher et de son lit « si beau et si neuf qu'en quinze jours de temps, les rideaux pouvaient disparaître, car, dès qu'on y touchait, ils se déchiraient ». Dans cette petite cour au faste mensonger, tout est matière aux railleries de la spirituelle princesse. Elle trace ensuite un portrait peu flatté de son beau-père, le margrave Christian, faux, jaloux, soupçonneux, avare et ivrogne, plein de suffisance, « ne sachant parler que de sa justice et de son art de régner », n'ayant à la bouche que citations de *Télémaque* et sentences d'Amelot, un vrai roi d'opérette.

Lorsqu'elle habitait Bayreuth, car elle fit de nombreux voyages en sa jeunesse, sa résidence favorite était l'*Hermitage*, château de plaisance à une lieue de la ville, où l'on se rend par une belle avenue plantée d'arbres. Ce château construit au début du xviii° siècle, mais agrandi par le margrave Frédéric, est placé dans un site verdoyant, sur une petite hauteur près de laquelle on a utilisé, pour le dessin du parc, tous les accidents du terrain. Mais laissons à la margrave elle-même le soin de décrire sa retraite.

« Le mont Parnasse se présente à l'entrée de l'Hermitage. C'est une voûte soutenue par quatre colonnes où l'on voit Apollon et les neuf Muses qui jettent toutes de l'eau. Cette

voûte est si artistement construite qu'on la
prendrait pour un véritable rocher. Vous voyez
d'un côté un berceau qui vous conduit à un
autre rocher artificiel environné d'arbres, où
il y a six jets d'eau. Au-dessous de ce rocher,
on trouve une petite porte par laquelle on
entre dans une espèce de souterrain qui mène
dans une grotte. Cette grotte est ornée de
coquillages très beaux et très rares et elle reçoit le jour par un dôme qui est au-dessus ; il
y a un grand jet d'eau au milieu de la grotte
et six cascades tout à l'entour ; tout le plancher, qui est de marbre, jette aussi de l'eau,
de sorte qu'il est très aisé d'attraper les gens
et de les inonder, lorsqu'ils y sont. »

J'ajouterai que le gardien montre aux visiteurs du château le *Wasserwerk* moyennant
rétribution. Après avoir rangé les spectateurs
le long des parois en rocaille ou dans l'enfon-
cement des portes, il fait sourdre du sol les
jets d'eau qui se réunissent en berceau, puis,
au moyen de différents appareils hydrauliques,
il produit des jets contrariés, alternés, les
combine en dessins variés, place sur la colonne
d'eau un chapeau de zinc peint qui, portant
une couronne de petites bougies, s'élève et
s'abaisse avec elle. Ces amusettes arrachent
des cris de surprise et de joie aux jeunes filles
venues là avec leurs familles, tandis que leurs

voitures les attendent, rangées devant la *res-*
tauration qu'on a établie dans le parc du
château.

La margrave décrit ensuite l'habitation, d'a-
bord « un salon tout revêtu de marbre de Bareith, — une chambre qui représente, au
plafond, les dames romaines lorsqu'elles arra-
chèrent la ville de Rome au pillage des enne-
mis. De là on entre dans les chambres
que j'ai fait ajouter, savoir : dans une
chambre dont le plafond est en bas-relief
et tout doré ; la peinture représente l'histoire de Chélonide et de Cléobrontas ; la
boiserie est à fond blanc et tous les reliefs dorés ; les trumeaux et le dessus des cheminées
sont partout de belles glaces. La tapisserie de
cette chambre est une étoffe à fond bleu et or
excessivement riche dont les fleurs sont de
chenille ; c'est la plus belle chose qu'on puisse
voir. Ensuite vient un petit cabinet dont la
boiserie est du Japon ; mon frère m'en avait
fait présent, elle avait coûté un argent infini
et je crois que c'est l'unique de cette espèce
qu'il y ait en Europe. On l'avait donnée à mon
frère comme telle ; le fond est en or grené et
toutes les figures sont en relief ; les plafonds,
les trumeaux et tout ce qu'il y a dans ce cabinet s'accordent avec cette boiserie. A côté de
ce cabinet, en tournant à droite, est la cham-

bre de musique ; elle est toute de marbre fin, blanc et les compartiments verts ; dans chaque compartiment, il y a un trophée de musique doré et très bien travaillé. Les portraits de plusieurs belles personnes que j'ai eus de la main des plus habiles maîtres, sont placés au-dessus de ces trophées et enchâssés dans la muraille, dans des cadres ornés et dorés. Le fond du plafond est blanc ; les reliefs représentent Orphée jouant de sa lyre et attirant les animaux ; tous ces reliefs sont dorés. Mon clavecin et tous mes instruments de musique sont placés dans cette chambre au bout de laquelle est mon cabinet d'étude ; il est d'un vernis à fond brun et peint en miniature avec des fleurs naturelles. C'est là que je suis encore occupée à écrire ces *Mémoires* et où je passe bien des heures à faire des réflexions. » Elle passe ensuite à la description des appartements du margrave, parmi lesquels on montre un singulier cabinet de jeu dont les panneaux sont tapissés de fragments de glaces brisées, encastrés dans la boiserie tels qu'ils ont été recueillis après un incendie qui avait détruit le revêtement original.

Voilà pour l'habitation. Le bâtiment inférieur se compose de deux pavillons construits en hémicycle, à droite et à gauche du *Sonnentempel*, petit monument circulaire à dôme supporté par des colonnes. A l'intérieur, c'est une salle à manger ornée de trumeaux à reliefs blancs et or, où sont représentés les exploits d'Apollon, dieu du jour. Ces reliefs sont d'un modelage délicat et fin, l'œuvre d'un artiste de goût, d'un Français probablement. Dans les pavillons, on montre diverses salles décorées dans le genre chinois tel qu'on le concevait à cette époque. Dans les antichambres sont les portraits de personnages de la famille des margraves et de la margrave Wilhelmine.

A en juger par ses nombreux portraits, la sœur de Frédéric le Grand n'était pas jolie ; les yeux à fleur de tête, très maigre, souffreteuse. Femme sérieuse, spirituelle et lettrée, elle eût souhaité vivre dans un milieu intellectuel plus attachant qu'une pauvre petite cour d'Allemagne, dans le commerce des beaux esprits.

En 1740, au château de Rheinsberg, la margrave avait fait la connaissance de Voltaire qui, ainsi que Maupertuis, accompagnait Frédéric II. Au mois de septembre 1743, Frédéric étant venu la voir à Bayreuth, laissa près d'elle pour quinze jours son ami Voltaire. La cour du margrave fit fête au Français ; on représenta ses pièces sur la scène du château, l'auteur et Wilhelmine en jouèrent les princi-

paux rôles. Au mois d'août 1750, elle se rendit
à Berlin et l'y revit pendant le séjour de trois
mois qu'elle fit tantôt en cette ville, tantôt au
château de Sans-Souci. L'entourage du roi de
Prusse avait surnommé sa sœur « l'abbesse
de l'abbaye de Sans-Souci ».

La margrave insista longtemps auprès de
Voltaire, qu'elle eût désiré enlever à son frère,
pour le décider à se fixer quelque temps à Bayreuth. « J'espère, lui disait-elle dans une de
ses premières lettres, que notre correspondance ne sera pas aussi maigre que nos deux
individus. » Plus tard, elle lui envoyait des
billets familiers commençant par ces mots :
« Sœur Guillemette à frère Voltaire, salut ! »
Elle ne lui ménage pas les flatteries : « Il n'y
a qu'un Voltaire ! » répète-t-elle souvent et
elle lui annonce qu'elle fait jouer ses tragédies à Bayreuth par les personnes de sa cour.
Elle avait placé son portrait parmi ceux des
plus fameux savants des derniers siècles : Des-
cartes, Leibnitz, Locke, Newton, Bayle, Maupertuis, dont elle avait décoré une sorte de
temple en ruines consacré aux Muses, érigé
dans le parc de l'Hermitage. De Potsdam,
Voltaire, excellent courtisan, protestait de son
désir de vivre auprès d'elle : « Madame, je
vous préférerais à Saint-Pierre de Rome, à la
ville souterraine, au pape... » Il parlait de faire

un « pélerinage à Notre-Dame de Bareith. »
« Je suis également attaché à la sœur et au
frère. Je voudrais chanter mes matines à
Potsdam et mes vêpres à Bayreuth. »

Dans le début de cette correspondance, la
margrave suppliait Voltaire de lui trouver, à
Paris, une dame de compagnie instruite et de
commerce agréable. Il s'agissait aussi de décider le marquis d'Adhémar à accepter les
fonctions de chambellan auprès du margrave.
Comme Voltaire, alors fixé en Prusse, poursuivait cette négociation par la poste, à chaque instant des obstacles imprévus venaient
retarder le consentement ou le départ du marquis. D'où réclamations de la margrave auxquelles le négociateur répondait de son mieux.
Plus tard, cette correspondance toucha à des
sujets plus sérieux. La margrave se piquant
de philosophie, Voltaire lui soumettait son
Ode sur la loi naturelle. Elle l'entretenait des
nouvelles politiques de l'Allemagne, de la
guerre, des campagnes de son frère. La bataille de Kollin perdue par le roi de Prusse, le
10 juin 1757, et la victoire remportée sur les
Français, à Rosbach, on les trouve racontées
dans ses lettres avec une précision de termes
et une vivacité de récit dignes de la sœur d'un
grand capitaine. « L'Allemagne, écrit-elle à
Voltaire en novembre 1757, après Rosbach,

n'est pas faite pour les armées françaises. On
en a déjà vu l'exemple dans la dernière guerre ;
il sera renouvelé dans celle-ci. »

Tandis que Voltaire, fuyant Berlin après sa
rupture avec Frédéric II, séjournait à Leipsick,
d'où il poursuivait son rival Maupertuis de ses
sarcasmes, le roi écrivait à sa sœur, le 12 avril
1753 : « Il est à Leipsick où il distille de nouveaux poisons et où il se dit malade pour
achever un ouvrage terrible qu'il y compose.
Si vous me permettez de vous dire librement
mon sentiment, ma chère sœur, je ne serais
pas fâché qu'il allât à Bayreuth. » De Gotha,
où il arriva le 18 et où il fut admirablement
reçu, « Voltaire, dit son historien, Gustave Des-
noiresterres, eut un instant la pensée d'aller
à Bayreuth, mais il s'était refroidi sur ce projet. Il était redevenu son maître, il avait réussi
à échapper à son hôte dont il n'était pas facile
de se séparer ; se rendre à Bayreuth, n'était-
ce pas, pour ainsi dire, se livrer à lui de nouveau et rentrer ou retomber en son pouvoir ? »

Le 24 de ce mois, la margrave pensait
encore cependant que Voltaire viendrait la voir
et elle tentait de désarmer son frère qui, dans
sa lettre du 12, avait manifesté l'intention de
faire réclamer au fugitif sa clef de chambellan, la croix de son ordre et un recueil de ses
vers qu'il ne voulait pas laisser entre ses

mains, annonçant en quelque sorte les événements qui allaient se produire, un mois plus tard, à Francfort, d'après l'ordre même que le roi avait envoyé à Freytag.

Au lieu de se diriger sur Bayreuth, Voltaire quitta Gotha, le 25 mai, pour retourner en France par la route Francfort-Strasbourg. Retenu à Francfort par ordre de Freytag, résident du roi de Prusse, il eut recours à l'intervention de la margrave pour faire rendre justice à sa nièce, Mme Denis, qui, venue à sa rencontre pour le conduire aux eaux de Plombières, avait été arrêtée, fouillée, insultée, enfermée dans une chambre, avec des soldats gardant sa porte. Quelques jours après, la margrave transmettait à son frère les plaintes de l'oncle et de la nièce, les recommandant à sa bienveillance avec de prudents ménagements pour la susceptibilité du souverain.

« Je le considère comme le plus misérable des hommes s'il a manqué de respect envers vous dans ses écrits ou dans ses paroles ; une telle conduite ne peut que lui attirer le mépris des honnêtes gens. Un homme vif et bilieux comme lui entasse sottise sur sottise quand une fois il a commencé à en faire. Son âge, ses infirmités et sa réputation, qui est flétrie par cette catastrophe, m'inspirent cependant quelque compassion pour lui. » Cette lettre est du 29 juin 1753. Trois jours avant, Frédéric II avait déjà écrit à Freytag pour blâmer des violences dont, au fond, il n'était probablement pas fâché.

Ses dernières années, la margrave les vécut dans de continuelles souffrances. Elle s'appelait elle-même *une vieille squelette*. Ainsi que Voltaire, elle était sans cesse mourante. Cacochymes l'un et l'autre, suivant sa propre expression, ils se consolaient mutuellement de leurs misères physiques. La dernière lettre que Voltaire lui écrivit avait pour but de lui recommander Tronchin comme le seul médecin capable de la guérir. Elle mourut le 14 octobre 1758 (1). A l'occasion de cette mort, Voltaire adressa au roi de Prusse une ode. assez faible du reste, qui commençait ainsi :

Ombre illustre, ombre chère, âme héroïque et pure !

Il la loue plus loin en ces termes :

Femme sans préjugés, sans vice et sans faiblesse,
    Tu bannis loin de toi la superstition...

(1) Alors que, depuis le commencement du xviie siècle jusqu'au milieu du xviiie, les margraves avaient été ensevelis dans un caveau de l'église protestante de Bayreuth, église gothique du xve, Sophie-Wilhelmine fut inhumée sans aucune pompe, suivant son désir, dans l'église catholique, ainsi que son mari qui ne lui survécut que cinq ans, et leur fille unique, Elisabeth, dernier rejeton de cette branche de la famille de Brandebourg.

Au commencement de l'année suivante, il envoya au margrave de Bayreuth une copie de ces vers, avec une lettre de condoléance qui semble dictée par un sentiment sincère. « Elle vous aimait, Monseigneur, et après vous, son cœur était a son frère. » Peut-être même la margrave Wilhelmine aima-t-elle Frédéric II plus encore que son mari, avec autant de tendresse que d'admiration pour son génie. Quelle joie elle éprouvait de ses victoires et de quel abattement l'accablaient ses revers ! Elle lui rendit même, en 1757, après les défaites de la Prusse, le service de réclamer l'entremise de Voltaire auprès du maréchal de Richelieu, en vue d'obtenir la paix avec la France.

« Il me semble que je renais, lui écrivait-elle, lorsque j'apprends de bonnes nouvelles de votre santé. » De son vivant, elle, qui avait toujours sacrifié sa vie à la destinée royale de son frère, dut sa réputation, aux yeux des contemporains, à ce fait qu'elle était la sœur de Frédéric le Grand. Aujourd'hui, la gloire du grand Frédéric a été absorbée par le rayonnement de celle de ses successeurs, tandis qu'il reste de la margrave Wilhelmine le souvenir d'une femme intelligente, lettrée, artiste, qui aima, sinon la France, où elle vint faire un séjour dans le Midi deux ans avant sa mort, du moins le goût et l'esprit français, et qui écrivit en notre langue, d'un style alerte et simple, quelques lettres spirituelles et deux volumes de *Mémoires* (1) des plus intéressants pour l'histoire de la politique allemande au xviii° siècle.

L'année même de la mort de sa femme, le margrave Frédéric fit commencer, à une lieue à l'ouest de Bayreuth, la construction d'un autre château qui porte le nom de *Fantaisie*. Il est placé dans un joli site, en haut d'un versant boisé au pied duquel coule un ruisseau. Le parc, très accidenté, est orné de jets d'eau, de grottes, de statues, possède une faisanderie. Je n'ai pu visiter ce château. Depuis la mort (1881) du roi Alexandre de Würtemberg, dont il devint la propriété en 1828 et qui y fit faire des travaux d'agrandissement et d'embellissement, il appartient à un propriétaire qui le loue aux étrangers comme villa d'été. Il y a, à l'intérieur, des tableaux de famille, des paysages, des statues dues au ciseau de la princesse Marie, fille du roi Louis-Philippe, épouse de ce prince.

En revenant de *Fantaisie* par une belle route ombragée de tilleuls, la route d'Erlangen, qui passe devant le cimetière, j'entrai voir la cha-

(1) Voir l'édition récente en 2 volumes in-8º, Leipsick, 1888, Barsdorf.

pelle funéraire de Liszt et la tombe de Jean-
Paul.

Richter, qui vécut à Bayreuth une grande
partie de sa vie et y mourut en 1825, est enseveli sous un grand bloc de granit portant une
inscription. Il a en outre sa statue sur la
place du Gymnase; le roi Louis Ier la fit ériger
en 1841. Né en 1763, à Wunsiedel, Richter
appartient encore plus au XVIII° siècle qu'au
XIX°; ses œuvres principales furent éditées de
1783 à 1799; l'une d'elles, la *Vie de Quintus
Fixlein*, fut publiée à Bayreuth même, en 1790.
Ses œuvres complètes et posthumes forment
un ensemble de 65 volumes in-8. Inutile de
dire que les Français ne connaissent guère que
de réputation l'auteur de la *Loge invisible*, de
Siebenkaës et de la *Vallée de Campan*. Un
seul de ses romans, *Titan*, a été traduit par
Philarète Chasles. Je doute qu'il ait été beaucoup lu.

Son talent complexe, mélange de philosophie vague, d'aspirations idéales et d'humour
très prosaïque, de minutieuse description du
réel, la longueur des développements auxquels
il se plait, le nombre des parenthèses et des
incidentes bizarres où l'entraîne son caprice,
la difficulté de suivre le plan du livre et le fil
du récit, rendent la lecture de ses œuvres
extrêmement rebutante pour le lecteur fran-

çais. Son style, comme celui de Carlyle, avec lequel il a quelques points de contact, est de plus très difficile à traduire, à cause du caractère germanique de son humour. Mais, en Allemagne, dans la première moitié du xix° siècle, la vogue de ses ouvrages fut immense, égala celle des plus grands écrivains.

Sa vie n'a rien de romanesque. Fils d'un pauvre pasteur qui le laissa orphelin de bonne heure, il dut demander à sa plume son pain quotidien et le gagna péniblement dans les premières années de sa vie littéraire. Ayant peu rencontré le succès dans ses travaux de critique, il inaugura, avec la *Loge invisible*, la série de ses fictions invraisemblables et compliquées. Richter vécut paisiblement à Bayreuth, obtint du margrave une modique pension qui lui fut continuée plus tard par le duc de Bavière. Il survécut peu à la perte de son fils unique. Il eut une de ces calmes existences d'écrivains allemands appliqués chaque jour à un labeur continu et qui se distraient des spéculations philosophiques par une station quotidienne à la brasserie (1), rêvant devant un *krugel* de bière, dans la brume de la fumée des

(1) Sur le chemin de l'*Ermitage*, à une demi-heure à l'est de la ville, il y a une *restauration*, la maison Rollwenzel, qui fut le séjour favori de Jean-Paul. On y montre la chambre du poète ; elle contient son buste, des manuscrits, un petit musée de souvenirs.

pipes, une de ces existences qui symbolisent la vie placide et recueillie de la provinciale Bayreuth, de la Bayreuth d'avant Richard Wagner.

ROTHENBURG

Rothenburg, *ob* (ou *an*) *der Tauber*, désignée
ainsi pour éviter la confusion avec tant d'autres villes ou villages du même nom qui existent en Allemagne, est située au bout d'un
petit embranchement de 11 kilomètres, partant
de Steinach sur la ligne d'Ansbach à Würzburg.
Elle s'élève sur une colline, dans une contrée
cultivée, arrosée par la Tauber, affluent du
Mein. Bien qu'elle ait donné asile à l'industrie,
qui y est représentée par des fabriques de machines agricoles, de voitures, de jouets d'enfants, des brosseries, des minoteries, réunies
dans un faubourg voisin de la gare, l'intérieur
et la physionomie de la ville ont été respec-
tés. Son peu d'importance l'a préservée des
désastres qui ont ravagé des cités plus fameuses, et la piété de ses magistrats envers les
souvenirs du passé a puissamment contribué
à entretenir les reliques des vieux âges, les
édifices historiques, les constructions pitto-

resques et les anciennes fortifications qui en forment l'enceinte. Pour cette raison, on la compare souvent à Nuremberg; je dirai plus loin en quoi cette facile comparaison est inexacte.

En 1802, Rothenburg, avec une grande partie de la Franconie, fut réunie à la Bavière. Si son histoire est moins incidentée que celle de Nuremberg, de Würzburg ou de Bamberg, elle a cependant un passé historique, authentique, jusqu'en 942, et qui, au delà, se perd dans la légende. La tradition veut qu'au lieu où s'élève la ville actuelle il y ait eu une forteresse, édifiée par le duc franc Pharamond ou Phenermund, laquelle aurait été jetée bas en 1356, par un tremblement de terre. C'est la race franque, en effet, qui donna son nom à cette contrée de l'Allemagne : Franconie, *Franken* en allemand, pays des Francs. Elle dépendait de l'Austrasie ; elle se divisa plus tard en Franconie orientale et Franconie rhénane; cette dernière devint en 1155 la *Pfalz* ou Palatinat. Au xiᵉ siècle, l'empereur Henri V donna à son neveu Conrad le duché de Franconie orientale, avec pour capitale Rothenburg sur la Tauber et laissa au frère de celui-ci, Frédéric, son héritier, le duché de Franconie rhénane. Le fils de ce Frédéric fut l'empereur Frédéric Barberousse. A cette époque, la *Burg* de Rothenburg appartenait à la famille de Hohenstaufen. L'un de ses chefs, le duc Frédéric, partit de là pour suivre cet empereur en Italie et à Rome; il devait y mourir de la fièvre chaude. Déclarée ville libre en 1274, Rothenburg passa par les mêmes épreuves que ses voisines, au moment de l'introduction de la Réforme, de la guerre des Paysans et de la guerre de Trente Ans.

Le centre de la cité, c'est la place du marché. Là se dresse l'Hôtel de Ville. Il est composé de deux corps de bâtiments: l'un, donnant sur la *Herrengasse*, est gothique, il a une façade à pignon en étages et un beffroi de près de 70 mètres; l'autre, de style Renaissance, date de 1572, il est précédé d'un portique d'ordre dorique à colonnes de style rustique, un peu écrasé, auquel conduisent des degrés. A l'angle de la *Herrengasse*, le bâtiment porte une tourelle; au milieu de la façade Renaissance, une belle tour hexagonale forme la cage de l'escalier. Cet escalier, à vis, mène à une grande salle du premier étage, ornée de portes et d'une tribune aux panneaux sculptés, d'un lustre formé de bois de cerf, et décorée d'armoiries peintes sur les murs. Dans la salle des cérémonies, on montre les clefs de la ville, la bannière municipale, rouge et blanche, le hanap d'honneur ou du moins la copie de ce vase auquel se rattache un souvenir historique.

Auprès de l'Hôtel de Ville, sur une sorte de plus petite place, s'élève la fontaine d'Ertrich que décore, au faîte d'une colonne, un Saint Georges terrassant le dragon. A côté, l'enseigne : *A la Vierge Marie*, celle d'une pharmacie, désigne une maison à *erker* où l'empereur Maximilien a fait deux séjours. Du reste, d'autres maisons de Rothenburg ont servi de gîte à des souverains en voyage. Au N° 44, dans la *Herrengasse*, la belle voie, la rue des palais, c'est, en 1474, l'empereur Frédéric III, qui reçut l'hospitalité pendant une semaine. Un peu plus bas, du côté opposé, une inscription rappelle le séjour que fit le roi de Rome, Ferdinand, en 1540. Six ans plus tard, un accès de goutte obligea l'empereur Charles-Quint à demeurer onze jours à Rothenburg. La chronique rapporte que les bourgeois eurent lieu de se réjouir de son départ, à cause des excès que se permettait la soldatesque flamande et espagnole qui lui faisait cortège.

Cette rue des Seigneurs est la plus large et la plus belle de la ville; elle est remarquable par ses maisons à pignons, décorés d'armoiries, mais dans presque toutes, notamment dans la *Klinggasse*, qui mène au *Klingenthor*, dans la *Kirchgasse*, dans l'*Obere Schmiedgasse*, qui conduit au *Spital-Thor*, les maisons anciennes abondent, les unes en bois, les autres, plus nombreuses, en pierre (l'une des plus curieuses est la *Maison aux cariatides* sur la façade de laquelle deux rangées de statues superposées représentent les Vertus et les Vices), maisons basses en général, plantées un peu à l'aventure, sans alignement, sans contiguité. Des ruelles étroites les séparent, le ruisseau au milieu de la chaussée donne aux rues un aspect de grand village. Trois belles portes décorent le bâtiment du Gymnase, en style baroque de 1591, qui fait face à l'église principale, Saint-Jacques.

Cette église, fondée en 1373, date des xiv° et xv° siècles ; elle a deux clochers, deux chœurs, comme la cathédrale de Bamberg, mais pas de transept. On y pénètre par une porte latérale. Douze piliers, ornés de statues, portent la voûte et divisent le vaisseau en trois nefs. Dans le chœur de l'est s'élève l'autel de Saint Léonhard, décoré de peintures et de sculptures : le tableau à volets serait de F. Herlein; on attribue à Wohlgemuth les têtes des apôtres peintes au dessous, sur la prédelle. Trois beaux vitraux colorent les fenêtres de ce chœur. Les autels latéraux de la Vierge et de Saint Joseph ont conservé de magnifiques spécimens de la sculpture sur bois du xv° siècle. Le *Couronnement de la Vierge* est attribué au sculpteur de Würzburg, Till Riemenschneider. L'autel du Saint-Sang date de 1504 ; il porte un très beau rétable aux pinacles élancés qui a pour sujet la Cène ; les volets représentent l'entrée de Jésus à Jérusalem et le Jardin des Oliviers. Sous le chœur de l'ouest, une arcade fait communiquer deux rues. Une vieille maison à *erker*, d'une architecture intéressante, qui appartient à l'administration de l'église protestante, est attenante au chevet de Saint-Jacques. Juste à côté, une porte donne entrée dans la chapelle du Saint-Sang de 1266, sécularisée à la Réforme et transformée en musée de l'Église, avec des tableaux de Wohlgemuth et de Herlein.

Il y a encore d'autres églises à Rothenburg, l'église des franciscains, par exemple, qui contient des monuments funéraires, des pierres tombales, des écussons, entre autres le tombeau de Dietrich de Berlichingen, le grand-père du fameux Gœtz, *condottiere* du xvi⁰ siècle, général redouté de la guerre des Paysans, le héros du drame romantique de Gœthe, — et la petite église de Saint-Wolfgang, de la fin du xv⁰ siècle, construite dans le style gothique fleuri. Cette dernière, située au delà de la porte dite *Klingenthor*, est adossée à une tour de l'enceinte fortifiée, par une chapelle sous laquelle un arceau forme passage. L'image de

Saint Wolfgang, placée contre le mur extérieur, entre deux portes jumelles, sert de but de pélérinage aux bergers des environs qui, tous les ans, le premier mardi après la Saint Barthélemy, se livrent à une danse traditionnelle autour de la fontaine Saint-Georges et viennent invoquer la bénédiction du saint qui protège les troupeaux de la dent meurtrière du loup.

Bien que Rothenburg, ainsi que la Franconie et la Bavière, en général, soit en grande partie demeurée catholique, la Réforme y trouva des adhérents assez nombreux, lorsque Andréas Badenstein, de Karlstadt, y apporta les doctrines de Luther. Ces adhérents, devenus bientôt agressifs, se livrèrent au saccage des églises. Puis, en 1524, éclata la guerre des Paysans, l'un des mouvements populaires les plus terribles qu'ait fait naître l'oppression féodale. Bien que les revendications des révoltés fussent fondées sur des textes évangéliques et inspirées par le prédicateur Th. Munzer, Luther condamna leur cause et désavoua leur évangile politique qui tendait à l'abolition du servage et réclamait d'autres réformes sociales. Simultanément, la jacquerie avait éclaté dans plusieurs régions de la Thuringe, de la Souabe et de la Franconie; elle signala partout ses exploits par l'incendie, le meurtre et le pillage.

Les seigneurs, dont les rebelles parvenaient
à s'emparer, étaient massacrés, livrés à la torture ou réduits en esclavage ; un seul trouva
grâce devant ces justiciers, Gœtz de Berlichingen qui s'était acquis, par les exploits de sa
carrière aventureuse, un renom bien établi de
redresseur de torts et de défenseur des faibles.
Devenu leur prisonnier, il dut se mettre à leur
tête, mais une ligue des princes et des seigneurs
se forma en vue d'étouffer la rébellion.

A Rothenburg, ce soulèvement populaire
avait trouvé des partisans ; leur chef, dans cette
région, fut l'héroïque Florian Geyer, le chef de
la *horde noire*. Assiégés par le comte palatin
Louis, ils se défendirent vaillamment et se
firent tuer jusqu'au dernier. Le 28 juin 1525,
le margrave d'Ansbach entra dans la ville qui
fut soumise à une contribution de guerre de
4,000 florins d'or. Vaincu, Florian Geyer fut
tué par son propre beau-frère, ses partisans
exécutés, jetés en prison ou bannis ; la maison
où se réunissaient les conjurés rasée par ordre
du Conseil, ses ruines maudites et le sel semé
sur la place. Une répression terrible fut ordon-
née dans toute l'Allemagne contre les révoltés
réduits par les armes. Gœtz de Berlichingen,
ayant donné sa démission à temps, se rendit
à Augsbourg, auprès des chefs de l'armée impériale, pour se disculper. Il y fut retenu captif

pendant deux ans ; le respect, la crainte qu'inspiraient son nom, le souvenir de sa bravoure et de ses exploits, le sauvèrent seuls d'un châtiment plus grave.

Tels sont les souvenirs qu'évoquent les vieilles murailles de Rothenburg quand, descendant par la *Herrengasse* à la *Burg*, ou plutôt à la promenade qui a été plantée sur son emplacement, on jette ses regards sur la vallée qu'arrose la Tauber aux capricieux méandres, enjambée par un pont à deux rangs d'arches superposées, construit en 1330 et muni autrefois de tours, ou que, de ce pont même, on contemple la perpective des fortifications.

Au XIV° siècle, l'enceinte comptait quarante tours ; il en reste encore un assez grand nombre, les unes rondes, les autres carrées, et toutes les portes sont fortifiées. Celle de l'hôpital, *Spitalthor*, est protégée par un bastion en demi-lune. Du côté le plus accessible, c'est-à-dire opposé à la vallée, il y a même deux enceintes ; la plus récente est du XVII° siècle, tandis que la ceinture de la ville est du XV°. Rien de plus amusant que de faire le tour de ces fortifications à l'extérieur et à l'intérieur..... A l'intérieur, on suit le chemin de ronde en bois, couvert en tuiles, admirablement conservé ; à l'extérieur, on circule au pied des murailles, le long des fossés aujourd'hui convertis en po-

tagers; les grands arbres qui les ombragent
viennent caresser de leurs feuillages les bastions et les embrasures. Certaines parties portent encore les traces des sièges subis. C'est
entre le *Henckerthurm* et le *Kummmereckthurm*
qu'en 1631 fut pratiquée la brèche ouverte par
l'artillerie du comte de Tilly ; l'explosion d'une
poudrière voisine acccrut encore le désastre.
La garnison, ayant hissé le drapeau blanc au
Galgenthor, dut se rendre à discrétion. Tilly,
avec les généraux Charles de Lorraine, le comte
palatin Louis, Jean d'Altringer, le comte de
Pappenheim, entra à la tête de ses troupes
dans la ville et la livra au pillage. Les généraux de l'Empereur la châtiaient ainsi de s'être
mise sous la protection des Suédois, d'avoir
ouvert ses portes au colonel Uslar et d'avoir
repoussé victorieusement un premier assaut
des Impériaux. A l'approche de l'armée de
Tilly, les Suédois l'avaient évacuée et abandonnée à la merci de l'implacable vainqueur.

Les membres du Conseil furent condamnés
à périr de la main du bourreau, et, par un raffi-
nement de cruauté, le bourgmestre Bezold eut
pour mission d'aller quérir lui-même l'exécu-
teur. Pendant ce temps, les soldats, qui sacca-
geaient le *Rathhaus*, avaient découvert la
coupe d'honneur ; ils en firent hommage à leur
général en chef. Tilly, émerveillé de ses dimen-

sions (elle avait une contenance de plus de trois litres), demanda si l'un des conseillers tremblants devant lui aurait assez d'haleine pour la vider d'un seul trait. L'un d'eux, l'ancien bourgmestre Nusch, se présenta pour relever le défi; son exploit bachique sauva la vie à Bezold et à ses assesseurs. D'ailleurs Nusch supporta fort bien cette héroïque rasade, car il vécut jusqu'en 1668 et mourut dans sa quatre-vingtième année.

Le souvenir du dévouement de Nusch et de la grâce accordée par Tilly à Bezold s'est perpétué jusqu'à nos jours. Un drame populaire qui, sous ce titre : *Der Meistertrunk* (la maîtresse rasade), est représenté chaque année le lundi de la Pentecôte, dans la grande salle du *Rathhaus*, par des acteurs citadins, le commémore. Toute la ville revêt pour la circonstance des costumes historiques, s'arme d'arquebuses et de pertuisanes. Un camp est installé hors des murs, sur l'emplacement de la *Burg*; il en part une cavalcade qui figure l'entrée de Tilly et de ses gens de guerre. En ces jours de liesse populaire, la ville de Rothenburg, si vide et si calme d'habitude, se peuple d'étrangers.

Les voyages à Bayreuth ont fait connaître Rothenburg aux Français curieux de pittoresque; il leur plaît de vérifier sur place les assertions des guides allemands qui la disent mieux conservée que Nuremberg. Il est certain que Rothenburg a gardé intacte ou à peu près son enceinte fortifiée, tandis qu'à Nuremberg, celle-ci n'est pas continue; il y a des percées, des brèches faites par l'édilité moderne, des nivellements pour l'établissement de promenades extérieures et de tramways. Enfin des restaurations trop visibles donnent à ces remparts consolidés, presque passés au vernis, une apparence de joujou guerrier. A l'intérieur même, la proportion des maisons anciennes bien conservées est plus grande à Rothenburg qu'à Nuremberg, mais il était plus facile à une petite ville de 7,000 âmes de rester intacte qu'à une grande cité industrielle de 162,000 habitants.

Bâtie sur une colline qui domine la vallée de la Tauber, avec une vue pittoresque sur la vallée et ses bouquets de bois, ses hameaux, la petite église de Dettwang, l'originale maison de campagne juchée sur une tour carrée qui s'appelle le *Tœbler-Schlœsschen*, Rothenburg est dans un site plus captivant que Nuremberg, construite en plaine, enserrée de tous côtés par des faubourgs modernes. Mais Nuremberg a l'avantage d'être traversée par la Pegnitz, et le cours sinueux de la rivière, les îles qu'elle forme, les moulins qu'elle baigne, les maisons à silhouette bizarre bâties

sur ses bords, les défenses qui en couvraient
le cours aux point où elle franchit l'enceinte,
contribuent à donner à cette ville une physionomie essentiellement originale, que complète
la *Burg* érigée sur la hauteur, au nord. Enfin,
les églises de Rothenburg ne peuvent soutenir
la comparaison avec Saint-Laurent, Saint-
Sebald et Saint-Gilles et les œuvres d'art qu'elles
renferment. Au point de vue des souvenirs
plastiques du Moyen-Age et de la Renaissance,
Nuremberg l'emporte encore avec les collections si variées et si riches du *Musée germanique*. La grande majorité des touristes conti-
nuera donc de préférer le séjour de Nuremberg,
mais Rothenburg aura ses dévôts, de même
qu'en France les vieilles cités fortifiées, aujour-
d'hui ensevelies dans un repos définitif, qui ont
nom Carcassonne ou Aigues-Mortes.

BAMBERG

De même que Würzburg, Bamberg fut le siège d'un évêché qui date de l'an 1007, qui fut sécularisé en 1802 et donné à la Bavière. Bien que la vie catholique de cet évêché soit attestée, comme à Würzburg, par de nombreuses constructions d'églises dont quelques-unes subsistent encore, son origine historique se confond pour ainsi dire avec la fondation, sous le règne de l'empereur Henri II, du *Dom*, qui fut consacré huit ans plus tard, en 1012, par le patriarche Jean d'Aquilée. Mais ce premier sanctuaire ayant été brûlé, la Cathédrale fut reconstruite, terminée en 1111 et bénite par l'évêque Otto. Il ne subsiste de cet édifice que la crypte et une petite partie du chœur de l'est. Le reste a été bâti à la fin du xiiᵉ siècle et achevé cent ans après. De l'histoire de cette principauté ecclésiastique, quelques épisodes seulement sont d'un intérêt général.

Menacée en 1340 par la guerre des Hussites,

Bamberg fut délivrée par le margrave de Brandebourg, moyennant une rançon de 12,000 florins d'or. Au siècle suivant, les historiens signalent la querelle des citoyens avec l'évêque au sujet des fortifications de la ville. Le roi Sigismond en avait autorisé la construction, le concile de Bâle la défendit. Au xvie siècle, il y eut à Bamberg comme dans toute l'Allemagne, des dissensions causées par l'introduction de la Réforme et au xviie, la ville et le donjon l'*Altenburg*, qui la domine à l'ouest, souffrirent beaucoup pendant la guerre de Trente Ans. Aujourd'hui, Bamberg est une ville industrielle de 35,000 habitants, qui utilise pour l'industrie les forces de la rivière par laquelle elle est traversée, la Regnitz, affluent du Main, et qui renferme de nombreuses usines : filatures, tissages de drap, de lainages, de soieries, brasseries, malteries, etc. Dans le quartier moderne industriel, situé entre la gare et la rivière, et que dessert une grande artère, la rue Luitpold, qui mène au pont de la Regnitz, subsiste encore une église du xie siècle, Saint-Gangolph.

Par l'un des ponts de la Regnitz, le pont suspendu par exemple, on entre dans l'île que forment les deux bras de la rivière, c'est-à-dire dans la ville basse. Elle n'a pas conservé beaucoup de caractère; les maisons des xve et

xvi⁰ siècles y sont rares. Il en est de même
dans tout Bamberg. La chose s'explique par
les incendies et les dévastations qu'a subies
la ville dans les périodes agitées de l'histoire d'Allemagne. Le *Grüne Markt,* la principale vieille rue, passe devant l'église Saint-
Martin, bâtie par les jésuites de 1686 à 1720,
dans le style pompeux auquel ils ont laissé
leur nom. Un peu plus loin, dans un carrefour,
s'élève la fontaine de Neptune, de 1698. Non
loin de là est le lycée. Un passage conduit de
la cour du Lycée à la Bibliothèque royale.
Très riche, elle contient 300,000 volumes,
2,600 manuscrits, 3,000 incunables; on y
montre la Bible d'Alcuin, les livres d'heures
du roi Henri et de sa femme Cunégonde, en
parchemin, avec psaumes en notation neu-
matique, un missel à couverture en ivoire avec
coins d'argent, un psautier du xii⁰ siècle orné
de quinze miniatures précieuses, des dessins
de maîtres et de vieilles gravures. Par le marché aux fruits on atteint l'un des ponts du second bras de la Regnitz, à l'amorce du canal
Louis qui unit le Main au Danube et le long
duquel, à une demi-heure en amont, se trouvent des promenades fréquentées. Là, entre
deux ponts, dans une île artificielle, s'élève
l'Hôtel de Ville.

Détruit au xv⁰ siècle, le *Rathhaus* avait été

rebâti de 1450 à 1467 ; mais il a eu le sort de beaucoup de maisons anciennes et le bâtiment actuel date seulement du milieu du xviiie siècle. Il y a sur les murs des vestiges de fresques. La partie la plus intéressante est un balcon de pierres à sculptures *rococo* dues à un artiste de Bamberg, du nom de Mutschele.

La rivière passée, la Cathédrale vous attire invinciblement par sa masse qui domine Bamberg et par ses quatre tours qui se voient de toute la contrée. On monte par la *Carolinenstrasse* au *Carolinenplatz* où elle s'élève. Cette place et l'église elle-même sont entourées de palais qui ont servi ou servent encore à l'habitation des princes et des évêques. Au nord, la Nouvelle Résidence, construite de 1695 à 1704, a beaucoup moins de caractère que l'ancienne, qui se trouve à l'est. Celle-ci, bâtie par l'évêque Veit, de Würzburg, date du xvie siècle. La façade présente la forme d'un pignon à volutes ; elle porte en saillie un *erker* carré à deux fenêtres géminées. Un portail à fronton sculpté donne accès dans la cour.

La Cathédrale a quatre clochers, deux à l'ouest et deux à l'est : en ces derniers qui portent de légers clochetons accotés, des arcs plein-cintre encadrent deux fenêtres ogivales géminées ; ceux de l'ouest, à fenêtres ogivales, appartiennent au style de transition ; une sa-

vante dissertation d'un écrivain d'art allemand
a établi qu'ils sont imités des flèches si caractéristiques de la cathédrale de Laon. Si donc
certaines parties du monument, les tours les
plus récentes, certaines sculptures des portails sont du style gothique, l'architecture est
romane dans son ensemble et donne l'impression de force, de stabilité et d'unité inhérente
au style roman. Les deux chœurs et les deux
transepts ajoutent encore à la symétrie. Le
chœur de l'est s'appelle le chœur Saint-Georges; l'abside, pentagonale, est précédée d'une
plate-forme à laquelle conduisent trois escaliers et qui date de 1613. Appelée le *Domkranz*
(couronne du *Dom*) elle servait à l'exposition
des reliques. Sur cette terrasse s'ouvrent deux
portails vers lesquels sont tournées des statues de bêtes qu'on a surnommées *Domkrœten*
(crapauds du *Dom*).

Il y a au nord deux portails. L'un d'eux,
l'entrée des Princes, est orné de douze colonnes
portant les statues des apôtres; les bases des
colonnes et les chapiteaux sont sculptés. Dans
le tympan, la Vierge et l'enfant Jésus qu'hono-
rent Saint Pierre, Saint Georges, Saint Etienne
d'un côté, et de l'autre, l'empereur Henri II
et sa femme. Le second, gothique, est surmonté d'une belle rosace. Du côté sud-est, le
portail d'honneur est purement roman, les

statues dont il est décoré sont du XIIIᵉ siècle.
Ce sont, à droite de l'entrée, Saint Pierre,
Adam et Ève ; à gauche, Henri II et sa femme
Cunégonde portant le modèle de la cathédrale.

Si l'on pénètre dans l'immense nef, longue
de 94 mètres, que ses énormes dimensions
font paraître un peu vide et que dominent, de
chaque côté, les deux chœurs placés sur un
plan plus élevé auquel on accède par des degrés, le premier objet qu'on aperçoit au milieu,
c'est le tombeau des fondateurs de l'édifice.
Dessus sont couchés l'empereur et l'impératrice, en costumes du XVᵉ siècle, avec deux
lions étendus à leurs pieds. Les côtés sont
décorés de bas-reliefs qu'on attribue à un
artiste de Würzburg, Till Riemenschneider,
et qui représentent l'impératrice subissant
l'épreuve du feu (elle marche sur des fers
rougis) pour démontrer son innocence ; — l'impératrice payant les ouvriers qui ont travaillé
à la construction de l'église ; — l'empereur
guéri par Saint Benoit, implorant le pardon de
ses péchés ; — l'empereur sur son lit de mort.

C'est le principal, mais non le seul monument funéraire qui se trouve dans cette église
à l'intérieur modernisé. Dans le chœur de l'est,
— le chœur Saint-Georges — sous lequel se
trouve une crypte appartenant au sanctuaire
primitif et qui possède le maître-autel, mo-

derne, bien entendu, — une statue équestre, en grandeur naturelle, du roi Conrad III, mort à Bamberg en 1153, placée contre le pilier à l'entrée à gauche de ce chœur, sous un baldaquin byzantin. Au milieu, le monument de l'évêque Gunther, mort en 1066, au retour d'une croisade malheureuse en Palestine. Il est en forme de sarcophage. La statue de l'évêque en costume, la mitre en tête, la crosse en mains, bénissant, est couchée dessus. A ses pieds, sur le petit côté, le bas-relief figure un renard, animal qui symbolise la pudeur ; tandis que sur le côté long sont sculptées des fleurs et des colombes, symbole de douceur. Là aussi se trouvent les monuments du premier évêque Otto II, comte d'Andechs et de Meran et celui de Georges II, mort en 1505, attribué à Pierre Vischer, le célèbre fondeur nurembergeois. A l'extérieur du mur de clôture du chœur Saint-Georges, des hauts-reliefs très intéressants du xIIIe siècle, représentent les Prophètes, groupés deux par deux sous des arcades.

Dans le chœur de l'ouest, placé sous le vocable de Saint Pierre, le sarcophage du pape Clément II, de son nom Suidger de Mayendorf, qui fut évêque de Bamberg et mourut en 1047. Le tombeau, en marbre gris, a été taillé à Rome au xIIIe siècle ; l'inscription tracée sur la dalle qui le couvre, est du xvIIIe. Sur les côtés sont sculptées des figures allégoriques qui symbolisent les vertus du pontife : justice, générosité, constance, religion, force, empire sur soi-même ; sur la face opposée, le pape sur son lit de mort, un ange à côté de lui et les armes de sa famille.

Aux murs, dans les bas-côtés, d'autres monuments des princes-évêques des xvᵉ et xviᵉ siècles, entre autres celui de l'évêque Albert de Wertheim, mort en 1421, érigé sur une console et dans une chapelle voisine du Trésor, de nombreuses plaques tumulaires en bronze, des chanoines. Dans une autre chapelle, proche du chœur Saint-Pierre, on montre un tableau de Cranach, le *Rosaire*, avec des portraits de l'empereur Maximilien Iᵉʳ, du pape et d'autres princes.

Au sortir de ce grandiose édifice, toute autre église perd de son intérêt. A l'ouest et au nord du *Carolinenplatz*, il y aurait à visiter cependant l'église Saint-Jacques, romane, du xiᵉ siècle, avec façade du xviiiᵉ, sur une place voisine du palais épiscopal, et, au nord, sur l'éminence du *Michaëlsberg*, l'église Saint-Michel, à deux cloîtres, du xiiᵉ siècle, à intérieur roman, défigurée au xviiiᵉ. Elle contient le monument de l'évêque Othon le Saint, dont la statue, ainsi que celle de l'empereur Henri II et de l'impératrice Cunégonde, orne la fontaine moderne du *Maximiliansplatz*; elle est attenante à une ancienne abbaye de bénédictins convertie en musée.

Au sud-ouest, il y a aussi deux autres églises anciennes, l'église Saint-Étienne, du XIe siècle, retouchée au XVIIe et livrée au culte évangélique et l'*Obere Pfarrkirche*, église paroissiale gothique du XIVe siècle. Elle possède un rétable du XVe siècle sur le maître-autel, et, derrière, un tabernacle. Les panneaux sculptés du buffet d'orgue sont attribués à Veit Stoss. En montant de là par la rue du *Kaulberg*, on gagne la route de l'*Altenburg*, vieux château-fort du Moyen-Age, érigé sur une hauteur à l'ouest de la ville. Longtemps laissée en ruines, la *Burg* fut reconstruite au XIXe, siècle grâce à des souscriptions particulières et aux subsides fournis tant par l'Etat que par le duc Guillaume de Bavière. C'est une construction carrée, avec des murs épais; une tour de guette la domine, 162 marches conduisent au sommet d'où l'on a une très belle vue sur la vallée et au delà, sur la région qui a reçu le nom de Suisse franconienne.

Un pont de bois qui franchit le fossé donne accès au grand *hall*. A l'étage au-dessus, des chambres gothiques renferment un mobilier ancien, des boiseries sculptées, des vitraux et d'autres antiquités. Dans la chapelle, on re-

marque sur la voûte les armoiries de la famille
de Babenberg dont le nom, par contraction,
est devenue Bamberg. Près de la chapelle, un
escalier conduit aux anciennes oubliettes. Dans
la cour est un puits de 25 mètres de profondeur. Un bon touriste allemand ne manque
pas de s'extasier sur ces reliques du Moyen-
Age, bien qu'elles soient nombreuses sur le
sol, fertile en châteaux-forts, de son pays.

A un Français, Bamberg rappelle d'autres
souvenirs, ceux des guerres de la Révolution
et de l'Empire. Dans la campagne de 1796,
Kléber, divisionnaire de l'armée de Jourdan,
occupa Bamberg le 4 août. De Bamberg, où il
avait établi son quartier-général, Napoléon,
le 6 octobre 1806, adressa sa déclaration de
guerre à la Prusse. En 1812, se rendant en
Russie, il y séjourna de nouveau. Les circonstances étaient bien différentes, il allait au-
devant d'un désastre et les débris de son
armée vaincue y rapportèrent le typhus.

« A Bamberg, en 1815, écrit Châteaubriand
dans ses *Mémoires d'outre-tombe*, Berthier,
prince de Neuchâtel, tomba d'un balcon dans
la rue ; son maître allait tomber de plus haut. »
On a beaucoup discuté sur le point de savoir
si cette chute était due à un crime, à un accident ou à un suicide. D'après les témoignages
contemporains les plus dignes de foi, Berthier,

se trouvant à Bamberg, chez son beau-père, le duc Guillaume de Bavière-Birkenfeld, se serait mis à une fenêtre du palais de la Nouvelle Résidence pour voir défiler les troupes russes se dirigeant vers la France, et, foudroyé par une attaque d'aploplexie, aurait été précipité dans la rue. Le général Thiébault, dans ses *Mémoires*, donne une autre version conforme, prétend-il, au récit du valet de chambre et aux dires de la famille : « Pour mieux voir sans être vu, il (Berthier) s'était placé sur l'entablement d'une lucarne et s'y trouvait sans appui ; il tomba dans le vide et vint s'écraser sur le pavé. »

C'est le 1ᵉʳ juin 1815 que périt de la sorte Berthier, l'ancien chef d'état-major de la Grande Armée, l'interprète indispensable des conceptions militaires de Napoléon, le bras droit qui devait si malheureusement lui manquer à Waterloo, par suite d'une désertion si hâtive qu'elle n'avait pu attendre pour se produire, en 1814, l'abdication de Fontainebleau, si odieuse que le capitaine des gardes de Louis XVIII, n'osa pas, après le 20 mars, revenir, comme ses compagnons d'armes, à son ancien maître. Berthier fidèle ou rentré en grâce auprès de l'Empereur, la face du monde eût peut-être été changée.

WURZBURG

Comme Bamberg, Würzburg fut une ville ecclésiastique, le siège d'une principauté épiscopale dont les seigneurs prirent en 1120 le titre de duc, titre confirmé en 1168 par l'Empereur Frédéric Ier. La contrée avait été évangélisée à la fin du viie siècle par un écossais, saint Kilian, apôtre de la Franconie, qui, bien reçu d'abord à la cour du duc, fut tué avec ses compagnons à l'instigation de la sœur de ce prince. Au centre même de la ville, à l'endroit où se trouvait l'habitation de ces religieux, fut construit un caveau mortuaire, où leurs restes trouvèrent leur sépulture. Au-dessus s'élève l'église de *Neu-Münster*. L'évêché fut fondé en 741 ; Saint Burckhardt, qui a donné son nom à une église bâtie sur la rive gauche du Main, en fut le premier titulaire.

Si l'on traverse la rivière par le vieux pont de 1454, orné de statues qui lui donnent une ressemblance avec le pont de Prague, on peut

aller visiter cette église. Elle date du xi⁰
siècle ; elle a souffert au xvi⁰ des dévastations causées par la guerre des Paysans, mais
elle possède encore, sur son autel gothique,
un rétable ancien. Sous le chœur, gothique
également, passe une rue qui gagne le *Nikolaüsberg*, sur lequel s'élève une chapelle dédiée
à la Vierge, qui est un lieu de pèlerinage fréquenté, avec un chemin de croix intéressant.
Si, au sortir du pont, on prend à droite, on
monte à la colline du *Marienberg* (ou *Frauen-
berg*) où fut érigée la première forteresse de
Würzburg. Forteresse romaine d'abord, puis
château-fort des évêques, aujourd'hui converti
en citadelle et magasin d'armes.

Au retour de son voyage à Prague, où il
était allé visiter Charles X, Châteaubriand
note sur son carnet l'impression que lui a pro-
duite la vue de Würzburg. « A midi, 2 juin
(1833), j'étais arrivé au sommet d'une colline
d'où l'on découvrait Würzburg. La citadelle
sur une hauteur, la ville en bas, avec son
palais, ses clochers et ses tourelles. Le palais,
quoique épais, serait beau, même à Florence ;
en cas de pluie, le prince pourrait mettre tous
ses sujets à l'abri dans son château, sans leur
céder son appartement. » Avec trois lignes la
ville est décrite, le grand écrivain a dit l'essen-
tiel, en un raccourci un peu brusque et passa-

blement impertinent pour les fondations anciennes ou récentes des princes-évêques et
notamment pour le palais où ils tinrent leur
cour.

Du haut du *Marienberg*, le château-fort, à
quatre tours d'angle avec une plus haute tour
au centre et une église, où fut de 1250 jusqu'au milieu du xviiie siècle leur résidence,
regarde le somptueux édifice bâti de 1720 à
1744, sur le modèle du château de Versailles
et qu'on appelle la Nouvelle Résidence. J'ai
dit, à propos de Bayreuth, qu'au xviiie siècle,
ce fut chez les plus modestes principicules
allemands, une folie de singer les splendeurs du
Roi Soleil. La Nouvelle Résidence, construite
à l'extrémité est de la ville, est peut-être le
monument le plus caractéristique et le plus
considérable que cet engouement ait fait sortir
de terre en Allemagne.

Conçue dans le style Renaissance, par l'architecte J. Balthasar Neumann, elle se compose d'un bâtiment central, avec deux ailes
tournées vers la ville. En avant de la cour
d'honneur, une magnifique grille Louis XV,
où deux obélisques forment l'encadrement de
la porte principale. De même qu'à Versailles,
la balustrade des combles est décorée de trophées et de drapeaux sculptés. Le parc affecte
une forme triangulaire ; à droite, se trouvent

d'autres parterres à la française, avec des statues et sur les rampes des escaliers, de jolis groupes d'enfants en costumes du temps. Le palais a 571 pieds de long, 316 de large, 72 de haut ; il contient une riche chapelle, 5 salons, 312 chambres, 25 cuisines, et 947 fenêtres. Par ses dimensions, il justifie en effet l'appréciation irrévérencieuse de Châteaubriand. Naturellement on ne montre pas aux visiteurs tout l'intérieur de cette immense bâtisse, devenue résidence royale, depuis l'incorporation en 1814 du duché de Würzburg à la Bavière et dont l'aile droite est réservée aux expositions du *Kunstverein*, tandis que l'aile gauche renferme les collections de la Société Historique. On se borne à leur faire admirer le grand escalier d'honneur, la chapelle, la salle impériale, et quelques autres pièces d'apparat, notamment une salle des Glaces, une salle verte, des appartements de style Empire tendus en tapisseries des Gobelins.

Mais ce que la Nouvelle Résidence renferme de plus intéressant, ce sont les peintures de Jean-Baptiste Tiepolo. Le célèbre décorateur vénitien fut appelé à Würzburg en 1750 par le prince-évêque Ch. Philippe de Greifenklau. Il s'y rendit avec ses fils et y demeura trois années. Pour le vaste escalier du palais, il composa un plafond ayant pour sujet l'*Olympe*,

avec ses dieux et ses déesses. Les bords de
la composition sont animés par des figures pittoresques représentant les types d'hommes et
de femmes des quatre parties du monde, les
races noire, brune, jaune et blanche. Ce plafond est remarquable par son coloris lumineux.
Une peinture du même maître, l'*Apothéose de
la Franconie*, décore la muraille de cet escalier.
Dans un ciel brillant et gai, des génies ailés,
portent le portrait en ovale du constructeur
du palais que célèbre la Renommée embouchant
sa trompette. Sur le bord inférieur de la composition est représenté, assis sur un escalier
menant au château, l'architecte Neumann en
son uniforme de colonel d'artillerie. Un grand
lévrier s'approche de lui et le flaire. On sait
que Tiepolo avait, comme Paul Véronèse,
l'habitude d'introduire des chiens dans presque toutes ses fresques.

Dans la salle impériale, les peintures murales
et le plafond, par Tiepolo, se rapportent à un
fait historique qui eut Würzburg pour témoin,
je veux dire le mariage de Frédéric Barberousse avec Béatrix de Bourgogne, célébré en
1156.

Le plafond a pour sujet Apollon monté sur
le char du Soleil attelé de chevaux blancs et
conduisant la fiancée de Frédéric Ier, à l'empereur qui l'attend, entouré de ses chevaliers et

porteurs de bannières; elle même est suivie par le cortège des déesses de l'Olympe. Tout autour, des corybantes, agitant leurs lyres, expriment leur joie en chantant des *évohés*. La fresque murale représente la célébration du mariage; les personnages sont vêtus de costumes historiques d'un anachronisme relatif datant de l'époque qui suivit la Renaissance. Le couple est agenouillé devant l'autel; un groupe nombreux de dames et de seigneurs est derrière lui; l'évêque le bénit. Au fond du tableau, des musiciens dans une tribune. Ce tableau a comme pendant l'*Investiture de l'évêque Herold de Hochheim comme duc de la Franconie orientale*. La cérémonie a lieu en plein air. L'empereur, couronné de lauriers, est assis sur un siège flanqué de deux statues qui représentent Hercule avec sa massue et Mars armé en guerre. Devant le souverain s'agenouille l'évêque, entouré de son clergé : trois jolis pages tiennent les emblèmes de ses dignités. A droite, un groupe de courtisans, parmi lesquels, au premier plan, se dresse un vieillard imposant, portant sur son épaule l'épée impériale.

C'est là de la très belle peinture d'histoire, d'une composition très savante et d'une vie remarquable. En outre, Tiepolo peignit pour la chapelle du palais deux tableaux d'au-

tel destinés aux autels des bas-côtés : à droite,
l'*Assomption de la Vierge*, à gauche, le *Mauvais Ange terrassé par Saint Michel*. Ces tableaux religieux lui furent payés 3,000 florins;
il avait reçu 12,000 florins pour la décoration
de l'escalier et 6,000 pour celle de la salle impériale, plus 3,000 florins de frais de voyage.
A son fils Domenico, qui l'avait aidé dans ses
travaux, quatre dessus de portes furent payés
200 ducats. En 1753, Domenico grava à Würzburg une suite de vingt-cinq eaux-fortes sur
le même sujet, intitulées : *Idee pittoresche sopra
la Fugga in Egitto* et les dédia au prince-évêque
qui avait été le protecteur de son père et à la
cour duquel tous deux avaient vécu pendant
trois ans:

Le constructeur de la Nouvelle Résidence,
l'évêque François de Schönborn, ne pouvait
pas prévoir la spoliation que, soixante ans à
peine après l'achèvement de l'édifice, allaient
subir ses successeurs, par la sécularisation de
l'évéché de Würzburg, prononcée en vertu
du traité de Lunéville, comme celle de tant
d'autres évéchés allemands, ni que le duché,
acquis par la France, serait cédé en 1805 à
l'archiduc Ferdinand d'Autriche, auparavant
duc de Toscane, pour être définitivement
incorporé à la Bavière en 1815. C'est à cet
archiduc Ferdinand que fait allusion Château-

briand dans le passage cité de ses *Mémoires* :
« J'ai vu le frère de l'empereur d'Autriche,
duc de Würtzburg, il chantait à Fontainebleau,
très agréablement, dans la galerie de François Ier, au concert de l'impératrice Joséphine. »

Pour arriver à cette spoliation, valait-il pour
ses prédécesseurs de se soumettre à l'épreuve
décrite quelques lignes plus haut ? « L'évêque
de Würtzburg était autrefois souverain à la
nomination des chanoines du chapitre. Après
son élection, il passait nu jusqu'à la ceinture
entre ses frères rangés sur deux files; ils le
fustigeaient. On espérait que les princes, choqués de cette manière de sacrer un dos royal,
renonceraient à se mettre sur les rangs. Aujourd'hui, cela ne réussirait pas; il n'est pas de
descendant de Charlemagne qui ne se laissât
fouetter trois jours de suite pour obtenir la
couronne d'Yvetot ! » Ne serait-ce pas pour
pouvoir accrocher à la fin de sa phrase une
ironie cinglante à l'adresse d'un contemporain
que Châteaubriand a cité cette anecdote ? A-t-
elle un fondement historique? Les choses se
passaient-elles de la sorte à Würzburg ? Je
me garderais bien de l'affirmer.

François de Schönborn a donné son nom à
la chapelle richement décorée qui termine le
transept nord de la Cathédrale et qui fut consacrée à la sépulture de sa famille. Elle est du

style de l'époque, le style jésuite qui a fait fureur en Allemagne après avoir sévi en France, rutilante et surchargée, de même que l'intérieur de la Cathédrale. La nef de l'église romane, qui elle-même avait succédé à des sanctuaires plus anciens, construite en 1189 par l'évêque Gottfried Ier de Spitzenberg, agrandie et modifiée par la suite, a été défigurée entièrement par une ornementation en *rococo-styl*, avec des pilastres à chapiteaux luxuriants, à vols d'anges, avec des autels et des boiseries à volutes. Elle contient beaucoup de tombeaux d'évêques, moins somptueux que celui de la famille Schönborn.

Un cimetière s'étendait autrefois entre la cathédrale et l'église de *Neu-Münster*, orientée de même, bâtie à la gauche de la Cathédrale et un peu en avant. Il y reste un Jardin des Oliviers. J'ai dit que dans une crypte de cette église furent ensevelis les compagnons de saint Kilian. Il y a aussi sous le chœur une seconde crypte où se trouve un crucifix qui, d'après la légende, aurait, à l'époque de la guerre de Trente Ans, retenu dans ses bras jusqu'au lendemain un soldat suédois qui avait pénétré dans l'église pour se livrer au pillage. En 1631, en effet, la ville fut occupée par les troupes de Gustave-Adolphe; le roi de Suède prit ses quartiers dans l'hôtel qui sert aujourd'hui de local à la grande poste.

L'église de *Neu-Münster* date du xie siècle, mais elle a été agrandie et modifiée par des adjonctions de tous les styles. La coupole et le portail principal sont du xviiie siècle. Dans une niche, près du chœur, à l'extérieur, est un monument en l'honneur du *minnesænger*, Walther de la Vogelweide, le célèbre trouvère, mort en 1230 à Würzburg. On croit qu'il fut enseveli dans le jardin qui entourait l'église. Le poète aurait, à ce que racontent les historiens locaux, légué une somme au chapitre pour qu'une provende quotidienne de graines fût offerte à ses amis les oiseaux dans des trous creusés sur sa pierre tombale. Cette fondation pieuse fut d'abord respectée, mais après un certain nombre d'années, le capital aurait été détourné de sa destination.

Ne serait-ce pas en se promenant dans cette église, en lisant ces légendes locales que Richard Wagner eut l'idée de traiter le sujet de la Guerre des Chanteurs à la Wartburg, de placer, parmi les concurrents de Tannhæuser, Walther de la Vogelweide, que, plus tard, le Walther des *Meistersinger* revendiquera comme son maître ? En effet, Wagner a vécu un an à Würzburg ; venu dans cette ville où son frère était professeur de chant, pour y chercher un climat plus doux que celui de Leipsick, il y vécut sa vingtième année et y composa son premier opéra : *Les Fées*. En errant dans les rues silencieuses qui avoisinent la Nouvelle Résidence, j'ai trouvé la très modeste maison où il habita, au n° 7 de la *Kapuzinergasse* ; une tablette de marbre la signale au passant.

En descendant la *Domstrasse*, on arrive devant l'Hôtel de Ville. Il est loin d'être auss intéressant que ceux d'autres cités allemandes. Bâti d'abord dans le style roman, il a subi maints remaniements ; il est attenant à une vieille tour qui porte le nom de tour du comte Eckhardt. En face, sur la place, une fontaine à quatre jets d'eau, jaillissant d'un obélisque ornementé de figures mythologiques et de dauphins. Sur cette place, eut lieu le 3 septembre 1796, un combat entre les Autrichiens et les Français de l'armée de Sambre-et-Meuse.

Un peu au nord, se trouve la place du Marché, autrefois appelé le Marché des Juifs. Sur cette place s'élève l'élégante *Marienkapelle*, jolie église gothique commencée en 1327, terminée au milieu du siècle suivant. Les pinacles effilés des contreforts, la grâce des portails, les sculptures délicates des archivoltes, les quatorze statues sculptées à côté du portail sud par le célèbre sculpteur Würzbourgeois Riemenschneider, qui est l'auteur aussi d'un tombeau de chevalier et de deux statues en bois de Sainte Marguerite et de Sainte Dorothée, la silhouette d'un clocher gothique, reconstruit en 1856 après un incendie, en font une des églises les plus intéressantes et les mieux conservées du Moyen-Age; tandis qu'une des plus anciennes églises de Würzburg, le *Stift-Haug*, qui remonte au x° siècle, a été rebâtie de 1670 à 1691, par l'architecte italien Petrini, à l'instar de Saint Pierre de Rome. En 1794, ses trésors d'orfèvrerie furent sacrifiés et livrés à la fonte dans un but patriotique; il s'agissait de repousser les Français.

Il y a encore bien d'autres églises à Würzburg; quelques-unes dépendent de couvents. Les ordres religieux abondaient dans cette ville épiscopale. Il y a près de la *Maxschule* des restes d'une Chartreuse. Würzburg est ou fut habitée par des bénédictins, des dominicains, des franciscains, des jésuites; il y a des cloîtres de carmélites, d'ursulines, d'augustines. Les congrégations dont les couvents ont été fermés, ont laissé leur nom à plusieurs rues de la ville.

Les tribunaux ecclésiastiques firent la guerre la plus féroce à la sorcellerie. Au xviii° siècle notamment, des centaines de sorciers furent condamnés au supplice du feu et brûlés sur les pentes du *Nikolaüsberg*. C'est aussi à Würzburg que fut scellé entre les états catholiques allemands le pacte de 1610 contre l'Union protestante de Hall.

Mais les évêques ne se bornèrent pas à favoriser le développement des ordres religieux; ils ont aussi répandu l'instruction par la création d'une Université qui remonte au début du xv° siècle. Le bâtiment actuel, remanié au xvii°, a été inauguré le 2 janvier 1582, par un évêque célèbre à Würzburg, Julius Echter de Mespelbrünn. Elle possède une bibliothèque riche de 20.000 volumes, de manuscrits et de livres précieux, entre autres le livre d'heures de Marie Stuart, un cabinet d'histoire naturelle, une petite galerie de peinture. Elle est devenue très importante au dernier siècle et compte aujourd'hui 1550 étudiants, la plupart en médecine. Ils trouvent tous les moyens de s'instruire au *Julius-Spital*, hôpital fondé |en 1579, par le même évêque, grand bâtiment pourvu de cliniques, d'un institut d'anatomie et de physiologie et d'un jardin botanique. L'Université tire la plupart de ses revenus qui sont considérables, de l'exploitation des vignobles plantés sur les collines voisines, du *Marienberg*. Elle a été illustrée dans ces dernières années par la découverte des rayons X, dus au professeur Rœntgen.

Würzburg possède encore d'autres écoles : gymnase, école réale, écoles supérieures de la

Maxschule. Je me suis trouvé justement, un soir de juillet, à dîner dans le jardin de la brasserie Platz, où était célébrée la fête de l'*Abituria* des deux gymnases, le gymnase littéraire et celui de l'école *réale*, c'est-à-dire de l'enseignement moderne et pratique. Tout autour de moi, cependant qu'une musique comme il s'en trouve en Bavière dans presque toutes les brasseries, faisait alterner Mascagni avec Wagner et Johann Strauss avec Liszt, des groupes de collégiens, les uns en compagnie de leur famille, les autres seuls, mangeaient et causaient autour de moi.

L'*Abituria*, c'est la délivrance du diplôme de fin d'études, c'est l'équivalent de notre baccalauréat. Figurez-vous une légion de nos *potaches* célébrant la fête du *bachot*, en plein air, au cabaret. Quels cris, quels rires, quel verbe haut, quelles plaisanteries vulgaires, quel débinage de l'honnête public ! Ici le calme, la réserve, une tenue parfaite. A un moment, l'orchestre se met à jouer de la musique de danse. Ces petits jeunes gens imberbes, à casquettes plates et à pantalons de toile, vont poliment inviter les jeunes filles amenées par les parents ou amis, les sœurs, les cousines des camarades. Les couples se forment, timides, et commencent à danser, le plus décemment du monde, sans aucune surveillance

de la part des familles. Celles-ci savaient
leurs enfants en pays de connaissance : des
jeunes filles de mise bourgeoise, sans l'ombre
de coquetterie dans la toilette, en un milieu
d'honnêtes gens. Elles les laissaient s'amuser
à leur gré, sans penser à mal et rien n'était plus
touchant, plus *gemüthlich*, que la simplicité
un peu gauche, mais très digne, avec laquelle
se comportaient ces adolescents, le jour même
de leur sortie du collège, de leur entrée dans
le monde.

Avant de finir ma journée dans ce jardin-
brasserie, j'avais dans la journée fait le tour
des promenades qui entourent la ville et qui
ont remplacé les anciens remparts, rasés après
la guerre de 1866. Pour me conformer au conseil du Guide, j'étais même monté à la citadelle du *Marienberg*, la vieille forteresse contre
laquelle vint se briser en 1525 l'assaut des
Paysans révoltés, mais qui, en 1631, fut em-
portée par les Suédois sur lesquels, trois ans
plus tard, elle fut reprise par les Impériaux.
Il affirme que l'entrée en est permise aux personnes venues pour admirer le point de vue;
je m'en suis vu cependant refuser l'accès par
le poste de police. C'est d'ailleurs la seule
fois qu'en Allemagne j'aie eu une difficulté
avec les militaires. Inexorable, le sergent
m'invita à m'écarter de la citadelle. Elle n'est

plus aujourd'hui cependant qu' un magasin
et un dépôt d'armes, peut-être important, car
Würzburg est le chef-lieu du II° corps d'armée bavarois. Le soupçonneux sous-officier
avait-il flairé en moi un Français? Il crut
peut-être avoir par sa vigilance sauvé la patrie
allemande.

— Va! tu peux secouer la tête avec un rire
narquois, pauvre gradé! Nous l'avons eu, votre
Rhin allemand! chantait Musset. Nous avons
eu aussi votre Mein franconien! — Dans la
campagne de 1796, le général en chef de l'armée de Sambre-et-Meuse en occupa la vallée.
Championnet, qui commandait l'avant-garde,
somma le gouverneur de Würzburg d'ouvrir
ses portes. La ville fut prise sans coup férir;
on y trouva 200 pièces de canon. Les Français
occupèrent la citadelle. Puis Jourdan rejoi-
gnit avec le gros de son armée et fit reposer
ses troupes pendant quelques jours. Seulement,
il l'avoue lui-même dans ses *Mémoires*, ses
hommes, pour se remettre de leurs fatigues,
firent trop d'honneur aux vins de Franconie
(les plus renommés, le *Steinwein*, le *Leisten-
wein*, sont récoltés sur les côteaux qui entourent Würzburg); la discipline en souffrit.
Les habitants, molestés, se joignirent aux
Impériaux. Poussant toujours devant lui
l'armée de Wartensleben, Kléber, quelques

jours après, occupa Bamberg, puis Bernadotte s'empara de Nuremberg ; l'objectif visé par le général en chef était d'opérer sa jonction avec son collègue Moreau, commandant de l'armée de Rhin-et Moselle, qui, par la vallée du Danube, marchait contre l'archiduc Charles. Le point de jonction indiqué était Ratisbonne. Il fallut renoncer à ce projet.

L'archiduc avait repoussé Moreau ; il manœuvrait pour se réunir à l'armée de Wartensleben. Les têtes de colonnes françaises, arrivées à la ligne Schwandorf-Graffenried, durent rétrograder. Pendant la marche de retraite, Kléber fut chargé de couvrir Bamberg. Son chef avait laissé dans Würzburg une garnison de 600 hommes. A l'approche des troupes autrichiennes, les habitants ouvrirent les portes et les Français furent contraints de se réfugier dans la citadelle. Jourdan et Bernadotte arrivèrent presque aussitôt sur les hauteurs entourant la ville, mais l'archiduc Charles présenta la bataille le 3 septembre 1796, à leurs 27,000 hommes, avec 31,000. Il eut la victoire. Jourdan dut abandonner Würzburg et se retirer par Amstein et Francfort. Faute de vivres, la garnison française de la citadelle dut se rendre le 4 au matin.

Réoccupée dans la campagne de 1800, la forteresse demeura au pouvoir des Français

jusqu'au 31 mai 1814, date à laquelle ils durent
l'évacuer définitivement. Il était réservé à la
citadelle de Würzburg de subir un nouveau
siège et même d'être brûlée par un bombardement. C'est l'armée prussienne qui le lui
infligea dans la guerre fratricide de 1866. Ce
fut même là le dernier épisode de la lutte soutenue contre l'agresseur par la Confédération
du Sud. Cet échec des soldats de la Bavière fut
le prélude de l'abdication que devait lui imposer son roi en 1871, en faveur de l'hégémonie
triomphante de la Prusse. — Tu le vois, brave
sergent de garde, il n'y a pas lieu de mépriser
les Français pour les défaites que tes pères
ont contribué à leur infliger en 1870! Ceux-ci
ont subi, et avant nous, la loi du même vainqueur. Il n'y a pas de quoi être si fier! .

VIEILLES CITÉS ALLEMANDES

HILDESHEIM

Bien qu'Hildesheim se soit développée du côté du nord-est, aux environs de la gare, en quartiers neufs aux maisons de briques, bien qu'elle ait acquis une certaine importance industrielle, l'intérieur de la ville s'est merveilleusement conservé tel qu'il était au xvie et au xviie siècles. En général, les églises seules et les monuments publics sont d'une date plus reculée ou plus récente et d'un style différent. Dans toutes les rues du centre, des maisons à pignons aigus, aux toits affaissés ou boursoufflés, des façades en porte-à-faux, des étages débordant les uns sur les autres, ou fuyant en retrait, des bâtiments à revêtement de bois ou à solives, consoles et panneaux sculptés. Les reliefs rappellent des scènes religieuses tirées de la Bible ou de l'Évangile, ou des scènes de la vie, des épisodes mythologiques, offrent des compositions symboliques, des figures allégoriques de vertus telles que la Justice, la Charité, la Prudence, la Tempérance, et ainsi de suite, ou des portraits de prophètes, de rois et d'empereurs. Les mieux restaurées de ces sculptures sont peintes et dorées, parsemées d'inscriptions tirées des livres saints, de sentences et de dates. Quelques-unes remontent au XVIe siècle, la plupart sont du XVIIe et du XVIIIe.

C'est un charme que de flâner à travers ces rues calmes et tortueuses, réfractaires aux lois du moderne alignement, de déchiffrer les inscriptions et les reliefs sur ces façades déjetées. On va d'étonnement en étonnement et l'on admire surtout la naïveté et la patience de ces artisans du ciseau qui ont su décorer des demeures parfois si modestes avec un goût si original. Les générations récentes ont si bien respecté l'œuvre vénérable des aïeux que l'on peut compter, dans l'intérieur de la ville, les maisons de pierre et même les maisons modernes. La sensation du passé qu'éprouve le visiteur n'est même pas troublée par le passage des tramways car Hildesheim est une des rares villes d'Allemagne où il n'en existe pas.

Le décor le plus caractéristique est la place du Marché. Au milieu, devant le *Rathhaus*, une fontaine du XVIe siècle, surmontée d'une statue de Roland armé. La façade de l'Hôtel de Ville, avec ses statues, sa tourelle, ses portes ogivales, ses pignons encadrant le beffroi, fait le fond du tableau ; les côtés de la place en forment le cadre : à droite, la haute et sévère façade du *Templerhaus*, qu'une ruelle sépare de la maison Wedekind, construction en bois, à redans, avec trois pignons. Du côté ouest, au-dessus d'un portail surbaissé que flanquent deux petites boutiques, s'élèvent, de plus en plus en saillie, les cinq étages d'une des plus pittoresques maisons de bois d'Hildesheim, la maison des Bouchers, coiffée d'un toit aigu. Dans l'*Oster-Strasse*, derrière l'Hôtel de Ville, se trouve une maison d'angle peut-être encore plus jolie comme ornementation.

Si intéressante que soit pour les curieux d'art ornemental, cette agglomération d'habitations respectées par le temps et par la main des hommes, ce mérite n'est pas particulier à Hildesheim, car sa voisine Brunswick est d'un aspect aussi caractéristique ; mais c'est aussi le type par excellence de la cité ecclésiastique, pleine de couvents et d'églises, témoignage tangible d'un long passé de foi catholique. La fondation même d'Hildesheim a une origine religieuse. La légende rapporte que l'empereur Charlemagne, lorsqu'il eut vaincu les Saxons, en 815, eut l'idée d'ériger un évêché dans la contrée avoisinant sa résidence d'Elze, comme

il avait fait aux autres régions de la Saxe. Il
mourut sans avoir donné suite à ce projet. Son
fils Louis le Débonnaire, entraîné par son
ardeur pour la chasse, se trouva un jour dans
ce pays, seul avec son chapelain. Celui-ci,
ayant dit la messe en pleine campagne, oublia
sur l'autel les reliques de la Vierge. Il revint
aussitôt en arrière pour les chercher sur la
branche d'un arbre où il les avait déposées.
Mais, malgré son faible poids, le reliquaire ne
put en être arraché. Devant ce miracle, on
reconnut la volonté de Dieu de voir s'élever
là un sanctuaire. On construisit en hâte une
chapelle à la Vierge, à l'emplacement où
fut érigée plus tard la Cathédrale. L'évêque
Altfried, premier titulaire du diocèse, établi à
Hildesheim, bâtit le chœur de l'église neuve
sur l'ancienne chapelle, qui en devint la crypte.
Cette église, consacrée en 872, dura cent
soixante-six ans. En 1038, sous l'évêque Dit-
mar, avec une partie de la ville, elle fut détruite
par un incendie.

A dater du xie siècle, l'histoire de la Cathédrale et celle des autres sanctuaires d'Hildesheim se lient à celle des évêques et particu-
lièrement de Saint Bernward. Cet évêché lui
fut donné en 998, sous le règne d'Othon III,
dont il avait été le précepteur pendant quelques années. L'impératrice Théophanie, femme

d'Othon II, avait amené de Byzance, sa patrie, des orfèvres, des artisans habiles dans l'émaillerie, la mosaïque et la peinture. Introduit à la cour de cette souveraine, Saint Bernward put développer son goût naturel pour les arts, s'initier à la technique. Les modèles qu'il eut sous les yeux perfectionnèrent si bien ses dispositions que, plus tard, il établit à Hildesheim une sorte d'école artistique d'où sont sorties des productions intéressantes. Plusieurs des objets fabriqués par lui-même ou sous sa direction sont conservés, les uns dans le trésor de la cathédrale, les autres à l'église Sainte-Madeleine. On a de lui notamment une croix en argent, ornée de 230 perles ou pierres précieuses, un crucifix, d'une anatomie primitive, deux chandeliers d'argent, des reliquaires, un calice ciselé, dont l'extérieur représente la Cène et le pied divers sujets sacrés, enrichi de gemmes dont une, antique, où sont figurées les trois Grâces nues, a été sertie sans malice par le saint évêque parmi les sujets religieux. Il l'avait acquise à Rome probablement, pendant le voyage qu'il y fit en l'an 1001, avec l'empereur Othon III. La vue de la colonne Trajane lui inspira sans doute l'idée d'ériger une colonne de bronze à la gloire du Christ. Cette colonne, retrouvée en 1810, a d'abord été dressée sur la place de la Cathédrale ; puis, remplacée dans ces dernières années par la Statue de Saint Bernward, elle a été transportée dans la sacristie.

Haute de douze pieds, formée d'une bande de métal enroulée huit fois de droite à gauche et représentant vingt-huit scènes de la vie de Jésus, depuis sa naissance jusqu'à son entrée à Jérusalem, cette colonne est d'une sculpture supérieure à celle des fameuses portes de bronze dont Saint Bernward décora la Cathédrale. Celles-ci ont seize pieds de haut sur sept de large ; elles sont divisées en seize compartiments contenant autant d'épisodes tirés des livres saints. Ceux du vantail de gauche sont empruntés à la Genèse ; ceux du vantail de droite, aux récits de l'Évangile. Ces bas-reliefs sont d'un travail naïf et gauche, ils manquent absolument de perpective, les têtes et les corps émergent du plan vertical, penchés vers le spectateur, mais ils révèlent des qualités de naturel et de vérité. On attribue encore à Saint Bernward la conception du grand lustre de bronze, en forme de couronne, suspendu dans la cathédrale, bien que l'exécution soit postérieure à son époque. Dans une série de niches métalliques, les apôtres et les prophètes sont figurés comme supports de la vie spirituelle.

Saint Bernward encouragea aussi les tra-

vaux de construction. Le plus beau monument
bâti sous son épiscopat fut l'église Saint-
Michel avec sa crypte. On possède encore le
plan primitif de cette église, aujourd'hui détruite en grande partie. C'était une basilique à
trois nefs, avec double transept, chœurs oppo-
sés à l'est et à l'ouest, et six clochers, dont
quatre couronnés de tours symétriques. Ces
tours n'existent plus, l'église ayant été, depuis
le xi° siècle, plusieurs fois modifiée et restaurée.
De la construction primitive, il ne reste plus
que la tribune ouest au dessus de l'autel, à
balustrade ornée de figures stuquées ; au siècle
suivant, les boiseries du plafond furent décorées par un religieux du nom de Rath-
mann, abbé du cloître Saint-Michel, attenant
à l'église et construit par Saint Bernward. Les
peintures représentent l'Arbre de Jessé, les Prophètes et Jésus maître du monde, tout cela
très restauré. Pour voir l'intérieur de Saint-
Michel, j'ai dû m'adresser, auprès du monument, à un sacristain aphone. Il ne peut me
montrer que la partie affectée en ce siècle au
culte réformé. La crypte étant catholique, il
fallut aller chercher un autre sacristain pour la
faire ouvrir. Elle contient le tombeau de Saint
Bernward.

C'est aussi Saint Bernward qui fit entourer
de murs la ville basse, voisine de la rivière.

La ville haute, comprenant la Cathédrale, le palais de l'évêque et les maisons d'alentour, était déjà défendue par une enceinte de *Burg*. A cette époque, le diocèse était très important. Borné par ceux d'Halberstadt, à l'est, de Minden, à l'ouest, de Verden, au nord et de Mayence, au sud, il englobait deux cent soixante-seize villages.

Le successeur de Saint Bernward, l'évêque Godehard, abbé d'un monastère bavarois, appelé par l'empereur Henri au siège épiscopal d'Hildesheim, bâtit les églises Saint-Barthélemy et Saint-André (la seconde seule subsiste), ajouta à la Cathédrale une entrée, y fit construire une galerie à colonnade et les hautes tours. Mort en 1037, il fut enseveli dans la crypte. La Cathédrale fut rebâtie sous l'évêque Hezilo (1054-1079), qui relia à l'ancien chœur de l'église, contemporain d'Altfried, une nouvelle nef et fit couvrir le toit en cuivre. Sauf les modifications qui furent introduites au xvi° siècle et surtout au xviii° dans le style de la décoration intérieure, l'église est conforme au plan qu'il conçut. Au xii° siècle, on adjoignit au chevet de la Cathédrale un cloître à double étage d'arcades, avec chemin de croix peint, entourant le cimetière Sainte-Anne, contigu à l'abside et au transept, et qui renferme deux chapelles d'une époque postérieure.

Tandis que ce cloître est tapissé de lierre, le mur extérieur de l'abside est envahi par la végétation débordante d'un pied de rosier. Sortis de terre du milieu des sépultures d'évêques, ses rameaux s'élèvent jusqu'au toit, à dix mètres de hauteur. La légende le fait contemporain de Louis le Débonnaire et veut que l'arbrisseau, sur lequel le chapelain avait oublié les reliques, se soit changé en rosier ; or, les plus anciens témoignages manuscrits parlent d'un frêne. On a beaucoup et gravement discuté sur cette question et sur l'antiquité du rosier d'Hildesheim. Un congrès de botanistes a fini par décider qu'il ne pouvait être vieux de plus de trois cents ans.

La Cathédrale renferme encore d'autres curiosités : d'abord, une petite colonne placée devant l'entrée du chœur et donnée à tort pour le piédestal de l'*Irminsul*, idole des anciens Saxons ; un magnifique jubé en pierre du XVIe siècle, représentant des scènes de la Passion ; puis, à l'entrée de l'église, des fonts du XIIIe siècle et des panneaux de bois sculpté très remarquables. Le Trésor, en dehors des souvenirs de Saint Bernward, possède des œuvres d'orfèvrerie de valeur, entre autres une crosse épiscopale de la fin du XVe siècle, d'un travail très délicat.

A l'extrémité de la ville, près des fortifications, converties en promenades, s'élève l'église Saint-Godehard, bâtie au xiiᵉ siècle, dans le style roman, par l'évêque Bernhard et achevée par son successeur Adelog. Elle a trois nefs romanes, avec transept, un clocher carré et deux tours, à l'ouest, entre lesquelles s'arrondit un second chœur.

Non loin de là se trouve une ancienne église transformée en restaurant, Saint-Paul ; puis, plus à l'ouest, l'ancien couvent des Carmes, Saint-Martin, dont on a fait le Musée. Une partie de l'église Saint-André a la même destination : elle contient des bois sculptés, des moulages d'anciennes sculptures, des plans et croquis de vieilles maisons ; l'autre est affectée au culte protestant, dont l'austérité jure avec l'ornementation *rococo* de cette église gothique. Pour y pénétrer, comme dans tous les temples appartenant au culte réformé, il m'a fallu aller quérir le sacristain, sonner à sa porte et exposer ma demande. En son absence, sa fille, une jolie blonde aux yeux bleus candides, consent à confier les clefs à la servante qui m'ouvre les portes du temple.

La dizaine d'églises qui subsistent encore, les nombreux cloîtres dont les bâtiments ont été conservés, attestent qu'Hildesheim, sous le gouvernement des princes-évêques, devint une cité essentiellement ecclésiastique. Elle

en a si bien conservé le caractère qu'elle semblerait, même aujourd'hui, ne devoir connaître d'autres bruits que le son des cloches.
Aussi ai-je été choqué comme d'une para-
doxale invraisemblance historique d'entendre,
le matin, de bonne heure, le pas cadencé, le
fifre et le tambour d'une compagnie d'infanterie
prussienne traversant la ville pour se rendre
au terrain d'exercices.

Quand on parcourt les silencieuses, désertes
rues d'Hildesheim, les promenades ombragées
qui ont remplacé les fortifications depuis le
Hagen-Thor jusqu'au *Goschen-Thor*, quand
on a jeté ses regards sur la campagne aux coteaux modérés, sur cet horizon d'humide verdure où les toits de tuiles font des taches
rouges, longé les anciens fossés devenus pièces d'eau dans le jardin public où nagent des
cygnes, côtoyé l'Innerste, cette étroite rivière
qui ne sert plus qu'à faire tourner les moulins, entre les bras de laquelle une île, faite
d'un morceau de prairie, sert de cimetière (les
morts y reposent dans le gazon, sans clôture),
on s'imagine aisément que cette petite ville a
toujours été ensevelie dans la torpeur d'un
calme provincial, dans la sérénité de la paix
religieuse. Erreur profonde ! Peu de villes,
même en Allemagne, ont eu des destinées aussi
agitées que celle d'Hildesheim.

Luttes du Conseil communal contre l'autorité des princes-évêques, querelles de ceux-ci avec leurs voisins, au XVIe et au XVIIe siècles, divisions religieuses pour l'introduction de la Réforme. L'histoire de cette époque troublée témoigne de l'ardeur avec laquelle le culte évangélique fut propagé en Allemagne.

La religion nouvelle essaya timidement, entre 1516 et 1530, de s'insinuer à Hildesheim. Ses émissaires furent éconduits. Onze années s'écoulèrent avant que la prédication évangélique pût s'établir dans la ville épiscopale. Pendant ce temps, une partie des habitants, gagnés à la doctrine de Luther, renversèrent l'ancien Conseil ; le nouveau octroya aux envoyés des villes voisines la permission de prêcher l'Évangile, les églises furent fermées, l'usage des cloches interdit. En 1543, Hildesheim entra même dans la Ligue de Smalkalde, fondée par les princes réformés et par les cités adhérentes à leur cause, pour résister aux sommations de l'empereur Charles-Quint. Le landgrave Philippe de Hesse fut proclamé protecteur de la ville.

D'opprimés, les ministres de la nouvelle religion devinrent aussitôt oppresseurs. Les couvents d'hommes, dès 1542, avaient été fermés, les ornements enlevés des autels, les moines requis d'abjurer la foi catholique, de déposer

leurs habits religieux et de reconnaître l'autorité du Conseil. Les cloîtres furent séquestrés :
celui des Dominicains (Saint-Paul) fut vendu
par l'autorité municipale, une imprimerie y fut
installée ; il en fut de même du cloître des
Carmes où l'on établit un moulin qu'un âne
faisait tourner. Bien plus, en 1546, le couvent
des Chartreux fut démoli, à l'exception de la
brasserie. Les couvents de femmes furent menacés, le Conseil voulut enlever aux religieuses
l'administration de leurs biens.

Les églises, à leur tour, subirent les outrages et les violences des convertis. A Saint-
Godehard, les ornements, les stalles de chœur
furent brisés ; à Saint-Michel, la première conquise par le culte réformé, la châsse de saint
Bernward, en or et argent, faite au xiv° siècle
par un orfèvre du pays, nommé Galle, fut
forcée, les reliques placées sur l'autel, l'or,
l'argent et les pierres précieuses portés au
Rathhaus. Il en fut de même à l'église Saint-
Jean. La Cathédrale fut encore plus maltraitée.
Non seulement les objets précieux furent pris
au cloître, mais le Conseil toléra la destruction
ou la dégradation des autels, la dispersion
des reliques. Dépouillées de leur ornements,
Saint-Georges, Saint-Jacques et Saint-Lambert
furent affectés au culte protestant. La Cathédrale elle-même fut fermée. Les catholiques

étaient persécutés, bafoués, tournés en déri-
sion.

L'évêque Valentin avait tenté de résister à
l'introduction de la Réforme dans ses États.
Efforts stériles, vaines démarches auprès de
l'Empereur, vaine injonction à la cité d'obéir
à l'autorité épiscopale. Pendant quelques années encore, les affaires de l'Empire détour-
nèrent Charles-Quint de prendre plus personnellement en mains la cause du catholicisme.
Lorsque ayant résolu de réduire par la force la
ligue des princes réformés, il eut remporté sur
leurs troupes la victoiré de Mühlberg (14 avril
(1547), fait exécuter leur chef, l'électeur Jean-
Frédéric de Saxe et gardé prisonnier le landgrave de Hesse, Philippe, les bourgeois d'Hildesheim, exaltés par la défaite de leurs coreli-
gionnaires, prétendirent d'abord se laisser contraindre par la force. Le Conseil crut plus sage
d'entrer en pourparlers avec le vainqueur, il
députa près de l'empereur trois envoyés.
Charles-Quint leur fît grâce : une capitulation
leur fut octroyée par laquelle la ville s'enga-
geait à payer une indemnité de guerre de
26,000 florins et à remettre l'évêque et le clergé
en possession de leur ancienne autorité. La
Cathédrale fut rouverte au culte catholique,
les biens des couvents restitués aux communautés. Quelques années plus tard, la liberté

des cultes, accordée par la paix d'Augsbourg,
mit un terme aux divisions confessionnelles.
Aujourd'hui, Hildesheim ne compte qu'un tiers
d'habitants catholiques ; l'évèque, démuni de
sa souveraineté, n'est plus qu'un pasteur
d'âmes et d'allures si patriarcales que le titulaire actuel, me rencontrant sur la place du
Dôme, comme il sortait de l'office, me salua le
premier.

Depuis cent ans, Hildesheim n'a pas eu des
destins moins changeants. Sécularisée, la capitale des princes-évèques fut cédée à la Prusse
en 1802. Après les désastres de l'année 1806,
elle devait, par sa position géographique,
tomber aux mains des Français. Le comte Daru
prit, au nom de l'empereur, possession des principautés d'Halberstadt et d'Hildesheim. Le 29
août 1807, après Tilsitt, le roi de Prusse déliait
les habitants du serment de fidélité et la ville
était incorporée au royaume de Westphalie,
créé pour Jérôme, frère de Napoléon. Après
les revers de la France, qui succédèrent à la
bataille de Leipsick, le 30 octobre 1813, les
Alliés s'en emparèrent à leur tour. Le congrès
de Vienne l'attribua au Hanovre. L'absorption
de ce royaume par la Prussse en 1866, en a
fait de nouveau une ville prussienne, cette
fois, sans doute, définitivement.

MARBURG

Bien peu des Français qui sont allés en
chemin de fer de Coblentz à Cassel, connaissent de Marburg autre chose que la silhouette
de la ville, disposée sur le flanc d'une colline
couronnée par un château, entre deux zônes
de verdure, à la manière d'une écharpe bigarrée
où les toitures de tuiles et d'ardoises, se pres-
sant les unes par-dessus les autres pour regarder dans la vallée de la Lahn, alternent
comme le rouge et le noir dans un jeu de cartes.
Il aura aperçu de loin les flèches de l'église,
les tourelles de la *Burg* érigée au sommet de la
colline, quelques autres clochers et les pignons
gothiques des bâtiments de l'Université, il
aura remarqué le site pour son pittoresque et
perdu l'occasion de visiter une des villes anciennes les mieux conservées et les plus curieuses de l'Allemagne.

Ce qui fait le charme de Marburg pour les
visiteurs catholiques, ou même pour les sim-

ples pèlerins de l'art, ce sont les souvenirs de Sainte-Élisabeth de Hongrie, qui y vécut les dernières années de sa vie, y fut enterrée et devint l'objet d'une vénération particulière. Son histoire, se rattachant intimement à celle de la ville hessoise, mérite d'être rappelée.

Elisabeth, fille du roi André II de Hongrie, naquit à Presburg en 1207. A l'âge de quatre ans, elle fut fiancée à Louis, le fils aîné du landgrave de Thuringe, Hermann Ier, confiée à ses envoyés et ramenée auprès de lui, dans son château de la Wartburg. Elle y passa ses années d'enfance dans les pratiques les plus édifiantes de la piété. Une série de fresques de Moritz de Schwind, dont est décorée une salle de ce château, commémore les *Œuvres de miséricorde* d'Élisabeth de Hongrie. Ses jeûnes, ses mortifications, son amour des pauvres et son humilité la faisaient railler et mépriser par son entourage. Malgré tous les efforts tentés pour détourner son fiancé de tenir sa promesse, Louis l'épousa en 1221 et lui laissa toute liberté de continuer ses bonnes œuvres et même de fonder un hôpital de lépreux sur la colline de la Wartburg. Elle eut, de ce mariage, plusieurs enfants et passa d'heureuses années auprès de ce pieux seigneur qui mourut en 1227, d'une fièvre pernicieuse contractée en Italie au moment de son départ pour la croisade de l'empereur Frédéric II. Au lendemain de sa mort, sa veuve fut en butte aux outrages de ses beaux-frères qui la chassèrent de la Wartburg avec ses quatre enfants, défendant même aux habitants d'Eisenach de lui donner asile, et la réduisirent à vivre des charités de son oncle, l'évêque de Bamberg. Plus tard, l'un d'eux, Henri, revenu à de meilleurs sentiments, la mit en possession de son domaine de Hesse, avec Marburg comme résidence. Mais elle ne consentit à habiter qu'une pauvre chaumière abandonnée, consacrant sa vie à la charité et se livrant, sous la direction de son confesseur, Conrad de Marburg, aux pratiques les plus rigoureuses de l'ascétisme. Elle mourut en 1231, à l'âge de vingt-quatre ans, pleurée et regrettée de ses nouveaux sujets dont elle avait été plutôt la bienfaisante providence que la suzeraine.

Elle avait fait construire un hôpital à Marburg sous l'invocation de Saint-François d'Assise ; c'est dans la chapelle de cet hôpital qu'elle fut d'abord inhumée. Sur le témoignage de son confesseur et sur les instances de son beau-frère Conrad, repentant de ses anciennes brutalités, sa canonisation fut prononcée en 1235 par le pape Grégoire IX. Cette année même, le 14 août, Conrad posa la première pierre de l'église fondée par lui à la mémoire de la sainte et dans laquelle le corps d'Elisabeth, exhumé de la chapelle Saint-François et mis en châsse, fut enseveli.

L'*Elisabethkirche*, le plus remarquable monument de Marburg et l'une des plus parfaites églises gothiques de l'Allemagne du Nord, fut achevée en 1283, mais l'intérieur, les flèches ne furent complétés qu'au xiv° siècle. Accostées de quatre clochetons, percées de baies ogivales, hautes de soixante-quinze mètres, elles s'élèvent avec beaucoup de légèreté au-dessus d'un édifice de proportions très heureuses, auquel le ton de la pierre, du grès rose pâli, donne une grâce toute particulière. De très élégants piliers à chapiteaux ornés de feuilles de chêne encadrent le portail de l'église. Sur un tympan, sculpté de ceps de vigne à gauche et de feuillages de roses, à droite, se détache une statue de la Vierge, portant l'enfant Jésus, avec, à ses côtés, des anges agenouillés, qui lui offrent des couronnes. Elle écrase sous ses pieds les Vices et les Péchés sous la forme de petits monstres. Les sculptures des archivoltes sont aussi d'une rare élégance.

Dix piliers élancés portent trois nefs d'égale hauteur. Deux galeries font le tour de l'édifice, à l'intérieur. Les nefs latérales sont éclairées par des fenêtres à deux ogives géminées, encadrées dans une grande ogive. Dans la tour du sud est tendue une tapisserie du xıv⁰ siècle, représentant l'histoire de l'Enfant prodigue. La grande nef est séparée du chœur par un jubé en boiseries ornées de statuettes et de réseaux ajourés, richement peint et doré. Derrière, s'élève le maître-autel, érigé le 1ᵉʳ mai 1290, de grès fin, sculpté dans le plus pur style gothique, avec pinacles et compartiments ogivaux encadrant des niches peintes et dorées, ornées de figures. Les nefs latérales débouchent dans les bras du transept. C'est la partie la plus intéressante de l'église.

Le transept contient en effet cinq autels à panneaux sculptés, surmontés de rétables avec sculptures en bois dorées et volets peints du commencement du xvı⁰ siècle. Ces peintures sont attribuées à un artiste de Marburg, Jean von der Leyten. Le sculpteur fut probablement un nommé Ludwig Juppe, également citoyen de la ville. Deux de ces autels se trouvent dans le bras méridional du transept. Le plus proche du chœur est l'autel de Saint-Jean-Baptiste, qui offre des représentations sculptées et peintes d'épisodes de la vie du Précurseur. L'autre est consacré à Saint-Georges et à Saint-Martin. Le panneau sculpté de droite rappelle le combat de Saint-Georges contre le dragon, celui de gauche montre Saint-Martin partageant son manteau avec un men-

diant. Les tableaux à volets ont pour sujets
des scènes de la vie de Saint-Martin et celles
du martyre des deux saints. Dans le même
bras du transept se voient les tombeaux en
pierre du landgrave de Thuringe Conrad, beau-
frère de Sainte-Elisabeth, mort en 1240, tenant
en main la discipline avec laquelle il fit pénitence de ses violences et de ses cruautés, et de
plusieurs membres de la famille princière de
Hesse, entre autres le landgrave Henri, couché
auprès de sa femme Mechtildis, morts, l'un en
1308, l'autre en 1309, la fille de Sainte-Elisabeth,
Sophie, et son mari, le duc de Brunswick. Sous
l'une de ces pierres tombales à figures sculptées, gît un cadavre en décomposition, hanté
par des animaux répugnants, vers, serpents et
crapauds; sa bouche se tord en un effroyable
rictus d'épouvante. En outre, des plaques tumulaires de bronze en relief ou de cuivre
ciselé; l'une de ces dernières est ornée d'une
grande croix, merveilleuse d'ornementation
délicate.

Il y a aussi des monuments dans le bras
gauche, septentrional, du transept où se trouvent le mausolée de Sainte-Elisabeth, l'autel
qui lui est dédié, celui de Sainte Catherine et
celui de la Vierge. Ce dernier est décoré de
scènes de la vie de la Vierge, celui de Sainte-
Catherine est surmonté d'un tableau à volets,

qui représente divers épisodes de la vie de la
Sainte Famille. Le plus voisin du chœur est
dédié à la patronne de l'église. Le tableau
d'autel rappelle certaines scènes de la légende
de Sainte-Elisabeth. Le devant de l'autel,
sculpté et peint, en trois compartiments, montre
Elisabeth de Hongrie à l'agonie, — Elisabeth
morte, étendue sur son lit, — enfin l'exhuma-
tion de ses restes déposés dans l'église Saint-
François.

Après la translation solennelle en l'église
votive, les os de la sainte, placés dans une
châsse splendide, furent exposés à la vénération des fidèles, dans un mausolée à jour, délicat édicule de style gothique, coiffé d'un
baldaquin de pierre, doré et peint, soutenu
par de frêles colonnettes. Au-devant était sus-
pendue une statue de bois de la sainte, ac-
compagnée d'un enfant paralytique, au-dessus
d'un tronc à offrandes. Les reliques de Sainte-
Elisabeth devinrent l'objet d'une telle vénération que le landgrave Philippe le Magnanime, pourtant l'un de ses descendants, converti à la religion réformée, qui considère le
culte des saints comme une idolâtrie, les fit
extraire par effraction de la châsse et, pour
couper court aux pèlerinages, enterrer secrè-
tement, sous une dalle de l'église, dans un endroit connu de lui seul. Plus tard, il fit même

enlever la châsse, mais au bout de deux ans il la restitua à l'église.

Aujourd'hui le mausolée est vide, l'église étant livrée au culte réformé. La châsse est conservée dans la sacristie où elle a été réintégrée, en 1814, après avoir été, quatre ans plus tôt, transportée à Cassel, résidence du roi Jérôme de Westphalie. Dans ce voyage, quelques-unes des pierres précieuses et des perles qui ornent le reliquaire de cuivre doré, ont été volées. Il en reste encore cependant pour un prix considérable ; on assure que lorsqu'elle était intacte, sa valeur atteignait 2,000,000 de marks. La châsse est oblongue, de style gothique, avec figures en relief d'argent doré. Sur la face antérieure, on voit le Christ enseignant ; à sa droite et à sa gauche trois apôtres ; de l'autre côté, le Christ en croix avec, à ses pieds, sa mère et Saint-Jean. Au-dessus vole un ange qui apporte une couronne. Dans chacun des compartiments, les six autres apôtres. Sur l'un des petits côtés, la Vierge avec l'enfant Jésus et, sur la face opposée, Sainte-Élisabeth. Les reliefs du toit du reliquaire, surmonté de pinacles élancés, enrichis de gemmes, représentent des scènes de la vie de la sainte, qui nourrit les affamés, habille les misérables, leur distribue des aumônes, lave les pieds à un lépreux et reçoit de son directeur, Conrad de Marburg, l'habit de franciscaine.

L'abside est polygonale. Des vitraux superbes, décorés de fleurs et de plantes, ornent les fenêtres du chœur. Ceux de la nef ont été détruits, pendant la guerre de Sept Ans, par les soldats du roi Très Chrétien Louis XV. Ces cavaliers eurent l'impiété de convertir en magasin à fourrage le sanctuaire dédié à la créature de douceur exquise et de pitié que devaient célébrer l'art, la littérature et la musique, dont la légende revit dans une admirable toile de Murillo au musée de Madrid, dans le livre ému de Montalembert, dans les chants de Liszt et de R. Wagner, car toute la mysticité de *Tannhæuser* est personnifiée en cette Élisabeth de Thuringe que le poète a dotée des vertus et de la puissance d'intercession vénérées chez la pieuse épouse du landgrave Louis IV. Quoique la Hesse suive, en général, la religion réformée, le nom de la sainte catholique est toujours révéré par le peuple, et même une institution charitable, protestante, de Marburg, a pris le nom d'*Elisabethhaus.*

Les environs de l'*Elisabethkirche* ne sont plus ce qu'ils étaient naguère. Derrière l'église se trouvaient les bâtiments de l'hôpital construit en 1254, à la mémoire de la sainte, qui ont longtemps servi de siège au bailliage de l'Ordre teutonique en Hesse, institué à Marburg en 1234 et qui fut aboli en 1810 par un décret de Napoléon Ier. Ces constructions faisant retour à l'État, furent affectées à divers services de l'Université.

En effet, la Hesse, comme beaucoup d'états allemands, a eu au XIXe siècle des destins agités. Le 1er octobre 1806, elle fut incorporée au royaume de Prusse. En juillet 1807, elle devint partie intégrante du royaume de Westphalie, administré par le frère de Napoléon. Mais, après la bataille de Leipsick, les Français durent l'évacuer ; l'électeur Wilhelm Ier, qui s'était réfugié à Copenhague, rentra dans Marburg où son peuple l'accueillit avec joie. En 1866, la Hesse, comme le Hanovre, fut annexée à la Prusse. Malgré tous ces changements de régime, Marburg a conservé son caractère de ville ancienne. Les rues sont étroites, tortueuses, escarpées. Des chemins fort raides, longeant des clôtures de jardins et de vergers, conduisent au château.

Vu d'en bas, de la vallée de la Lahn, le château profile sur le sommet du piton qu'il commande, une amusante silhouette de toits aigus, de clochers et de tourelles. Il se compose d'un ensemble de bâtiments qui se confondent un peu. Vu de près, il présente des différences de style sensibles. Les parties les

plus anciennes, gothiques, construites du
XIIIe au XIVe siècle, sont l'aile du nord qui contient la salle des Chevaliers, magnifique salle
à double voûte ogivale, portée par des piliers,
plus vaste et plus belle que la salle du même
nom à la Wartburg, et l'aile de l'ouest. Celle-
ci se relie à l'aile du sud, du XVIe siècle, où
se trouvent la chapelle et la sacristie et à laquelle est attenant un avant-corps Renaissance
où logent les gardiens. C'est dans une salle
de l'aile du sud qu'eut lieu, en 1559, le colloque sur la Cène, provoqué par le landgrave
Philippe le Magnanime, pour amener une entente entre Luther, Zwingle, Mélanchton, Œco-
lampade et d'autres réformateurs. Cette réunion ne put les mettre d'accord sur le mystère
de la transsubstantiation.

Résidence des landgraves et des électeurs
de Hesse, jusqu'en 1815, le château fut, à cette
époque, converti en prison. En 1869, on en fit
le dépôt des archives de la Hesse. Il y a dans
les vitrines des manuscrits qui datent du temps
de Pépin le Bref, quelques-uns des plus vieux
papiers d'État allemands. On rattacha aussi le
groupe principal au nouveau bâtiment, le
Wilhelmsbau, par un passage couvert que
soutiennent trois arceaux.

Au Moyen-Age, la position défensive du
château était redoutable. Les plans du XVIIe

siècle le montrent encore entouré d'une enceinte fortifiée, qui lui permit de subir des sièges pendant les guerres de Trente Ans et de Sept Ans. Au temps du royaume de Westphalie, les Français démolirent les fortifications de Marburg. Il ne reste plus devant la *Burg* qu'un terre-plein d'où la vue plonge sur la vallée de la Lahn et, au premier plan, sur la végétation des vergers qui couvrent le versant de la colline. Une rampe conduit à une terrasse placée plus bas, ancien cimetière devenu une place plantée de platanes, entourant l'église protestante. Construite en 1297, sous le vocable de *Marienkirche*, à trois nefs gothiques, celle-ci fut, à la Réformation, dépouillée de ses autels et de son crucifix. Dans le chœur subsistent les plaques tombales des landgraves protestants de la Hesse.

De cette terrasse un escalier, contenu dans une tour, débouche sur des ruelles qui aboutissent à la *Barfüssergasse*. Non loin de là est le bâtiment du tribunal, du xvie siècle. Cette rue ramène à la place du Marché, que décore une vieille fontaine et sur laquelle s'élève l'Hôtel de Ville. Construit de 1512 à 1525 dans le style gothique, ce *Rathhaus*, surmonté de deux clochetons, est d'une originale simplicité. Les figures placées sur la façade, des gardes, la Mort et la Justice, que domine un coq,

sont actionnées par un mécanisme d'horloge-
rie. A l'entrée de l'escalier du nord, un relief
en pierre représente Sainte-Élisabeth avec, sur
les bras, un modèle de l'église qui lui est dédiée. Il y a, sur le *Marktplatz*, des maisons
anciennes curieuses ; par exemple, au n° 15,
une plaque rappelle le séjour que fit à Marburg,
de 1687 à 1707, Denis Papin, l'inventeur de la
machine à vapeur. Pendant son exil de France,
il obtint la chaire de mathématiques à l'Université ; son portrait y est conservé. Les rues
avoisinantes, la *Marktgasse*, la *Wettergasse*,
la *Neustadt* et enfin le *Steinweg* qui passe devant l'église, sont les artères de la circulation
de Marburg, quoique bien étroites, tortueuses
et accidentées. Les vieilles maisons à pignons,
à étages surplombants et à poutrelles appa-
rentes, avec parfois un bout de sculpture sur
bois, y sont encore très nombreuses. Quand
l'une d'elles menace ruine et qu'il faut la
démolir, les architectes ont le bon esprit de
s'inspirer des modèles anciens, au lieu d'écraser ces frêles bicoques avec de lourdes copies
des prétentieuses architectures de Berlin ou de
Francfort. Pour les constructions importantes
de la basse ville, destinées à des services publics, ils emploient le grès rose du pays,
comme enchaînements de pierre aux murs de
briques.

Dans les rues, je remarque la coiffure des jeunes filles de la Hesse : leurs cheveux sont tirés en l'air, collants à la nuque, suivant une mode qui a existé en France au temps de la Restauration, et tordus en couette ou rassemblés en couronne sur le sommet de la tête ; une sorte de petite mitre en étoffe brochée, retenue sous le menton par des rubans en soie noire, y est adaptée. Celle des étudiants est moins jolie ; leur petite casquette plate, verte, rouge, orange ou bleue, suivant les études auxquelles ils se livrent, leurs écharpes de couleur qu'ils exhibent parfois dans la rue, n'ont rien d'agréable à l'œil. On les voit flâner devant les nombreux magasins de librairie de la ville.

En effet, Marburg n'est pas seulement une pittoresque cité ancienne, c'est un centre intellectuel important de l'Allemagne. L'Université, dont les principaux bâtiments élèvent leurs pignons devant le pont de la Lahn, date de 1527. Le landgrave Philippe le Magnanime l'installa dans les locaux désaffectés du cloître des Dominicains ; en 1873, ils furent remplacés par de nouvelles constructions en style gothique, inaugurées le 29 mai 1879. Son enseignement comprend à peu près toutes les branches de la science : astronomie, géologie, minéralogie, zoologie, botanique, chimie, pharmacie, physiologie, pathologie; chacune a son institut particulier. Cliniques, musées, bibliothèques, gymnases, écoles, tous ces bâtiments sont répartis dans les divers quartiers de la ville, mais plutôt dans ceux qui touchent la verdoyante et capricieuse vallée de la Lahn.

MUNSTER

Une escale intéressante entre Cologne et Hambourg, c'est Munster, capitale de la Westphalie. Sur une ligne sillonnée de trains fréquents et rapides, rien de plus aisé que de s'y arrêter entre deux express. Après qu'on a traversé le pays fumant d'usines qui s'étend entre Oberhausen et Wanne, c'est un repos de parcourir cette petite ville calme, qui a conservé la physionomie du passé et dont l'industrie n'a pas encore trop gâté le caractère ancien. Et cependant, combien de français connaissent Munster autrement que par les décors du *Prophète*, et l'histoire des Anabaptistes si ce n'est par les aventures saugrenues qu'attribue à Jean de Leyde un absurde *libretto* d'Eugène Scribe ?

Le nom de Munster vient du latin : *monasterium*. Le centre de l'agglomération qui porte ce nom, fut donc un cloître. En 792, un évêché y avait été institué, dont Saint Ludger, qui évangélisa la contrée, fut le premier titulaire. Elle resta sous l'autorité de l'évêque qui concéda à la ville, en 1186, une charte urbaine. La cité se développa ensuite par le commerce, s'agrégea à la Hanse en 1277 ; mais la vie religieuse y était en honneur. Les communautés s'y sont multipliées au point que sur les anciens plans de Munster, de nombreux clochers indiquent les couvents : cloîtres de Clarisses, de Filles de Saint-Augustin, couvents de Cordeliers, de Capucins, de Minorites, de Récollets, collège des Jésuites ; d'autres signalent l'emplacement des églises paroissiales qui, presque toutes, sont restées affectées au culte catholique, l'évêché, sécularisé en 1803, au moment de l'annexion à la Prusse d'une partie de la Westphalie, ayant été rétabli en 1821.

Les unes comme Saint-Servais, sont romanes ; l'église Notre-Dame, Saint-Lambert sont gothiques. De même que la Cathédrale, Saint-Ludger participe des deux styles. La façade, avec ses deux tours carrées, à fenêtres géminées sous le cintre, est austère. Jusqu'au transept, la nef est romane. L'abside est ogivale ; la partie gothique date du xiv⁰ siècle. Des pinacles aigus en surmontent les contreforts. A l'intersection de l'abside et du transept a été construite sur la voûte une tour hexagonale dont la partie haute forme une couronne, ajourée de fenêtres ogivales trilobées, assez semblable à celle qui décore, à Rouen, l'église Saint-Ouen. Malheureusement l'intérieur est sans intérêt.

Saint-Lambert est remarquable par son élégante et légère flèche gothique, d'ailleurs moderne, l'ancien clocher ayant été abattu par les anabaptistes. Au-dessus du portail sud est sculpté à l'extérieur l'arbre généalogique de Jésus-Christ. Cette église date des xive et xve siècles.

La Cathédrale dédiée à Saint-Paul, attenante à un cloître gothique, a deux transepts, une abside à cinq pans. Treize belles statues décorent le porche sud. Je connais presque toutes les cathédrales allemandes. Saint-Paul, de Munster, est sinon l'une des plus grandioses, du moins l'une des plus originales à l'intérieur. Seulement les nefs sont peu élevées.

L'édifice, des xiiie et xive siècles, est du style ogival, aux arcs en bonnet d'évêque. Au milieu du transept droit, une gigantesque statue peinte de Saint Christophe. Au-dessus du portail de ce transept, à l'intérieur, un grand Jugement dernier, haut-relief de la fin du xviie siècle. Aux pilastres, des anges sculptés jouant de la trompette. Le chœur est décoré de boiseries sculptées et le maître-autel d'un

tableau à volets. Le pourtour, les murailles
de la nef sont chargés d'une quantité de statues, de monuments funéraires des xviie et
xviiie siècles, d'autels particuliers. Cette
église a été en proie à la fureur iconoclaste
des anabaptistes. Piller les vases sacrés, briser l'horloge astronomique du xive siècle,
lacérer les tableaux, gratter les fresques, tels
furent les exploits de ces fanatiques. Les
architectes modernes ont essayé de faire disparaître ces traces de violences sous un badigeon rouge et vert que rehaussent des peintures ornementales. C'est à se demander quels
ont été les plus redoutables à l'art religieux en
Allemagne, comme en France, des vandales
révolutionnaires ou des restaurateurs com-
temporains !

En face, est le palais épiscopal, mais, avant
la sécularisation, l'évêque ne résidait pas ordinairement à Munster. En 1767, le titulaire de
l'évêché fit construire sur l'emplacement de
la citadelle, un château, qui est aujourd'hui la
résidence du général commandant le vii[e]
corps d'armée prussien. Pour s'y rendre on
traverse l'Aa, minuscule rivière affluent de
l'Ems, dont le cours sinueux serpente au milieu
de la ville et dont les dérivations avaient formé
les fossés de ses anciens remparts. On passe
devant Notre-Dame, église du xive siècle, qui

était la paroisse du quartier d'*Ueberwasser*, c'est-à-dire : au-delà de l'eau. Le cloître des nonnes d'*Ueberwasser* a joué un rôle important dans les troubles qui ont éclaté à Munster à l'époque de la Réforme. Les anabaptistes en débauchèrent un grand nombre.

Une place de trois cents mètres de long précède ce château qui n'a rien de la splendeur du palais des princes-évêques de Würzburg, par exemple. C'est une construction très banale. Derrière se trouve un agréable parc, avec jardin botanique, qui sert de promenade aux Munstériens.

En longeant les anciens fossés, je rentre en ville par la rue Saint-Gilles, qui ramène au centre de la cité, c'est-à-dire à la place du Marché où se sont produits tous les mouvements populaires excités par les passions religieuses. Le décor est presque identique à ce qu'il était au xvie siècle. Des arcades règnent tout le long de la place, sous des façades étroites à trois, quatre fenêtres, que surmontent des pignons en échelons. Ces vieilles maisons sont loin d'avoir le caractère des architectures du Moyen-Age ou de la Renaissance, si bien conservé à Hildesheim ou à Brunswick, mais il y a dans le nombre quelques hôtels de pierre sculptée, des xviie et xviiie siècles. Enfin l'Hôtel de Ville, qui date du xive, a vu les péripéties de la terrible histoire que je vais rappeler brièvement.

Parmi les mystiques qui, au début du XVIe siècle, s'insurgèrent contre les dogmes de l'Église romaine et prêchèrent le retour au texte de l'Évangile, se produisit un nommé Thomas Muntzer, natif de Zwickau, en Misnie. Sa doctrine préconisait le communisme des biens, la communauté des femmes, proscrivait l'usage des armes. Bientôt il réprouva le baptême des enfants, en se fondant sur cette parole de l'évangile selon Saint Marc : « Celui qui croira et sera baptisé sera sauvé; celui qui ne croira pas sera condamné. » Or l'enfant qui vient de naître, n'ayant ni conscience, ni savoir, ni foi, ne peut valablement recevoir le baptème. D'où la nécessité d'un nouveau baptême à l'âge adulte. De là vient le nom de *Wiedertaüfer* (rebaptiseurs ou anabaptistes) qui fut donné à la secte.

Certains de ces prosélytes restèrent des mystiques paisibles, inoffensifs; les autres firent preuve d'une humeur aventureuse et guerroyante. Par eux, d'abord, fut suscitée à Zwickau une petite sédition. Quelques-uns se rendirent à Wittenberg où Luther soutenait les thèses retentissantes qui avaient mis en émoi Rome et l'Allemagne, et y prêchèrent leur doctrine. Elle n'eut pas l'approbation de Luther, tandis que son élève Carlstadt se montra favorable aux novateurs. Un colloque entre les disciples de Muntzer, d'une part, Luther et Melanchton de l'autre, n'aboutit qu'à une rupture et Carlstadt, lui-même, fut chassé de Wittenberg par son maître. Les anabaptistes en sortirent également, allèrent prêcher leur doctrine dans la Thuringe d'où elle se répandit jusqu'en Suisse et au Tyrol. Sur leur route ils opéraient le baptême des adultes.

Pendant ce temps, Muntzer qui s'était déclaré hostile à Luther, soulevait les populations et les animait à la violence. Il voyagea, s'établit à Mülhausen (Thuringe), en devint le dictateur, fit piller les églises, exiler les prêtres, proclamer la communauté des biens. Par ses excitations à la révolte, il déchaîna la guerre des Paysans. On sait que cette terrible jacquerie fut étouffée après la victoire, à Frankenhausen, des Princes ligués, sous le commandement de Philippe de Hesse (1525). Muntzer fut pris, soumis à la question et décapité, les anabaptistes massacrés.

Alors les membres de la secte durent user de prudence, se disperser. Deux disciples de Muntzer, Hoffmann et Ring s'associèrent avec un marchand de drap de Munster, en Westphalie, Knipperdolling, pour aller évangéliser la Suède. Ils y firent des adhérents. Knipperdoling, homme brutal, souleva même, à Stockholm, une émeute qui dévasta les églises. Le roi Gustave Wasa les expulsa de ses états et le calme se rétablit. Les trois compagnons se séparèrent. L'un d'eux, Melchior Hoffmann voyagea dans l'est de l'Europe, puis revint à Magdebourg, visita Hambourg, Kiel. Chassé du Holstein, il se réfugia à Strassburg en 1529, parcourut la Westphalie et les Pays-Bas. Il y fit un disciple qui devait jouer un rôle important dans la révolution religieuse à Munster, Jean Mathys (ou Mathisen) de Harlem, boulanger. Celui-ci recruta douze apôtres dont l'un fut Jean de Leyde.

Le luthéranisme avait pénétré à Munster en 1524. Ses adeptes avaient déjà menacé les riches, inquiété les communautés religieuses, imposé aux magistrats de la ville 34 articles de réforme religieuse. Knipperdolling était au nombre des luthériens les plus remuants. Un personnage qui joua tout d'abord le premier rôle dans la secte anabaptiste, fut Rottmann, prêtre de Saint-Maurice qui, après un voyage à Wittenberg où il avait été reçu par Melanchton, revint prêcher à Munster les doctrines évangéliques. Interdit par l'évêque, il écrivit, en latin, un livre qui, traduit en allemand, devint populaire. Le 23 février 1532, Knipperdolling, bourgeois notable, lui ayant ouvert la basilique Saint-Lambert, Rottmann monta en chaire et excita le peuple à dévaster les églises et à détruire les images du culte. Devant l'émeute qui grondait à Munster, l'évêque Franz de Wied abdiqua et se retira à Cologne. Son deuxième successeur, car le premier ne régna que quelque mois, fut Franz de Waldeck.

Entre les partisans de Rottmann et de Knipperdolling et l'évêque, le Conseil de la cité jouait un rôle embarrassé et ambigu. Il cherchait des biais, recourait à l'intervention du landgrave de Hesse, prince luthérien, interdisait la prédication aux prêtres catholiques, demandait à l'archevêque de Cologne de faire interpréter l'Évangile par un savant théologien, appelait aux fonctions de syndic Jean de Wick, syndic de la ville de Brême, zélé pour la Réforme. Philippe de Hesse ayant proposé sa médiation, l'évêque céda et accepta une sorte de capitulation qui permettait au peuple d'élire lui-même ses prédicateurs paroissiaux, lesquels furent choisis, bien entendu, parmi les adeptes de la nouvelle foi. Knipperdolling fut nommé membre du Conseil le 3 mars 1533. Il profita de son pouvoir pour faire piller les vases sacrés de l'église Saint-Lambert, opprimer les catholiques, les moines et les religieuses. Toutes ces dissensions n'empêchèrent pas l'évêque de faire, suivant l'usage du temps, son entrée en brillante cavalcade, pour la cérémonie de son intronisation, dans une ville déjà presque entièrement acquise à la Réforme.

Le 25 juillet, Jean Bockelsohn, originaire de Leyde où il tenait une auberge, arriva à Munster, se fit instruire dans la nouvelle religion, alla évangéliser Osnabrück d'où il fut chassé, rentra dans sa patrie, y fit la connaissance de Mathys, qui le convertit à l'anabaptisme et revint ensuite à Munster. Il y répandit la doctrine de la secte. Le prédicateur Rottmann inclinait à l'adopter, mais elle était réprouvée par le Conseil, qui sollicita l'évêque de l'interdire. Celui-ci chargea le prieur d'un couvent catholique d'aller combattre l'hérésie par la parole. Le Conseil qui n'entendait pas encourager le retour à l'enseignement de l'Église romaine, demanda au landgrave de Hesse des prédicateurs luthériens. Philippe lui en envoya deux qui parvinrent à faire interdire la prédication à Rottmann. Mais celui-ci avait déjà un parti. Banni par le Sénat, il demeura à Munster et continua d'y prêcher en secret. En 1534, les anabaptistes avaient fait des progrès assez notables pour qu'un jour, les membres du Conseil fussent, à la sortie du *Rathhaus*, hués par une émeute de femmes et couverts d'une grêle d'ordures.

En janvier 1534, abandonnant sa femme, son auberge et son état de tailleur, Jean Bockelsohn revint à Munster et se logea chez Knipperdolling. Le 29, avec l'aide de Mathys, il commença à jouer son rôle de prophète. Jeune, — vingt-quatre ans, — grand, beau, bien fait, éloquent, le hollandais fut bientôt aussi populaire que Rottmann. Knipperdolling, Mathys et lui parcouraient la ville avec des airs inspirés, des prédictions sinistres, vociférant : *Faites pénitence!* Intolérants comme toute minorité parvenue au pouvoir, les luthériens ayant tenté d'étouffer la secte anabaptiste, la guerre civile faillit éclater le 9 février entre les deux partis; l'effusion du sang fut cependant évitée. Le délire religieux gagnait aussi les femmes, qui vaticinaient par les rues avec des cris si discords, dit un chroniqueur du temps, « qu'un millier de porcs réunis n'aurait pu produire un pareil tintamarre ! »

Effrayés pour leur vie et pour leurs biens, les bourgeois prirent le parti d'émigrer. Les sectaires ne s'émurent pas pour si peu, ils firent occuper les maisons vacantes par des affiliés provenant des bourgs voisins. Les désordres devinrent tels que le syndic Jean de Wick se sauva, découragé. Arrêté par les gens de l'évêque, il fut puni de la peine capitale. Pendant ce temps, Fr. de Waldeck rassemblait

des troupes, se préparait à la guerre, avec
l'aide de l'électeur de Cologne, des ducs de
Clèves et de Brunswick, du landgrave de
Hesse même, qui ne se souciait pas d'encou-
rager dans ses états des doctrines séditieuses.
Le siège commença le 28 février.

Sur la sommation, proclamée par Mathys,
de sortir de la ville s'ils ne consentaient à se
convertir, de nombreux habitants durent se
sauver de Munster à peine vêtus et par un
froid intense. Des anabaptistes, des contrées
environnantes, vinrent les remplacer. Mathys
décréta la confiscation des biens abandonnés
par les expulsés, spolia les autres de tous les
objets précieux en or et argent, fit brûler tous
les livres, manuscrits, documents anciens
conservés dans les archives. Bien entendu,
toutes ces mesures arbitraires et violentes
n'étaient pas admises sans protestations, mais
comme elles étaient censées dictées au prophète par l'Esprit-Saint, la population s'inclinait docilement devant une explication aussi
péremptoire.

Mathys avait appelé à son secours ses core-
ligionnaires des Pays-Bas. Ceux qui répon-
dirent à son appel furent défaits par les troupes
épiscopales. Lui-même, dans une sortie tentée
avec quelques fidèles, fut tué par les soldats, qui
allèrent clouer les débris de son corps écharpé

à la porte Saint-Gilles. Cette mort permit au disciple de prendre la place du maître.

Jean Bockelsohn désigna pour remplacer le Sénat, douze « anciens d'Israël » qui furent les instruments de sa domination despotique. Il épousa la belle Divora, veuve de Mathys. Or il était déjà marié dans son pays. Bigame, il décréta la polygamie. Cette innovation rencontra de la part des habitants une opposition assez forte, mais quelques mesures de rigueur ordonnées par Jean et exécutées par Knipperdolling dont il avait fait son *porte-épée*, c'est-à-dire son bourreau, en eurent bientôt raison. Alors un nouveau prophète nommé Dusentchuer imagina, par courtisanerie ou dans un accès de démence, de sacrer « roi de Sion » Jean de Leyde. Knipperdolling devint son lieutenant, Rottmann fut nommé prédicateur du roi, de nombreuses charges de cour furent créées pour ses principaux partisans. Très adonné aux femmes, Jean prit *seize* épouses, outre ses nombreuses concubines. Lorsqu'il ne passait pas son temps dans l'orgie, il rendait la justice, assis sur un trône de pourpre, au milieu de la place du marché; il bénissait aussi les mariages.

Des monnaies furent frappées à son effigie, en l'honneur de son éphémère royauté.

Le 22 mai 1534 avait commencé le bombardement. Une offre d'amnistie générale ayant été repoussée le 25 août, l'assaut fut tenté le 31. Défaite des épiscopaux, célébrée par les festins des anabaptistes. L'évêque fit alors convertir le siège en blocus, afin de prendre Munster par la famine. Un jour Dusentchuer eut l'idée singulière de faire sortir de la ville vingt-sept apôtres pour enseigner la terre entière. Ces malheureux tombèrent, ici ou là, dans les mains des assiégeants et furent exécutés. Un seul racheta sa vie par une trahison qui fit massacrer quelques-uns des assiégés et des hollandais venus à leurs secours.

A toutes les sommations de se rendre, les anabaptistes répondaient par un mépris d'autant plus héroïque que la famine rendait le siège intolérable, la population étant réduite à manger les plus vils animaux, à dévorer les enfants et même les cadavres. La fin du drame est effroyable. Las de souffrir, quelques centaines de malheureux demandèrent à quitter la ville. Jean le leur permit mais, repoussés par les assiégeants, ils erraient mourant de faim entre les deux camps. Informé de leur affreuse détresse, le prélat fit transporter les deux cents survivants à Dickhausen. Ceux qui ne voulurent pas abjurer l'hérésie anabaptiste, furent décapités.

Malgré la lassitude et l'épuisement des assiégés, la ville ne put être prise que par la trahison d'un soldat anabaptiste nommé Hensel Eck, de Langenstraten.

Une dernière sommation tentée la veille de la Saint-Jean ayant échoué, les assiégeants, guidés par ce transfuge, surprennent, à la faveur d'un orage, la vigilance des gardes, à la porte de la Croix. Après les avoir massacrés, ils traversent le cimetière d'*Ueberwasser*, la rivière, arrivent sur la place du *Dom* où ils s'emparent des munitions et de l'artillerie. Accourus à la défense de la cité, les assiégés, très supérieurs en nombre au petit détachement entré par surprise, livrent un combat acharné ; ils l'auraient même détruit s'ils n'avaient eu l'imprudence de consentir un armistice. Un soldat en profite pour gagner le rempart, appelle les assiégeants. Ceux-ci accourent sur tout le front, donnent l'assaut, cernent les anabaptistes et en font un horrible carnage. Rottmann est tué dans la mêlée. Jean de Leyde, bien qu'il ait montré des aptitudes de chef militaire pendant le siège, prend peur, tente de fuir. Reconnu, il est arrêté, jeté en prison. Une femme qui avait donné asile à Knipperdolling, le livre aux vainqueurs, Munster est livrée au pillage, les biens des anabaptistes sont confisqués.

Après cette boucherie, l'évêque rentra dans sa capitale le 28 juin. On lui offrit l'épée, la

couronne d'or et les éperons de Jean de Leyde,
les clés de la cité. Il eut pour sa part la moitié
du butin, l'artillerie et le trésor du roi, riche
encore de 100.000 florins d'or. La vie des principaux chefs anabaptistes n'avait été épargnée
qu'en vue des supplices auxquels elle était
réservée. Jean Bockelsohn, Knipperdolling,
Krechting et Kerkering furent extraits de prison le 24 juillet, emmenés hors de la ville. Ce
dernier fut décapité sur le chemin de Dulmen.
Les autres, après avoir subi la question, furent
réintégrés en prison pendant les six mois que
dura leur procès. Les tentatives de conversion
n'eurent d'effet que sur Jean de Leyde, qui
rétracta ses erreurs. Ramenés à Munster, les
trois survivants furent exécutés le 22 janvier
1536 ; l'échafaud avait été élevé sur la place,
à l'endroit même où le « Roi de Sion » avait
fait ériger son trône. Ils furent torturés avec
des tenailles brûlantes et poignardés avec un
couteau rougi au feu. En outre Jean eut la langue arrachée. Traînés sur la claie, leurs corps
furent enfermés dans plusieurs cages de fer, qui
furent hissées au clocher de Saint-Lambert,
gigantesque pilori.

Napoléon, qui se connaissait en intolérance
et en tyrannie, disait un jour à Sainte-Hélène,
devant Gourgaud, qui nous a rapporté ce
propos : — « Ce que les Bourbons ont de mieux

à faire (en 1816), c'est de profiter du séjour des étrangers pour opérer une Saint-Barthélemy de tous les révolutionnaires. — Oh ! Sire ! — On dira ce qu'on voudra ; *la Saint-Barthélemy a tué le parti protestant, qui ne s'est jamais relevé depuis.*

Franz de Waldeck et ses alliés avaient probablement en cette matière les idées de Catherine de Médicis et de Napoléon, car, en tous lieux, les anabaptistes furent traqués, persécutés, leur secte exterminée par le fer et par le feu. Excités par les conseils atroces de Luther, qui avait déjà approuvé l'impitoyable répression de la guerre des Paysans, les réformés se montrèrent aussi ardents à cette chasse, aussi lâches et aussi cruels que les catholiques. Les quelques anabaptistes qui avaient pu se cacher, terrifiés, redevinrent des mystiques placides, épurèrent leurs mœurs, répudièrent la communauté des biens. Il reste encore aujourd'hui quelques milliers de ces dissidents en Prusse, en Hollande et en Alsace-Lorraine, mais ils vivent paisiblement dans la retraite et ne prétendent plus établir en ce monde par la force le « royaume d'Israël. »

D'après un article de la convention conclue entre les princes, alliés de Fr. de Waldeck, pour le règlement des comptes après la victoire, les remparts de Munster devaient être rasés. En fait, ils ne le furent pas. (1) Toutes choses devaient être rétablies à Munster, telles qu'elles étaient avant le règne des anabaptistes; la religion catholique romaine y fut restaurée. Elle a conservé le fief de la Westphalie et institué dans sa capitale une faculté de théologie.

— Munster, me dit un jeune allemand rencontré en chemin de fer, c'est le *pays noir !...* C'est-à-dire le pays catholique par excellence, clérical, le pays des couvents et des cloîtres. Les offices y sont aussi rigoureusement suivis que dans les régions protestantes; les pensions de jeunes filles dirigées par des religieuses, les congrégations remplissent la Cathédrale à l'heure des vêpres.

Arrivé un dimanche, j'ai voulu visiter l'Hôtel de Ville, voir la salle où s'est conclue la paix de Westphalie. Il était fermé. Un écriteau m'a renvoyé à la loge du concierge, qui habite un bâtiment au fond de la cour, près du Musée. Mais, à la porte de cette loge, également fermée, un nouvel écriteau m'a annoncé que le

----

(1) Ce qui permit aux habitants de soutenir en 1681, un nouveau siège contre l'évêque B. de Galen, qui dépouilla la ville de ses privilèges et bâtit une citadelle pour la tenir en respect. Les Hanovriens purent ainsi la défendre en 1759 (pendant laguerre de Sept Ans) contre les Français. Maîtres de la ville, ceux-ci furent assiégés à leur tour par les Hanovriens, qui la reprirent dans la même année.

portier ne serait à la disposition des visiteurs du *Rathhaus* qu'à *cinq heures du soir*. Voilà un système vraiment pratique pour ceux qui partent à 5 heures 15, par l'express de Hambourg !

Extérieurement ce *Rathhaus* est un bijou. Sa façade étroite, portée par cinq piliers courts à chapiteaux sculptés, formant arcades sur la rue, est percée au premier étage de quatre fenêtres ogivales trilobées. Elle présente aux angles et entre les fenêtres, cinq statues, sous baldaquins gothiques, du Christ, de la Vierge et des Saints. Au-dessus s'élève comme un décor un haut pignon denticulé, à arcatures en ogive et que surmontent des pinacles aigus.

Intérieurement, le *Rathhaus* mérite d'être vu. Il contient une belle salle des fêtes et le *Friedenssaal* à plafond de bois, à revêtement de boiseries Renaissance, aux murailles décorées des portraits des plénipotentiaires envoyés en Westphalie pour négocier les traités auxquels Munster et Osnabruck ont laissé leur nom. Ces tableaux sont attribués à Terburg.

Plusieurs albums publiés au XVIIe siècle, — et leur nombre prouve l'importance qu'attachaient les contemporains à la conclusion de la paix par laquelle devaient prendre fin ces effroyables guerres de religion qui venaient de bouleverser l'Empire et de dévaster successivement toutes les contrées de l'Allemagne, avec l'aide des puissances rivales, prêtes à profiter de ses discordes pour s'agrandir à ses dépens, — donnent aussi les portraits gravés sinon de tous les plénipotentiaires envoyés aux assises de Munster et d'Osnabrück, du moins des principaux. L'un de ces recueils a été édité à Paris l'année même de la paix de Westphalie (1648) avec privilège du Roi donné aux auteurs. le peintre Heince et le graveur en taille-douce Bignon (1). L'exécution n'en est pas très remarquable, mais un autre recueil, postérieur, gravé par Montcornet, donne à peu près les mêmes figures, traitées par un burin plus souple et plus fin.

La plupart de ces diplomates signataires du traité qui a contribué à former l'Europe moderne, sont oubliés aujourd'hui, notamment ceux des Provinces-Unies, mais nous considérons avec un respectueux intérêt l'image du nonce Chisi et du sénateur Contarini, envoyés comme médiateurs par le Pape et par la République de Venise ; des plénipotentiaires Trautmannsdorff, ambassadeur de l'Empereur, à la

____

(1) Titre : *Les Portraitz au naturel avec les armoiries et blasons, noms et qualitez de MM. les Plénipotentiaires assemblez à Munster et à Osnaburg* (sic) *pour faire la paix générale. A Paris, chez Henri Sara, au Mont-Saint-Hilaire, près le Puits Certain... et chez les auteurs, au Cinge d'or, rue Saint-Honoré, près le Palais Cardinal.*

face lourde et défiante, comme s'il se rendait compte de tout ce que cette paix a de désastreux pour son maître Ferdinand III, — comte de Pignoranda, ambassadeur d'Espagne, figure noble au front haut. L'artiste nous montre aussi les traits d'Axel Oxenstiern, bien que le chancelier de Suède, resté à Stockholm, fût représenté à Osnabrück, par son fils Jean ; du comte de Volkenstein, légat de la maison d'Autriche ; de Mathias Grachau, revêtu d'un costume polonais, barbe hirsute, sous un bonnet fourré, légat du roi de Pologne qui, à cette époque, est encore un puissant seigneur. Parmi les représentants des princes ecclésiastiques, des villes libres, des landgraves et des électeurs, distinguons le comte de Sayn-Wittgenstein, envoyé par l'électeur de Brandebourg, qui vient d'accroître son territoire d'une partie de la Poméranie, et de la ville de Magdebourg, embryon du royaume de Prusse que formeront ses successeurs.

Les plénipotentiaires français sont Henri d'Orléans, duc de Longueville, belle tête à moustache et à royale Louis XIII, allié aux princes du sang (1), qui est venu représenter

(1) Par son mariage avec Anne de Bourbon, la fameuse duchesse de Longueville. de la Fronde. Un album, publié à Rotterdam en 1697 sous le titre de *Pacificatores orbis christiani*, recueil de 131 portraits des rois et princes intéressés, de leurs généraux et de leurs diplomates, fait à la **duchesse de**

la France avec la dignité d'un grand seigneur;
Claude de Mesmes, comte d'Avaux et Abel
Servien, les véritables négociateurs, déposi-
taires de la pensée de Richelieu. Dans le regard
pensif de Cl. de Mesmes, on croit lire la préoccupation de bien servir les desseins du défunt
Cardinal. C'est son inspiration qu'ils suivent,
puisque les traités favorisent la Suède qui a
été, dans la guerre de Trente Ans, avec ses
armées à la solde de Richelieu, le meilleur
auxiliaire de la France pour abattre la suprématie de la maison d'Autriche. Le traité d'Osnabrück la reconnaît maîtresse de la Poméranie,
avec l'île de Rügen, Wollin, les bouches de
l'Oder, l'évêché de Verden, l'archevêché de
Brême, sécularisé, sous réserve de l'indépendance de la ville, enfin le port de Wismar en
Mecklembourg, tous territoires relevant de
l'Empire et lui donnant trois voix à la Diète.
En outre, elle reçoit une indemnité de 5 mil-

Longueville, femme de l'ambassadeur du Roi Très Chrétien,
la gracieuseté de publier son image avec cette légende :

> Ces héros assemblez dedans la Westphalie,
> Et de France et du Nord, d'Espagne et d'Italie,
> Ravis de mes beautez et de mes doux attrais,
> Crurent en voiant mon visage
> Que j'étais la vivante image
> De la Concorde et de la Paix...

La duchesse de Longueville et sa fille firent en 1646, à
Munster, une entrée quasi-triomphale dont leur compagnon de
route, le chanoine Cl. Joly, nous a conservé la description
dans son *Voyage de Munster*, Paris, 1670.

lions d'écus. Quant à la France, le traité de Munster lui confirme la possession des Trois Évêchés (Metz, Toul, Verdun) qu'elle a acquis en 1552, et lui céde la Haute et Basse-Alsace dont elle doit la conquête aux victoires de Guébriant et de Turenne.

Voilà l'histoire que racontent ces effigies appendues aux murs du *Friedenssaal*, de Munster. Si, depuis lors, l'œuvre politique des traités de Westphalie a été considérablement modifiée par les guerres et les remaniements ultérieurs de la carte de l'Europe, ils ont eu au moins un résultat plus durable, celui de fixer les droits respectifs, au spirituel et au temporel, des états protestants et catholiques et de donner enfin à l'Allemagne la paix religieuse. C'est un bienfait que l'on apprécie lorsqu'on vient de relire l'histoire de la guerre de Trente Ans et celle de la révolution anabaptiste à Munster, si tyrannique pour ses adversaires et si implacablement châtiée.

LES VILLES HANSÉATIQUES

BRÊME

Comme toutes les villes de l'Allemagne du Nord, Brême souffre, l'été, d'une chaleur torride. Son port, en effet, est à 115 kilomètres de la mer. Heureusement pour elle, comme pour bien d'autres, la démolition des anciens remparts, depuis 1815, a permis de créer des promenades dont les ombrages touffus et les eaux provenant des fossés de l'enceinte offrent un refuge de fraîcheur. En suivant ces promenades jusqu'au *Bischoffsthor*, on arrive à la *Kunsthalle* ou musée des Beaux-Arts. Ce qui m'y attirait, ce n'était pas la collection de tableaux, médiocre galerie de toiles allemandes ou hollandaises, encore plus pauvre que celle de Hambourg ; mais ce musée recèle dans son cabinet d'estampes, un joyau précieux : c'est un recueil de dessins d'Albert Dürer.

A Paris, la Bibliothèque Nationale, le Louvre renferment quelques dessins de ce maître, quelques-uns seulement. Le musée de Brême en possède une centaine. Ne fût-il pas très amateur de l'art germanique et de la peinture même de Dürer, celui qui examine cet album, sous le regard vigilant d'un conservateur attentif autant que courtois, ne peut qu'admirer.

Ce sont des dessins à la plume, aux deux crayons, des sépias ou des gouaches d'une rare fraîcheur de tons. Les uns représentent des arbres, des rochers, les autres sont des études de têtes, de mains, de draperies, des bustes de femmes. Il y a aussi des vues de villes fortes, Trente, Nuremberg, des silhouettes de *Burgs* juchées sur des cimes ardues, qui alternent avec des sujets sacrés, madones, descentes de croix en lesquelles le corps de Jésus est comme cassé par la souffrance. Une expression sinistre de révolte contre la torture physique se lit même dans les yeux du Christ, dit : *Der leidende Christus*, qui tient en mains les instruments de son supplice, une poignée de verges, un fouet aux lanières garnies de balles de plomb.

Mais quelques-uns de ces dessins traitent des sujets profanes. L'un des plus curieux a pour titre le *Bain de femmes*. Dans une chambre de bains en commun, *Badstube*, sont réunies six femmes entièrement nues, en diverses attitudes : l'une de celles du second plan, accroupie, se peigne. Derrière elle, une autre, debout, tient un *balai de bain*, ustensile formé d'un faisceau de branchettes, qui devait servir à activer la circulation du sang. Au premier plan, à gauche, une femme jeune et grande, vue de dos, le pied posé sur un banc auprès duquel folâtrent des enfants, se lave la cuisse. Au milieu, une assez jolie fille est assise, qui mouille une éponge dans un baquet et, de la main gauche, s'appuie au dos d'une énorme matrone, monstrueuse femelle aux formes porcines, aux chairs flasques et débordantes, assise, les pieds trempant dans l'eau. Une coiffure bizarre, semblable à une tourtière renversée, achève de la rendre grotesque. Au fond de la pièce, par la porte entrouverte, un homme jette un regard indiscret sur les baigneuses.

Ce dessin est daté de 1496 ; il porte les initiales du maître : A. D., mais non le célèbre monogramme qui ne fut adopté que plus tard. M. Charles Ephrussi, qui a écrit un livre fort documenté sur les *Dessins d'Albert Dürer* et une plaquette ornée de gravures d'après ses *Bains de femmes*, nous apprend que ce sujet a été traité plusieurs fois. On en connaît notamment une répétition un peu différente,

mais d'une main plus sûre, datée de 1516 ;
elle se trouve dans la collection du duc de
Devonshire.

Les bains en commun, soit pour hommes,
soit pour femmes, installés dans la plupart
des villes allemandes, jouaient un grand rôle
dans la vie bourgeoise des xv° et xvi° siècles.
Les baigneurs y entraient complètement nus.
Aussi Dürer, dans un pays et à une époque
où les modèles étaient rares, dut venir plusieurs fois y jeter le regard indiscret du personnage placé à l'arrière-plan du dessin de
Brême et y faire des études de corps féminins.
Les personnes que choquent la lourdeur et la
difformité des femmes qu'il déshabille dans
ses dessins et ses gravures, seront moins
étonnées de ce manque de goût lorsqu'elles
sauront que l'artiste s'est inspiré des matrones
allemandes qu'il avait aperçues au bain. Cet
usage des bains en commun amena, paraît-il,
la promiscuité des sexes, qui engendra des
désordres et l'autorité fit fermer ces établissements.

De la *Kunsthalle* à la Cathédrale, il n'y a
pas loin. Cette Cathédrale ne peut rivaliser
avec d'autres églises célèbres d'Allemagne.
Elle a été bâtie après l'incendie de 1041 qui
détruisit une église antérieure. En 1067, la
partie ouest était achevée. Le plan compor-

tait deux transepts et deux tours à la façade.
L'architecture est donc romane en majeure partie, mais elle a été complétée aux xiiie et xvi[e]
siècles. Des porches en plein-cintre, assez écra-
sés, sont surmontés d'une rangée de petits
arcs romans, au-dessus desquels prennent
naissance deux clochers carrés, percés de
fenêtres accouplées par quatre et par trois,
puis géminées, d'époque postérieure. Ces
clochers, dont l'un s'est écroulé en 1638 et
l'autre a brûlé en 1767, ont été rebâtis en
1888, ainsi que la façade du nord. Au-dessus
de la grande rose centrale, un vaste pignon
triangulaire encadre des rangées de statues.

Dénudé à l'intérieur, suivant les us du culte
réformé, Saint-Pierre a peu de monuments du
passé à faire admirer, sauf des orgues lu-
xueuses, mais en revanche, le sacristain ré
serve au visiteur une contemplation assez
macabre, celle du caveau dit *Bleikeller* où
l'on conserve des corps momifiés datant de
plusieurs siècles.

Cette gentillesse n'est pas unique en son
genre. Plusieurs églises d'Allemagne et naguère en Alsace, le temple de Saint-Thomas,
de Strasbourg, offraient l'exhibition de corps
embaumés, visibles sous verre dans leurs cercueils. On montre aussi à Bordeaux, dans la
crypte de Saint-Michel, des défunts conservés

par le terrain argileux où ils furent ensevelis.

Le célèbre Cimetière des Capucins de Palerme en renferme des rangées entières, éta-
gées dans ses catacombes. On se rappelle la
description saisissante qu'en a donnée Maupassant dans son recueil : *La Vie errante.*

Pendant les quelques jours qu'il commanda
la subdivision de Brême, en 1813, le général
Thiébault ne manqua pas de se rendre au caveau de la cathédrale. On lui fit voir des oiseaux et des quadrupèdes suspendus à ses
murs et desséchés sans avoir subi la moindre
putréfaction, le corps d'une comtesse morte
depuis deux cents ans. « Elle ne formait plus,
écrit-il dans ses *Mémoires*, que le patron
d'une femme en cuir de buffle très épais, les
jambes s'étant réunies, les bras paraissant à
peine dessinés et la tête s'étant aplatie par
suite de la dissolution de toutes les parties
osseuses et charnues... Longtemps je la tins
dans mes bras et lorsque je l'eus remise dans
l'espèce de cercueil qui la contenait, je n'en
avais pas fini avec la foule de réflexions
qu'elle me suggéra. »

Puisque Thiébault nous a fait grâce de ses
réflexions sur le néant des joies et des gran-
deurs humaines, imitons sa discrétion et gar-
dons-nous des banales considérations philo-

sophiques que développerait à ce sujet un Maupassant ou un Pierre Loti. Les lois de la nature sur la dissolution des corps sont plus en harmonie avec l'esthétique que ces exceptions à la destruction fatale, accidentelles ou voulues par les embaumeurs, qui condamnent la pourriture humaine à rester en quelque sorte solidifiée.

La troisième curiosité de Brême, c'est le *Rathskeller*. Dans la plupart des vieilles villes allemandes, le sous-sol du *Rathhaus* (Hôtel-de-Ville) a été converti en cabaret, en débit de vins, et cette destination s'est perpétuée. L'un des plus célèbres est le *Keller* de Brême. Ces caves sont faiblement éclairées par des soupiraux, et, dans la pénombre où l'on descend par l'escalier, on aperçoit des buveurs attablés, gravement occupés à déguster, dans un verre de couleur, quelque cru du Rhin ou de la Moselle. On sert aussi à manger dans ces caveaux, mais le dîneur ne peut y avoir d'autre boisson que le vin. Par contre, la liste des vins est inépuisable. L'étude de cette liste et la dégustation comparée qu'elle entraîne ne demandent pas moins d'une existence d'homme. Il arrive parfois que le buveur inexpérimenté se défie peu de ces vins froids, clairets, au goût de pierre à fusil, et, qu'en sortant de la fraîcheur du cellier au soleil, son cerveau se

sente tout d'un coup ennuagé par les fumées
du *Pisporter* ou du *Liebfraumilch*.

Il serait d'autant plus fâcheux d'avoir la tête
peu solide en sortant du *Rathskeller*, que la façade de l'Hôtel-de-Ville mérite d'être regar-
dée. L'ornementation en est due à maître
Luder de Bentheim. L'art de la Renaissance
avait embelli les maisons privées, principale-
ment celles de la place du Marché, d'une quantité de gracieux pignons. Le Sénat résolut
d'égayer l'austérité du bâtiment rectangulaire
du xv° siècle, en le décorant suivant la mode
du jour. Le projet de reconstruction date de
1602 ; il fut exécuté de 1609 à 1612. On construisit donc des arcades portées par des colonnes ioniques, qui soutiennent un balcon
élégamment sculpté, et un pignon découpé. La
corniche du faîte porte aussi une balustrade
ornée de statues, mais les seize statues qui
sont placées contre la muraille, entre les fenêtres, et leurs baldaquins gothiques datent du
Moyen-Age. Elles représentent, entre autres
personnages, l'Empereur et les sept Électeurs.

En face, sur la place, se dresse un Roland
de pierre, d'une taille imposante : il a plus
de cinq mètres de haut. Le monument forme
un pinacle au dessus de sa tête. De figure
juvénile, aux longs cheveux, le preux porte

au bras gauche le bouclier, avec l'aigle impériale sculptée sur la face de l'écu. Quand je dis
qu'il le porte, c'est une manière de parler : on
ne sait par quel prodige d'équilibre ce bouclier tient à son épaule. Sa dextre lève l'épée
nue, comme symbole de la haute juridiction
accordée à Brême. Le compagnon de Charlemagne, resté populaire au Moyen-Age et dont
on trouve l'image sur les places publiques de
plusieurs cités germaniques, notamment à
Hildesheim, est devenu la personnification de
la Justice.

Autour du *Rathhaus* sont rassemblés tous
les monuments de Brême. En face, le *Schütting*
(tir à l'arbalète), à l'élégante façade du xvie siècle, où siège la Chambre de Commerce. Entre
les deux, la Bourse, imitation moderne du
style gothique allemand.

Sur la *Domsheide*, place qui se trouve au sud
de la Cathédrale, on peut voir la statue de
Gustave-Adolphe. Le terrible conquérant de la
guerre de Trente Ans ne se doutait pas qu'il
aurait un jour son effigie sur une place publique de cette Allemagne qu'il a tant ravagée
avec ses bandes de Suédois pillards. Les ca-
prices de la mer l'ont voulu ainsi. Fondu à
Munich sur le plâtre du sculpteur scandinave,
Fogelberg, le bronze fut chargé sur un navire
destiné pour Gœteborg, qui fit naufrage sur les

côtes d'Helgoland. Recueillie par des pêcheurs, l'épave leur fut achetée en 1854 par des commerçants de Brême. La ville, sans doute, manquait de grands hommes à honorer.

Cependant, une autre statue et le nom donné à une église du XIII° siècle, située près du Marché, rappellent le souvenir de saint Ansgare, l'apôtre du Nord, qui fut le premier archevêque de Brême et de Hambourg.

En ce temps, la population des rives de la Weser était saxonne. En 772, Charlemagne commença une croisade de trente ans contre les Saxons pour leur imposer la religion du Christ. Le moine Willehad tenta de convertir cette contrée. Les Saxons commençaient à tolérer les prêtres chrétiens, mais ils s'insurgèrent à l'annonce d'une nouvelle expédition de Karl. Willehad dut s'enfuir ; bientôt le chef saxon Widukind ayant consenti à se rendre à la cour du roi, à Attigny, en Champagne, reçut le baptême en 785. Il fut fait duc d'Angrie. Alors Willehad reprit son œuvre d'évangélisation ; il éleva à Brême une église qui fut vouée à Saint Pierre le 1er novembre 789. Il périt quelques jours plus tard, assassiné au cours d'un voyage de mission. De la Frise, on rapporta son corps à Brême et on lui donna sépulture dans la Cathédrale.

En 792, les vaillants Saxons tentèrent de

reconquérir leur indépendance. Ils chassèrent
les prêtres, dévastèrent les églises. Deux ans
après, reparut Karl, qui châtia ce pays rebelle.
Il y revint encore, en l'an 804, après avoir été
couronné empereur. Il parcourut la contrée
jusqu'à l'Elbe et emmena captifs dix mille
hommes, femmes et enfants. Willerich, qui
avait succédé à Willehad, fut fait évêque, mais
il relevait du métropolite de Cologne, qui reçut
la dignité d'archevêque. Pour remplacer
l'église de bois fondée par son prédécesseur, il
bâtit une église de pierre, qui semble n'avoir
été achevée qu'au temps de saint Ansgare.

Ce moine provenait du monastère de Corbie-
sur-Somme. Le premier titulaire de l'évêché
de Hambourg, qui avait connu Ansgare dans
un cloître de Flandre, l'appela à évangéliser les
populations païennes du Schleswig. L'empereur Charlemagne lui donna ensuite la mission
de porter l'enseignement chrétien en Suède.
En 831, le jeune apôtre revint en Allemagne.
Louis le Pieux le récompensa de son zèle en
le nommant évêque de Hambourg.

En 849, à la suite de la dévastation de Hambourg par les Normands, Ansgare dut se réfugier à Brème dont le diocèse lui fut confié.
En 864, le pape Nicolas Ier l'affranchit de la
tutelle de l'archevêque de Cologne. Il mourut
l'année suivante, à un âge très avancé et eut

pour successeur, à l'archevêché de Brême, son disciple Rimbert. Ainsi que Hambourg, Brême resta sous l'autorité ecclésiastique jusqu'au XIIIe siècle ; elle conclut un traité, en 1238, avec Hambourg, en 1284, avec Lübeck et adhéra à la Hanse. En 1229, l'archevêché fut fixé définitivement à Brême. Les possessions de l'évêché s'étendaient sur tout le pays compris entre la Weser et l'Elbe inférieure. Il faut distinguer entre ces possessions qui furent sécularisées en 1648 et le territoire même, beaucoup plus restreint, de la ville de Brême ; car Brême, comme Hambourg et la plupart des résidences de princes ecclésiastiques, sut s'affranchir de la domination des évêques et conquérir des libertés municipales.

La doctrine de Luther fut prêchée pour la première fois dans la chaire de Saint-Ansgare par Henri de Zutphen, ami et disciple de Luther et de Melanchton, le 9 novembre 1522. Le sanctuaire lui avait été ouvert par le conseiller Esich, l'un des architectes de cette église. Le chapitre porta plainte à l'évêque, qui appela son conseil à délibérer sur l'admission dans une église catholique d'un moine augustin, ami d'un révolté excommunié par le pape. Querelle entre l'évêque et le Sénat au sujet de ce scandale. Le réformateur fut cité devant le tribunal spirituel du diocèse ; l'évêque réunit à Buxtehude, le 10 mars 1523, un concile provincial. Henri de Zutphen dédaigna d'y comparaître. Mais l'année suivante, en décembre, il fut arrêté à Diedmar, lors de son retour en Hollande, par des paysans qui, fanatisés par les Dominicains, brûlèrent l'hérétique.

Cette persécution d'un prédicateur de la doctrine luthérienne n'empêcha pas Brême de faire preuve de zèle pour la nouvelle foi. Elle entra la première, avec Magdebourg, dans la Ligue des États protestants, conclue en 1530 à Smalkalde ; en 1547, elle chassa l'archevêque de ses murs. Celui-ci engagea Charles-Quint, vainqueur à Mühlberg des princes protestants, à assiéger Brême ; mais le comte Mansfeld, avec l'aide d'un corps hambourgeois, parvint à faire lever le siège. Par la suite, les Brémois passèrent peu à peu du luthéranisme au calvinisme.

Dès son origine, Brême avait eu à redouter les incursions des Frisons ; elle venait de défendre sa liberté religieuse contre une attaque à main armée. Le Sénat comprit la nécessité de faire reconstruire les remparts de la cité. Il confia à des ingénieurs hollandais le soin de fortifier surtout la *Neustadt*, bâtie sur la rive gauche de la Weser. Ces travaux, entrepris à l'époque des guerres de religion, servirent à défendre Brême contre les Suédois qui, en 1654, essayèrent de s'en emparer. En effet, le traité de Westphalie, à l'élaboration duquel Brême, sur la demande des ambassadeurs de France, avait pris part, représentée par des délégués à Osnabrück, sécularisa les biens de l'évêché ; ils formèrent un duché temporel sous la souveraineté de la Suède. Mais quoique le territoire de la cité eût été excepté de cette attribution, — Brême ayant été reconnue ville impériale en 1646, — les Suédois en revendiquèrent la possession. Cette prétention fut repoussée ; la cité dut leur céder cependant quelques parcelles de son territoire.

Héritier de leurs droits au XVIIIᵉ siècle, le Hanovre ne reconnut l'indépendance de Brême qu'en 1731.

Après avoir appartenu à la Prusse en 1806, au royaume de Westphalie en 1810, à la France impériale l'année suivante, le duché fut incorporé au Hanovre en 1813 et redevint prussien en 1867, en même temps que ce royaume. De sorte que l'on a vu, en 1892, la Prusse rétrocéder à la ville de Brême un morceau de ce domaine pour agrandir le port de Bremerhaven, à condition qu'il serait ouvert à la marine militaire de l'Empire. La cité traitait en puissance souveraine parce qu'elle avait su réserver son indépendance. Elle ne la perdit que trois ans environ, lorsque Napoléon annexa les villes hanséatiques. Mais, en 1813, elle se souleva contre les Français, prit une part si active à la guerre de la Délivrance, qu'elle mérita, dès le mois de décembre, d'être confirmée dans ses prérogatives de ville libre, qui furent consacrées par les traités de 1815.

Sa constitution, de 1534, a été retouchée en 1816 et en 1854. La dernière revision date du 1ᵉʳ janvier 1894 : le pouvoir exécutif appartient à un Sénat de seize membres âgés d'au moins trente ans, élus à vie ; il exerce le pouvoir législatif en commun avec la *Bürgerschaft* (conseil de la bourgeoisie formé de 150 représentants nommés pour six ans). La Ville a deux bourgmestres qui alternent chaque année. Cette constitution ressemble beaucoup à celle de Hambourg, dont Brème a adopté de bonne heure la législation civile et commerciale.

Si Brême doit sa prospérité au commerce maritime, le développement de son trafic a eu, dans les premiers siècles, à souffrir des incursions des Frisons établis sur la rive gauche de la Weser, plus tard de la concurrence et des péages des ports du duché d'Oldenburg, plus proches de l'embouchure. Elle est depuis longtemps le marché du tabac ; elle importe aussi, par grandes quantités, le riz, le coton, les laines, les sucres, les céréales et vient immédiatement après Liverpool pour quelques-unes de ces denrées. Depuis son entrée dans le *Zollverein*, en 1888, Brême a gagné une augmentation de trafic de 50 0/0.

En 1900, son importation et son exportation ont atteint le chiffre de 1 milliard de marks, mais elle ne peut rivaliser avec Hambourg et, si l'on descend au quai ou si l'on traverse le fleuve, pour aller à la *Neustadt*, bâtie sur la rive gauche, on en comprend la raison. La Weser n'a pas plus de 250 mètres de large au point le plus ouvert, c'est-à-dire au pont du chemin de fer ; son eau brunâtre manque de profondeur. Les travaux d'agrandissement entrepris en 1619 avaient donné au port 500 pieds de long, 250 de large, avec une passe de 36 à l'entrée et 12 pieds de profondeur. Depuis lors, de nombreux remaniements l'ont amélioré, puisque le *port franc* actuel a 115 hectares de superficie et des fonds de 6^{m}50. En outre, Brême possède des ports avancés, créés dans les petites enclaves qui lui appartiennent sur les rives de la Weser : Vegesack, à 17 kilomètres sur la rive gauche ; Bremerhaven, creusé en 1830, dans un territoire récemment acheté au Hanovre, situé au confluent de la Geeste, à 55 kilomètres sur la rive droite.

Ces trois ports ont reçu, en 1900, plus de

3,500 navires, de plus de 2,171,000 tonnes ; à
la sortie, les quantités doivent être un peu
plus fortes ; mais comme les statistiques allemandes englobent à la sortie tous les ports de
la Weser inférieure, brémois, hanovriens et
autres, il est difficile de donner les chiffres
exacts. La flotte totale de Brême est de 402
navires, dont 269 à vapeur, qui forment un
total de 541,796 tonnes. Le port de Bremerhaven, entièrement outillé à la moderne, reçoit les plus grands, les navires à fort tirant
d'eau et il arme en outre, pour la pêche du
hareng, 82 bateaux à vapeur. C'est de là que
partent les paquebots transatlantiques du
Norddeutscher Lloyd; cette compagnie possède
69 grands vapeurs et 40 petits. Le transport
des émigrants à destination de l'Amérique
faisait sa fortune, mais l'émigration, qui a atteint un moment le chiffre de 60,000 départs
annels, diminue très sensiblement. Ce résultat
est dû à l'essor industriel de l'Allemagne dont
Brême a largement profité. De nombreuses
usines, notamment des brasseries, ont été fondées dans ses faubourgs, qui quadruplent la
superficie de l'*Altstadt*. Ils en sont séparés
par le *Wall-Anlagen*, ces ravissantes promenades, bordées de villas, si calmes et si vastes
qu'on peut s'y croire isolé de tout mouvement
commercial.

HAMBOURG

Hambourg, grande ville moderne, sans monuments anciens, n'a d'intérêt pour le touriste, affirment les Guides, que par son port,
le plus vaste de l'Allemagne. Or, ce port immense, quand l'étranger arrive à Hambourg
par la gare de Berlin et même par la gare de
Venlo, qui est aussi celle de la ligne Paris-
Cologne-Brème, il ne le voit pas; à peine le
devine-t-il. S'il se rend à l'hôtel, son fiacre
l'en éloignera aussitôt, se dirigeant par les avenues extérieures vers le bassin de l'Alster, autour duquel sont groupés tous les hôtels en
renom. Si, libre de tout bagage, il s'en va à
pied, droit devant lui, il pénétrera bientôt au
cœur de l'*Altstadt* et il ne trouvera en guise de
port que les canaux, les *flethe,* sales et fétides,
sur lesquels circulent lourdement les péniches
chargées de charbon ou de colis qu'elles ap-
portent aux magasins ouverts au ras de l'eau,
au pied de maisons hautes, étroites, en briques

noirâtres, aux pignons denticulés ; de sorte que, pris d'inquiétude, il se demandera s'il est bien en Allemagne ou dans une ville de Hollande.

Ce ressouvenir de la Hollande, d'une Hollande plus froide et plus sombre, obsède surtout dans le parcours du *Bauhof* au marché aux poissons, et le long des canaux qui stagnent dans ces vieux quartiers. Ces canaux sont des dérivations de l'Alster, la rivière holsteinoise, qui forme, à son confluent avec l'Elbe, un havre naturel tout désigné pour l'établissement d'un port. Ç'a été là, pendant des siècles, tout le port de Hambourg ; une enceinte fortifiée le protégeait, dont les fossés se trouvaient là où est aujourd'hui le canal de la Douane.

Sur la place du *Bauhof*, où conduit la *Klosterstrasse*, se tient un marché aux fruits. J'y ai vu, au mois de juillet, de pleines corbeilles de fraises, de framboises, de myrtilles, des cerises, des pêches amoncelées sur des tréteaux en plein vent, et je me demandais ce que je me suis demandé bien souvent en Allemagne, en Autriche, pourquoi, dans les pays germaniques, l'on ne trouve de fruits qu'au marché et jamais sur la carte des restaurants, ce qui vous oblige à opter entre des fromages d'origine étrangère et des compotes variées. A Hambourg surtout, qu'alimente le fertile Holstein, les fruits abondent et leur fraîcheur amuse les yeux par des notes vertes et rouges qu'avive le gris d'un ciel brumeux. A ce décor rustique manque le complément pittoresque du costume, mais ici les paysannes ne portent aucun costume original. Parfois une *Vierlanderin* (1) apparaît avec ses cotillons froncés et évasés sur les hanches, ses bijoux d'argent et son chapeau en forme d'abat-jour Empire, mais peut-être en est-il d'elle comme de ces Tyroliens trop propres que l'on rencontre à Innsbrück ou à Landeck et qu'entretiennent les maîtres de poste pour conserver au voyageur l'illusion de la couleur locale.

De ce *Bauhof*, l'amateur de vieilles maisons, en suivant le *Messberg* ou d'autres ruelles sombres, se laissera entraîner par sa curiosité vers ce qui reste des anciens quartiers de Hambourg, au sud de la large *Steinstrasse*, qui longe les deux églises Saint-Jacques et Saint-Pierre. Celle-ci, avant d'avoir été brûlée et rebâtie dans le style gothique par un architecte moderne, avait un joli portail Renaissance dont les estampes du xvie siècle nous ont conservé la façade.

Ces quartiers aux maisons pressées, aux toitures déjetées, aux sous-sols sombres con-

---

(1) Paysanne des *Vierlande*, quatre villages : Altengàmm, Neuengàmm, Kirchwærder et Kurslack, dépendant du district de Bergedorf (territoire de Hambourg).

vertis en échoppes et en magasins de petits
commerçants, ce serait de ma part de l'outre-
cuidance de les vouloir décrire après M. J.-K.
Huysmans, qui en a si magistralement exprimé, en sa langue imagée au coloris cru,
l'aspect caractéristique et les relents fétides (1).
Là-dedans grouille une population dense,
malpropre et malsaine, adonnée au petit négoce.

Si, au contraire, le voyageur s'avance vers
l'ouest, suit la ligne du tramway ou le *fleth*
qui longe la *Brauerstrasse*, il arrivera à l'*S*
que forme le cours de l'Alster au centre de
la ville et se trouvera au *Trostbrücke*. Ce pont
séparait, avant l'incendie de 1842, l'ancien Hôtel de Ville de l'ancienne Bourse, mesquin bâtiment porté par des piliers, au toit surmonté
d'une statue de la Justice, glaive levé et ba-
lances en main. Traversant la rivière, il par-
viendra devant l'église Saint-Nicolas, reconstruite, qui fait face au marché au houblon.
C'est là, en réalité, le cœur de l'*Altstadt*. Il est
donc à propos d'en raconter l'origine.

« Hambourg, écrivait Henri Heine, dans ses
Reisebilder, a été fondée par le grand empereur Charlemagne ; elle est habitée par des
milliers de petits hommes qui ne changeraient

____

(1) Dans son récent recueil : *De tout*, 1 vol. in-18, Stock,
1901.

pas avec le grand empereur, lequel est enterré
à Aix-la-Chapelle. »

Les historiens allemands nous apprennent,
en effet, que Karl-le-Grand bâtit, en l'an 808,
au confluent de l'Alster avec l'Elbe, une *Burg*
pour défendre la population germanique contre les incursions des Slaves riverains de la
Baltique. Il y créa, l'année suivante, un évêché. Amalhar en fut le premier évêque ; son
successeur Ansgare, après l'incendie de Hambourg par les pirates normands, en 847, se retira à Brème. L'évêché de Hambourg fut rat-
taché à l'archevêché de Brème. Le pays resta
ainsi sous la domination des évêques jusqu'en
1110, époque à laquelle les comtes de Holstein-Schauenburg devinrent maîtres de Hambourg. Dans l'intervalle, la ville naissante
avait eu plusieurs fois à souffrir des invasions
slaves et normandes. Adolphe III bâtit l'ancienne église Saint-Nicolas et concéda des
privilèges aux marchands. Mais, en 1189,
Hambourg s'affranchit de cette tutelle que les
comtes de Holstein tentèrent fréquemment de
reconquérir.

En 1241, Hambourg contracta avec Lübeck,
sa voisine, une alliance en laquelle on a vu,
pendant longtemps, l'origine de la Hanse germanique et dont l'objet était seulement de garantir la sécurité des transports par terre

d'une ville à l'autre. En 1255, cette alliance purement commerciale fut consolidée par l'adoption d'une monnaie commune, en argent. C'étaient de grosses pièces, larges comme la paume de la main, avec une effigie d'un seul côté. On les appelait des *bractéates*. Le Musée National de Copenhague en possède de nombreux spécimens.

L'histoire de Hambourg, au Moyen-Age, est pleine des guerres que la ville eut à soutenir contre des voisins avides et des pirates hardis, dangereux à son territoire et à ses vaisseaux, et des luttes de l'administration de la cité contre les prérogatives des évêques. Son indépendance fut consacrée par Maximilien Ier, en 1510, mais le Conseil impérial ne lui reconnut les privilèges de ville *libre* qu'en 1618. Sa constitution, aristoratique à l'origine, dut, par la volonté du peuple, subir des tempéraments. La bourgeoisie exigea d'être représentée par un Conseil formé de quarante-huit, puis de soixante délégués des corporations (*Bürgerschaft*). Concurremment avec cette assemblée, le gouvernement appartenait à un *sénat*, composé de quatre bourgmestres, quatre syndics et vingt-quatre membres qui, jusqu'au XIXe siècle, ont été appelés « votre haute et très haute sagesse ».

L'histoire intérieure de cette république de

commerçants connut des révolutions. A la fin
du xviie siècle, il y en eut une à laquelle succéda la constitution de 1712. En 1770, la ville
libre reçut une voix et un siège à la Diète
impériale. A cette époque et depuis la déca-
dence de la Hanse, les relations maritimes
lointaines, les voyages au long cours avaient
développé le commerce de Hambourg dont la
prospérité s'accrut au détriment des autres
ports allemands. Après une période de crise
qui dura de l'occupation de 1806 par les Français, prélude de l'incorporation de son territoire au département des Bouches-de-l'Elbe
formé en 1810, jusqu'à la fin des guerres de
Napoléon contre la Coalition, Hambourg, reconnue de nouveau comme ville libre par les
traités de 1815, admise dans la Confédération
Germanique avec une voix à la Diète, continua
à se développer par le commerce.

Voici comment la dépeint Xavier Marmier,
qui la visita en 1838 : « Elle avait alors des
rues datant du xiie siècle, étroites, obscures,
tortueuses, traversées par des ruelles plus
étroites et plus tortueuses, formant pour les
étrangers un véritable labyrinthe. » Il décrit
les « hautes maisons où l'espace est mesuré
au poids de l'or », envahies du rez-de-chaussée
jusqu'au pignon par les comptoirs, les magasins du marchand, et les sous-sols ou *Keller*,

demeures humides et malsaines d'ouvriers, « parias de la bourgeoisie, ilotes d'une république de commerce. »

Ces agglomérations de bicoques surannées furent détruites en grande partie par l'incendie de trois jours et trois nuits, qui éclata le 4 mai 1842. Il était venu justement un grand concours de peuple pour assister à l'inauguration du premier chemin de fer construit dans l'Allemagne du Nord, celui de Hambourg à Bergedorf, petite ville à 15 kilomètres à l'est. Le feu se déclara à une heure du matin dans une maison sise au n° 38 de la *Deichstrasse*, il se répandit rapidement dans tout le quartier, atteignit le marché au houblon. Les flammes embrasèrent bientôt la flèche de l'église Saint-Nicolas. Vers quatre heures du soir, elle tomba dans le foyer, d'où jaillirent, par la fusion des lames de cuivre, des gerbes de flammes jaunes, vertes et rouges ; puis, une heure et demie plus tard, le clocher lui-même se pencha, disloqué et s'écroula avec un bruit formidable. L'église tout entière brûlait.

Vu l'extrême péril, le Sénat décida, en vue de réduire les ravages du feu, de sacrifier les maisons les plus exposées. On les fit sauter avec de la poudre, imprudence qui eut pour effet de projeter sur les toitures et dans les canaux des débris enflammés par lesquels se propageait le fléau. Dès le premier soir, la population affolée déserta ses habitations, même dans les rues encore indemnes. Du *Neueberg*, le feu menaçait l'ancien *Rathhaus*. Huit cents livres de poudre furent employées à le faire sauter. Ainsi périt l'antique Hôtel de Ville, décoré, dit Henri Heine avec son irrespectueuse ironie pour la patrie de son oncle Salomon, « des statues en pierre des grands banquiers de Hambourg tenant en mains le sceptre et le globe ». Le lendemain, on fit sauter sept autres maisons au *Graskeller*, près de l'Alster. Là s'arrêtèrent les ravages du feu du côté occidental. Activé par un vent de sud-ouest, il remonta vers le nord-est de la ville. On peut en suivre les progrès dévastateurs sur une carte dressée par l'historien de cet incendie, l'architecte Faulwasser. L'incendie cerna l'église Saint-Pierre, longea à droite le bassin de l'Alster intérieure et suivit la chaussée du *Jungfernstieg*, courant ainsi au gré de la brise, des quartiers populeux et pauvres aux quartiers riches et élégants. Près du *Gansemarkt*, on dut faire sauter une vaste maison appartenant à l'opulent banquier Salomon Heine.

Tandis que les pompiers de la ville et ceux des communes voisines, Stade, Weddel, Blankenese, mandés par le télégraphie optique de l'ingénieur Schmidt, s'évertuaient en vain à combattre le fléau, la canaille jugea le moment propice pour s'établir dans les maisons abandonnées et commencer le pillage. D'autres fripons vidaient les celliers et s'abreuvaient de champagne et d'alcool. Ivres-morts, quelques-uns se laissèrent surprendre et écraser par l'effondrement des toitures et des planchers.

Enfin le vent tomba et le feu put être circonscrit. Par un caprice étrange et comme symbolique, il avait respecté le bâtiment de la nouvelle Bourse qui venait d'être construite sur la place Adolphe et qui existe encore. Elle doit en être d'autant plus chère au cœur des négociants de Hambourg. Mais si la Bourse fut épargnée, 4,219 foyers avaient été détruits ; 20,000 personnes se trouvaient sans abri ; 51 avaient péri. La commission des secours dut faire édifier très rapidement, sur des terrains vacants, des constructions provisoires en matériaux légers pour loger les familles sans asile. Les Compagnies d'assurances eurent à payer des sommes énormes pour indemniser les sinistrés. Quelques-unes, ruinées par l'importance du désastre, manquèrent à leurs engagements.

Au cri de détresse de Hambourg, l'Allemagne entière répondit par un élan d'humanité. Les autres nations ne furent pas moins compatissantes. Bientôt les secours affluèrent : la souscription des pays allemands produisit 4,162,000 marks. Dans la liste des offrandes, la France arrive la quatrième avec 332,800 marks, après l'Angleterre (881,500), la Russie (465,700); mais Louis-Philippe, toujours économe, ne déboursa personnellement que 15,600 marks. Sa cotisation fut inférieure à celle du roi de Wurtemberg et du grand-duc de Bade, à peine supérieure aux envois du roi de Suède et du grand-duc de Brunswick (15,000).

La révolution de février, qui détrôna Louis-Philippe, eut son contrecoup à Hambourg, le 3 mars 1848. Quelque agitation se manifesta dans la population ; elle maltraita un policier, donna l'assaut à la maison du bourgmestre. Le lendemain, le calme se rétablit, mais le 9, une assemblée d'électeurs s'improvisa pour délibérer sur les réformes à exiger. Le 13, le Sénat réunit dans une église la *Bürgerschaft* et résolut de donner satisfaction aux vœux du peuple. Une assemblée constituante convoquée le 14 décembre suivant fut dissoute le 13 juin 1850. La nouvelle constitution fut revisée en 1860, puis en 1879. Sauf quelques légères différences, elle est analogue à celle de la ville de Brème. Dans le Sénat, formé de 15 membres, 9 doivent être des jurisconsultes, les autres appartenir au commerce. Les conseillers de la *Bürgerschaft* sont élus au nombre de 80 par le suffrage universel direct ; 40 le sont par les propriétaires fonciers, 40 par les tribunaux et administrations.

Le gouvernement de cette république siège dans le nouveau *Rathhaus*, grandiose édifice moderne dans le style de la Renaissance allemande, adossé à la Bourse. C'est un emphatique palais, décoré de statues et surmonté d'un haut beffroi, qui témoigne de l'orgueil de cette cité de 700,000 habitants, enrichie par la banque et le négoce. Une large place s'étend devant l'Hôtel de Ville. Pour en jeter les fondations et ménager devant la façade un terre-plein agrandissant l'ancienne place Saint-Jean, il a fallu rapporter des terres, rectifier le cours de l'Alster. La première pierre en a été posée le 6 mai 1886, juste trente et un ans après le premier concours ouvert entre les architectes pour la reconstruction du *Rathhaus*. Gilbert Scott, l'architecte anglais à qui est due la ré-édification de Saint-Nicolas, avait obtenu le premier prix, mais son projet ne fut pas exécuté. Un nouveau concours ayant été ouvert en 1876, ce furent deux architectes allemands. MM. Mylius et Bluntschli qui eurent la première mention. Mais leur plan ne fut pas adopté sans modifications.

Toutes les rues qui entourent l'Hôtel de

Ville et la Bourse, toutes les rues voisines de l'Alster canalisée sont occupées par des banques et des maisons de commerce. Les magasins de luxe sont au *Neuerwall*. Les principales voies sont sillonnées de tramways électriques qui se succèdent sans relâche, annoncés par des coups de timbre et conduisent dans les faubourgs les plus excentriques. L'animation y est, à certaines heures, comparable à celle de la Cité, à Londres. Toute cette population d'hommes d'affaires habite, en général, la *Neue Stadt* située à l'ouest de l'*Altstadt* et qui, au XVIIIe siècle, ne contenait presque que des jardins ; le seul monument de ce quartier est l'église Saint-Michel, bâtie à cette époque et remarquable par son clocher très élevé. Les plus riches ont leur résidence autour du bassin de l'Alster extérieure, à l'*Esplanade*, par exemple. C'est le quartier élégant, le quartier des bons hôtels, des restaurants à la mode, un quartier de plaisance et de luxe. Il a été entièrement reconstruit après l'incendie de 1842. Il a des rues larges, des avenues plantées d'arbres.

Le *Jungfernstieg* d'aujourd'hui ne ressemble guère à ce qu'il était au temps de Henri Heine. Cette promenade consistait alors « en une allée de tilleuls, bordée d'un côté par une rangée de maisons, de l'autre par le

grand bassin de l'Alster et de ce côté, s'élevaient deux petits cafés construits sur l'eau
en forme de tentes, connus sous le nom de
« pavillons »... Notamment, devant l'un d'eux,
appelé le *pavillon suisse*, il fait bon d'être
assis en été si le soleil de l'après-dînée n'est
pas trop incendiaire, s'il ne fait que sourire
avec douceur et s'il répand une splendeur
féerique sur les maisons, les hommes, l'Alster
et les cygnes qui nagent dans ses eaux. » Et
le poète continue à célébrer avec un lyrisme
acidulé d'ironie, les charmes de l'Alster, la
beauté des cygnes et la gent féminine qui han-
tait le *Jungfernstieg* aux temps où il dirigeait
si médiocrement la maison de commission
Harry Heine et Cie... Aujourd'hui le *pavillon
suisse* a disparu pour faire place à l'embarcadère des chaloupes à vapeur qui sillonnent le
bassin et, passant sous le pont des Lombards,
vont naviguer dans l'Alster extérieure, petit
lac de deux kilomètres de long, entouré de
gracieuses villas et de villages de banlieue,
Uhlenhorst, Eppendorf, Harvestehude, très fré-
quentés par les Hambourgeois.

Mais l'autre pavillon a continué d'exister
sous le nom d'*Alster-Pavillon*. C'est un café-
restaurant bâti au milieu de l'eau, près du port
des bateaux de plaisance et où il est de bon
ton, pour les personnes de la société, d'aller

déguster des *delicatessen*. Au reste, sans parler du bœuf fumé qui fait sa gloire, Hambourg est un pays de victuailles et les habitants, les femmes elles-mêmes, au dire de Heine, apprécient les plaisirs gastronomiques. « Au sujet de la religion, de la politique, de la science, on y trouve une grande diversité d'opinions ; mais, quant à la table, il règne parmi les Hambourgeois la plus cordiale entente. » Le nombre actuel et la variété des restaurants et des brasseries témoignent de ce goût pour la bonne chère.

En suivant la jolie allée de l'*Alsterdam*, on arrive aux promenades qui ont remplacé les anciens remparts. Plusieurs lignes de tramways les empruntent, ainsi que la ligne du chemin de fer d'Altona, qui dessert plusieurs stations urbaines : *Klosterthor, Dammthor,* près de l'*Esplanade,* enfin *Sternschanze,* qui tire son nom d'une ancienne redoute en forme d'étoile. Dans un square près de l'Alster, s'élève la *Kunsthalle*, c'est-à-dire le Musée.

J'aime autant dire tout de suite qu'il est d'une insigne pauvreté. Dans les peintures anciennes, rien qui vaille les collections de Cassel, de Hanovre, de Brunswick, de Weimar, une suite de Flamands et de Hollandais très ordinaires, comme on en trouve un peu partout. Dans les salles modernes, des sujets

anecdotiques traités par les peintres allemands
de la première moitié du xix⁰ siécle, sans intérêt pour l'étranger.

Comme œuvres plus récentes, l'immense
panneau peint par l'Autrichien Hans Makart,
l'*Entrée de Charles-Quint à Anvers*, qui fut
exposé au Salon des Champs-Élysées, requiert
l'attention par ses énormes dimensions, son
groupe de femmes nues, plus grandes que nature, et sa tonalité générale jus de tabac ; des
portraits par Lenbach, de personnages de
l'histoire d'hier, Guillaume I⁰ʳ, de Moltke,
Bismarck, représentent l'art officiel ; des tableaux de Liebermann et de peintres plus modernes influencés par nos maîtres impression-
nistes, témoignent d'un goût nouveau pour la
peinture claire et aérée. Des plaquettes de
Chaplain, des médailles de Roty attestent l'admiration qu'inspire aux Allemands cet art si
français de la gravure en médailles.

La collection Schwabe, formée par un négociant hambourgeois fixé à Londres, occupe
plusieurs salles : elle se compose de toiles de
l'école anglaise moderne, dépourvues pour la
plupart d'intérêt artistique. C'est de la peinture sentimentale et anecdotique comme l'aime
le public anglais et comme en produisent pour
lui Millais, Leighton, Calderon, Wells, Woods.
Il est extraordinaire qu'à Hambourg il n'y ait

pas quelques riches banquiers épris d'art, qui soient capables d'acheter des œuvres de vrais peintres, comme le font nos millionnaires parisiens, et de les léguer au musée de leur ville natale ! Ou faut-il croire que la passion des affaires est exclusive au point de leur interdire les goûts du collectionneur ? Mais Francfort est aussi, par excellence, une ville d'affaires et l'Institut Stædel n'en est pas moins un des plus beaux musées d'Allemagne.

Xavier Marmier nous a dit, il y a soixante ans, l'indifférence des Hambourgeois pour les arts, la littérature et la politique. « Tout porte l'empreinte du caractère marchand, tout se réduit à une valeur numérique, tout s'escompte.» Henri Heine considérait les gens de Hambourg comme incapables de comprendre autre chose que 2 et 2 font 4. Peut-être cette opinion était-elle fondée à l'époque où le roi Louis-Philippe faisait prêcher aux Français par son ministre Guizot la maxime hambourgeoise : « Enrichissez-vous ! » Hambourg tient cependant une place honorable dans l'histoire artistique et littéraire.

Pour la musique d'abord, les Hambourgeois ont, à tout le moins depuis le XVIIIe siècle, montré un goût particulier et fait accueil aux bons artistes. Lorsque Hændel y vint en 1703, la ville possédait le meilleur opéra allemand de l'époque. Il s'associa avec Matheson pour exploiter le théâtre, y donna quatre opéras et, en 1708, partit pour l'Italie. Ce Matheson, qui était originaire de Hambourg, est une des figures les plus intéressantes parmi les musiciens allemands. Chanteur, compositeur des plus féconds, théoricien original, sa carrière fut prodigieusement remplie. Telemann fit preuve d'une semblable fécondité dans tous les genres, mais sa musique est impersonnelle. *Cantor* à l'église Saint-Pierre, il eut le mérite d'organiser au *Drillhaus* les premiers concerts profanes. Il mourut en 1767. Son successeur fut Philippe-Emmanuel Bach, le fils du grand Jean-Sébastien, claveciniste du roi de Prusse et célèbre surtout pour ses ouvrages de clavecin. Il faisait entendre dans ses concerts tantôt ses propres œuvres, entre autres, en 1778, la *Résurrection de Jésus*, tantôt celles des autres compositeurs. Il fut ainsi le premier à faire connaître à un auditoire allemand, en 1775, le *Messie* de Hændel, mais il ne put réagir contre l'engouement de ses contemporains pour la musique italienne. Enfin, Johannes Brahms est né à Hambourg où il a passé la première partie de sa vie et il a fait ses études musicales à Altona, sous Marxsen; mais, depuis 1862, il a presque toujours habité Vienne où il est mort. Il appartient dès lors à l'Autriche autant qu'à l'Allemagne du Nord.

Hambourg n'a pas des titres littéraires aussi éminents. Cependant Lessing y a composé sa *Dramaturgie* et Klopstock y a passé une grande partie de sa vie.

L'*impresario* du théâtre du *Gansemarkt*, le *Stadttheater* (1), s'était ruiné. Émus de cette disparition et d'après le conseil de Lœven, poète attaché à la troupe, douze riches bourgeois de la ville s'unirent en société pour assurer la continuation de l'exploitation sans poursuivre un but de lucre. De la part de commerçants, voilà une initiative qui n'est pas déjà si mercantile! La troupe eut un directeur pour la partie scénique; Lessing fut chargé de la partie littéraire, c'est-à-dire de choisir les pièces et de les apprécier ensuite devant le public dans un bulletin hebdomadaire. L'entreprise débuta au mois d'avril 1767; au bout d'un an environ, l'exploitation ainsi comprise du théâtre de Hambourg dut être abandonnée. Il semble que Lessing en ait éprouvé quelque déception. Il exprime son déplaisir en ces termes, dans sa dernière communication : « Le doux rêve de fonder un

____

(1) Il y a, à Hambourg, un autre théâtre de comédie, le *Thalia Theater*. Brûlé dans l'incendie de 1842, il a été rebâti dans l'espace de dix-sept semaines. Il a été dirigé, pendant cinquante ans, par un Français, Chéri-Maurice, d'Agen.

théâtre national ici, à Hambourg, s'est déjà évanoui pour la seconde fois, et autant que je puis maintenant connaître cette ville, c'est le lieu où un pareil rêve a le moins de chances de se réaliser de longtemps ! »

Voilà, en effet, le véritable grief ! Lessing voulait contribuer à fonder un théâtre national, tentative malaisée à une époque où les auteurs allemands ne produisaient que des traductions ou des imitations de pièces françaises. En qualité de directeur littéraire de la scène hambourgeoise, il était obligé de désigner au choix de l'*impresario* des comédies ou des tragédies empruntées à notre répertoire, mais, dans son journal qu'il intitula *Drama-turgie*, il ne manquait pas de combattre l'engouement de ses compatriotes pour le goût français. Il n'était pourtant pas réservé à l'auteur de *Minna de Barnhelm* et de *Nathan le Sage* de créer l'art allemand, de le dégager des influences étrangères. C'est Gœthe, c'est Schiller, c'est Uhland qui eurent cette gloire.

Si Lessing demeura peu à Hambourg, Klopstock y a vécu trente ans. Après avoir publié les premiers chants de sa *Messiade*, il était allé se fixer en Suisse, à Zurich. Un de ses admirateurs, le comte Bernstorff, ministre du roi de Danemark Frédéric V, l'appela à Copenhague. Klopstock y fut pensionné par le roi, obtint les plus grands honneurs, mais la disgrâce de son protecteur, remplacé en 1770 par le comte Struensee, le contraignit à le suivre dans sa retraite. Le comte Bernstorff se fixa à Wandsbeck (Holstein), Klopstock s'établit à Hambourg où il publia ses derniers ouvrages. Il y avait connu celle qu'il a chantée dans plusieurs de ses odes, Meta (Marguerite) Moller et dont il fit sa femme, en 1754. Quatre ans après, elle mourait. Klopstock la fit ensevelir sous un tilleul, dans le cimetière d'Ottensen, petit village près d'Altona. C'est auprès d'elle qu'il fut enterré quarante-cinq ans plus tard. Il s'était remarié dans l'intervalle ; sa seconde femme lui survécut.

La mort de Klopstock fut à Hambourg une sorte de deuil public. On lui rendit les plus grands honneurs. Cent hommes à pied et à cheval escortèrent son convoi que suivaient « cent-six carrosses renfermant tous les agents diplomatiques accrédités auprès du Sénat de Hambourg et tout ce que la célèbre cité renfermait de notable et de distingué. » En son livre : *De l'Allemagne*, Mme de Staël rapporte que le chant de la *Messiade* sur la mort de Marie, sœur de Marthe et de Lazare, avait été lu à la cérémonie funèbre. On a peine à comprendre aujourd'hui, en France surtout où il est presque ignoré, la gloire

qu'obtint Klopstock à la fin du XVIII⁰ siècle (Gœthe n'avait pas encore produit ses
œuvres les plus célèbres ; *Werther* ne date
que de 1774) ; mais à l'époque où Marmier
visita Altona, en 1838, le souvenir de Klopstock vivait encore. Il n'eut garde de manquer le pèlerinage d'Ottensen. Dans ses
Lettres sur le Nord, il décrit avec une senti-
mentalité banale la sépulture du poète allemand et prétend avoir donné l'aumône à un
vieux mendiant qui aurait connu l'auteur de
la *Messiade*.

Klopstock avait salué la Révolution française « comme la plus noble action du siècle ». Ses sentiments étaient partagés par la
population de la petite République. L'*Histoire
de la Ville Libre de Hambourg*, par Carl Mönc-
keberg, nous apprend que la prise de la Bas-
tille fut célébrée par une fête publique donnée
dans un jardin d'Harvestehude. Klopstock fut
nommé, à titre d'honneur, citoyen français, le
2 août suivant, par l'Assemblée Constituante.
Il composa deux odes sur les événements de
1789 ; mais, par la suite, il blâma les excès de
la Terreur et consacra un culte à Charlotte
Corday, l'assassin de Marat. C'est que, dans l'intervalle, les Hambourgeois avaient eu d'autres
versions des principaux faits de la Révolution,
par les émigrés français qui, après 1792, af-

fluèrent dans leur ville (1). Quelles que fussent les opinions politiques de ces exilés volontaires, leur présence ne pouvait que servir à nouer des liens d'amitié entre leur patrie et leur cité d'élection.

Après la campagne de Prusse, Hambourg apprit à connaître la France plus intimement, mais au grand préjudice de son indépendance et de sa prospérité commerciale. Ruinée momentanément par l'effroyable despotisme de Napoléon et l'application du Blocus continental, cette prospérité s'est développée, de 1815 à 1900, dans des proportions gigantesques. C'est le 14 juillet 1816 qu'on vit pour la première fois à Hambourg un bateau à vapeur, *The Lady of the Lake*, destiné à un service régulier avec Cuxhaven. Ce bateau et cette date ont quelque chose de symbolique. Car, en 1815, Hambourg fut inondé de marchandises anglaises et les relations commerciales, reprises aussitôt avec l'Angleterre, s'étendirent bientôt aux contrées les plus lointaines.

(1) Au nombre des personnages de la noblesse qui y firent un séjour plus ou moins long, l'historiographe allemand énumère le cardinal de Montmorency, le duc d'Aiguillon, le comte de Mirabeau, les frères Lameth, Dumouriez, Talleyrand, Lafayette, Mme de Genlis, la famille de la Rochefoucauld, le philanthrope Liancourt en tête, le général Mathieu Dumas, le comte d'Angivilliers, Portalis, l'archevêque de Toulouse, le duc de Clermont-Tonnerre.

Dans son voyage de 1838, X. Marmier, visitant le port de Hambourg, le disait « simple, dénué de constructions », mais rempli de navires de tous les pays, de pavillons de toutes les couleurs. Les lithographies de l'époque le bornent en effet au *Binnenhafen* actuel, qu'elles remplissent de voiliers et au *Baumwall* alors planté d'arbres. Combien ce cours de l'Elbe, aux abords de Hambourg, devait être plus pittoresque du temps de la navigation à voiles! Une jolie gravure à l'aquatinte, de Garneray, dans les *Vues des principaux ports étrangers*, en donne une idée. Le port d'Altona, d'après Marmier, consistait en « quelques piliers de bois, une palissade en planches, et les navires affluent toute l'année ». Aujourd'hui, il y encore dans l'Elbe, à Altona et même à Hambourg, des piliers de bois, des palissades flottantes et les navires y affluent toujours, mais d'Altona à Hambourg, et au delà, c'est, le long de la rive droite, une suite ininterrompue de quais, d'usines, de *wharfs*, de magasins, de docks, de pontons-débarcadères où viennent s'amarrer les bateaux à vapeur qui font les escales du fleuve, et Hambourg est peut-être le port le mieux aménagé de l'Europe, grâce à des travaux énormes qui ont coûté 170 millions de marks et fait raser tout un quartier de 16,000 habitants pour la création du *Freihafen*, lorsque le rattachement de Hambourg au *Zoll-verein* a été consenti le 15 octobre 1888.

Ce port franc est séparé de la ville par le *Zollcanal* (canal de la Douane), que traversent plusieurs ponts. Au delà du canal s'élèvent de hautes constructions en briques, à silhouettes de *Burgs* moyenâgeux, surmontés de tourelles. Les portes passées, on peut parcourir des kilomètres sur des voies traversées ou longées par des lignes ferrées, bordées de hangars, d'entrepôts, de magasins à huit étages, pourvus d'ascenseurs et d'escaliers extérieurs en fer pour l'évacuation en cas d'incendie. Les aménagements sont adaptés aux besoins des négociants : ils y ont leurs bureaux et même une Bourse. Ils peuvent y trafiquer, faire toutes opérations en liberté, mais, naturellement, de ce port franc que limitent, du côté de la ville, des grilles, et, dans l'Elbe, des palissades flottantes, rien ne sort sans acquitter les droits de douane.

Le *Freihafen* représente 1,047 hectares sur les 1,500 qu'occupe l'ensemble du port. C'est à la conservation du privilège du port franc que la ville a subordonné son adhésion au *Zollverein* et elle a bien fait, puisqu'il assure la prospérité fantastique du port de Hambourg, le deuxième port de l'Europe. Hambourg prime Liverpool, vient immédiatement après Londres.

Depuis 1870, le commerce de Hambourg a progressé de plus de 110 0/0, il concentre plus des 2/5 du commerce maritime de l'Allemagne. Les chiffres officiels pour l'importation atteignent en 1900 une valeur de 2,280,812,500 marks et, à l'exportation, 1,811,032,730 marks. Ce sont les cafés, les grains, les riz du Japon et de l'Inde, les jutes, les vins qui alimentent surtout le marché des entrées; le sucre, les métaux, les tabacs fabriqués, qui fournissent les articles d'exportation (1).

· Faire à pied le tour des vingt kilomètres de quais serait fastidieux. Si l'on veut avoir une idée de l'immensité du port de Hambourg et du mouvement qu'il représente, il faut le visiter par eau, descendre l'Elbe jusqu'à Blankenese ou au moins jusqu'à Altona et la remonter en bateau à vapeur. J'ai fait l'un et l'autre. Partant de la *Kehrwiederspitze*, à l'entrée du port intérieur, une de ces petites chaloupes, qui parcourent les bassins toute la journée et font office d'omnibus, vous mène d'abord au *Sandthorhafen* ou abordent les bateaux de la Méditerrannée, les anglais et les hollandais, puis au *Grasbrookhafen*, qui reçoit les bateaux français et suédois, les transatlantiques d'assez faible tirant d'eau et ceux

(1) Les chiffres cités sont tirés, comme ceux relatifs au commerce de Brême, des rapports consulaires de 1900.

qui se sont allégés à Cuxhaven ou à Brüns-
hausen ; puis au vaste *Baakenhafen*, qui s'étend
presque jusqu'à la limite du port franc et que
contourne la ligne ferrée de Brème, avant de
passer sur le monumental pont métallique de
l'Elbe. Au sud du bras septentrional du fleuve,
le *Moldauhafen*, voisin du bassin des voiliers,
majestueux avec ses hautes mâtures et ses
grands paquebots pour émigrants, hauts sur
l'eau comme des tours. Enfin viennent le *Han-
sahafen*, le bassin au pétrole, et, sur le territoire de Grasbrook et de Steinwerder, des canaux, des chantiers, des cales de radoub et de
construction. Si l'on s'éloigne un peu en aval,
vers Saint-Pauli, le faubourg des matelots, ou
si l'on monte à l'*Elbhœhe* ou *Stintfang*, tertre
assez élevé qui porte un observatoire, le port se
déploie devant vous en éventail. Son immensité,
sa merveilleuse situation sur un fleuve énorme,
aux îles basses, creusées de canaux d'accès,
voie de transport naturelle ouverte pour relier
la navigation maritime à la navigation intérieure, excitent l'admiration.

Certes, Londres, avec sa large Tamise qui
coule entre des lieues de maisons et de docks,
sa navigation active et animée, cause une
impression inoubliable, mais Hambourg l'emporte peut-être par la sensation de force réflé-
chie, de volonté persévérante qu'elle fait naître.

Ces vastes bassins, convergeant vers le cours du fleuve, semblent un groupe de batteries d'artillerie prêtes à lancer, en guise d'obus, des navires hardis sur toutes les parties du monde.

Altona, avec ses quais interminables, ses usines, ses minoteries à vapeur, les palissades dans l'Elbe qui enserrent toute une flottille, prolonge cette impression pendant une demi-lieue. La voisine de Hambourg, fondée au xvii° siècle par des dissidents protestants, riante, paraît-il, lorsqu'elle était danoise, est devenue une ville prussienne, régulière, ennuyeuse et triste, avec ses constructions de briques, sous le ciel gris du Holstein. La seule partie intéressante, avec la *Palmaille*, avenue plantée de tilleuls dont la création est due à un riche négociant nommé Baur, est la promenade qui suit la crête du coteau, au-dessus de l'Elbe et que bordent des jardins, des villas ayant vue sur le fleuve. Il y avait en 1814 quelques centaines de mètres de distance entre Altona et Hambourg ; aujourd'hui les deux villes sont soudées l'une à l'autre, et, lorsqu'on y va en tramway en traversant le faubourg Saint-Pauli, on n'aperçoit aucune solution de continuité.

Sur ce vaste port, entouré de gares de chemins de fer, d'établissements industriels, pèse

une fumée de houille qui embrume le ciel,
même dans les claires journées d'été ; cette
brume artificielle cause une sensation d'étouffement qu'augmente la navigation fiévreuse
qui circule aux abords des bassins. Cette eau
jaunâtre de l'Elbe est battue, brassée et comme
tordue par les grouillantes hélices des remor-
queurs, des bateaux de la douane et de la police, des mouches-omnibus, des chaloupes qui
mènent à Saint-Pauli, à Altona, à Blankenese,
ou qui passent le fleuve pour conduire aux
îles d'Altenwerder, Steinwerder, Finkenwerder qu'habite une population d'ouvriers et de
pêcheurs. Agiles, rapides en leurs évolutions,
ces petits bateaux déchirent l'air de leurs sifflets stridents, d'un halètement de machines
essoufflées, s'entrecroisent et s'évitent avec
adresse, au milieu des remous creusés par les
courants du fleuve et de la marée. Mais quand
on sort de cette agitation et qu'on descend
l'Elbe jusqu'à Blankenese, on échappe à la
sensation d'étouffement qu'on éprouve au milieu d'une foule affairée.

Le gris du ciel s'affine, s'éclaire de trouées
d'azur, entre les nuages venus de la mer ; la
lumière joue sur cette eau couleur d'encre de
Chine délavée, avec ces effets que j'ai vus dans
les paysages hollandais que forme à Arnhem,
à Nimègue, le Rhin ou le Wahal. Les loin-

tains bleuâtres sur les îles basses et verdoyantes de la côte hanovrienne, les silhouettes des moulins à vent qui y tournent, la
rencontre de gros voiliers hollandais, trapus
de joues et d'arrière, aux flancs munis de cet
aileron de bois qu'on nomme *zvaard*, com-
plètent l'illusion. Sur le fleuve cingle une flottille de ces gros bateaux de pêche, à coques
lourdes, aux mâts robustes, à arrière carré,
solidement construits pour résister aux tempêtes de la mer du Nord, qui remonte l'Elbe,
poussée par le vent du large. Un grand nombre se dirige vers Altona, tandis que nous
faisons escale à Neumülhen, Ovelgœnne, Nien-
stedten, station située devant la brasserie
Elbschloss, énorme bâtiment de briques. La
rive droite, où se succèdent ces escales, est
un véritable nid de verdure, une suite de coteaux boisés semés d'hôtels, de pensions, de
villas.

Un Hambourgeois communicatif m'en fait
les honneurs. Il me désigne une villa précédée d'un petit portique. « — Elle appartient
au comte Bülow, dit-il avec respect. » — La
route qui dessert tous ces pays de la banlieue
holsteinoise passe en arrière de la crète, mais
des piétons, qui se croient déjà au bord de la
mer, sans doute, suivent la berge en marchant
sur le sable du rivage, au pied même des

murs qui soutiennent les jardins privés, dévalant vers le fleuve avec leurs pelouses fleuries et leurs massifs de verdure. Mon cicérone spontané me vante la grâce de Blankenese,— séjour favori des vieux marins à la retraite, — le Sèvres hambourgeois, dont les quartiers s'étagent sur deux croupes boisées, avec un vallon au milieu, et il m'indique le chemin le plus direct pour monter à la terrasse d'une *restauration* où les Hambourgeois aiment à venir passer leurs dimanches, en famille. Du Süllberg on a, en effet, une vue admirable sur la vallée de l'Elbe, la côte plane du Hanovre, située en face, à plus de deux kilomètres, et le confluent du bras méridional qui contourne l'île de Finkenwerder. On voit passer les bateaux qui se rendent à Stade, à Cuxhaven, à Helgoland, au canal de Kiel, les *cargoboats* qui vont en Hollande, en Angleterre, en Norvège ; on salue le départ d'un grand transatlantique peint en gris, qui se hâte vers l'Amérique, chargé d'émigrants.

Pour revenir de Blankenese, on a le choix entre le chemin de fer et le tramway électrique. Je préfère la voie fluviale, je veux revoir l'immense port ouvrir devant moi ses bras liquides et dresser ses architectures fantastiques, imposantes. Cette vision concrète à mes

yeux, à mesure que le bateau s'en rapproche,
les chiffres arides des statistiques récemment
lues et qui attribuent à la flotte hambourgeoise un effectif de 800 navires, alors qu'en
1842 elle en avait seulement 293, dont 33 à
vapeur, — et à la seule compagnie *Hamburg-
Amerika* 113 paquebots de haute mer, jaugeant
ensemble 585,000 tonnes et dont les plus énormes, les plus rapides, battent les records des
transatlantiques anglais, américains. C'est la
plus importante des compagnies locales, mais
il y en a 117 autres, dont 71 sous pavillon
allemand. En 1900, le mouvement du port a
été de 13,000 navires à l'entrée et à la sortie,
représentant 8,000,000 de tonnes et dans le
nombre 763 navires allemands, avec plus de
4,000,000 de tonnes. Le tonnage a doublé
depuis 1888.

Ces chiffres arides dont j'arrête l'énumé-
ration, racontent avec éloquence l'essor de
prospérité commerciale et industrielle de l'Allemagne moderne, qui a fait de Hambourg le
premier port du continent, un port géant et
grandiose. Les Allemands abusent du mot
kolossal qu'ils appliquent à tout ce qui re-
tient leur attention, fût-ce aux mœurs d'un
insecte. Ce vocable me semble seul apte à ca-
ractériser exactement l'œuvre qui a transformé
une nation essentiellement terrienne en un

peuple de marins et adapté aux conquêtes pacifiques la méthode de préparation patiente et d'exécution résolue, qui a assuré à la Prusse ses victoires militaires.

LUBECK

Quand on sort du brouhaha de Hambourg,
la ville affairée, tumultueuse de charrois, vi-
brante de timbres de tramways et de sifflets
de bateaux à vapeur, lorsqu'on a tourné le dos
à ce port gigantesque de l'Elbe qui cause un
indicible effarement à qui en découvre de loin,
même sans le parcourir, l'immensité, peuplée
de *steamers* et de grands voiliers, c'est une
sensation de repos que de débarquer dans la
calme, antique et discrète cité de Lübeck. Au
départ même, l'aspect du *Lübecker-Bahnhof*,
simple gare en bois, la plus modeste des cinq
ou six que possède Hambourg, fait pressentir
que cette voie mène à quelque petite ville de
province, paisible, endormie dans le souvenir
du passé.

La Trave, à Lübeck, est aménagée en bassins, mais dans son cours étroit les gros navires
ne sauraient évoluer. Il n'y vient que des vapeurs de tonnage restreint, des caboteurs de

la Baltique, des bricks et des goëlettes chargés de bois du Nord. Les quais sont peu animés, les chargements et déchargements se font avec lenteur. Rien n'y respire cette hâte fiévreuse des grands ports modernes, outillés pour un travail continué jour et nuit... Une fois le *Holstein-Thor* passé, cette porte si caractéristique, flanquée d'une double tour ronde en briques, aux toits pointus, si lourde que sous son poids le terrain a fléchi, quand on a pénétré dans la vieille cité commerciale, dont l'architecture archaïque a été si religieusement conservée jusque dans la construction des maisons modernes destinées à remplacer les anciennes, on n'aperçoit de mouvement que dans la rue principale qui la traverse d'un bout à l'autre ; les autres sont froides et désertes. Bien qu'étendue, puisque, dans sa plus grande longueur, elle compte plus de deux kilomètres et demi et possédant 74,000 habitants, Lübeck offre les apparences d'une petite capitale déchue.

Capitale non d'un prince, mais de bourgeois et de gens de négoce, Lübeck, l'une des villes libres les plus importantes de l'Allemagne, fut longtemps la première par son commerce.

D'après les meilleures sources, son origine remonterait au xi⁰ siècle. En 1066, les Obotrites avaient construit sur la Trave une ville primitive que les Rugiens auraient détruite en 1138. Cinq ans après, le comte Adolphe II de Holstein-Schauenburg rebâtit la cité. Elle fut bientôt cédée au duc de Saxe, Henri le Lion, qui y fonda, en 1163, un évêché et, en 1167, lui donna un code, lequel, sous le nom de *Droit de Lübeck*, devint aux XIVe et XVe siècles, la base des codes civil et commercial de toutes les villes hanséatiques. En 1226, l'empereur Frédéric II la déclara ville *libre* et impériale. Déjà, en 1188, Frédéric Ier avait octroyé à Lübeck une charte lui concédant des péages en Saxe, le droit de battre monnaie, une régence indépendante, l'exemption du service militaire et quelques autres faveurs. En 1190, des habitants de Lübeck prirent part à la troisième croisade et, de concert avec les Brémois, fondèrent l'Ordre Teutonique.

Cependant, la jeune cité avait à souffrir du voisinage des Danois. Elle secoua leur joug en 1227 et, avec l'aide du Holstein, remporta la victoire de Bornhœved. Bientôt elle fut assez puissante pour porter à son tour la guerre chez le roi de Danemark ; elle s'empara de Copenhague et même de Stralsund, alors aux mains des Danois. L'histoire du XIIIe siècle et des suivants est pleine des guerres que Lübeck, avec l'assistance des autres villes hanséatiques, eut à soutenir contre les Scandinaves.

Qu'était-ce donc que la Hanse ? On commence à le bien savoir en Allemagne où, depuis quelques années, on a beaucoup écrit sur cette association, sur ses délibérations (*recez*) dont on a récemment publié les archives. En France, quelques écrivains seulement ont étudié cette organisation politique et commerciale qui imposa ses lois aux pays germaniques, aux royaumes du Nord, à la Russie naissante et les fit accepter par l'Angleterre, la France et les Pays-Bas. On a pensé pendant longtemps avoir trouvé l'origine de la Hanse dans le pacte de 1241, que conclurent Lübeck et Hambourg en vue d'assurer la sécurité des transports sur la route commerciale qui traverse le Holstein, mais, comme je l'ai dit en parlant de Hambourg, cette opinion n'est plus admise. '

En 1259, Lübeck, Weimar et Rostock formèrent une ligue contre les pillards de terre et de mer. En 1284-85, les mêmes villes, associées avec Stralsund et Greifswald, obtinrent du roi Erik de Danemark un accroissement de leurs privilèges, car, fondée dans le but de garantir la protection du commerce, surtout du commerce maritime, à une époque où les états européens n'avaient pas le pouvoir de les sauvegarder, soucieuse d'abolir le droit *de naufrage*, de restreindre le droit *d'aubaine*, de ré-

primer le brigandage routier et la piraterie
sur les mers, de faire respecter ses nationaux
établis ou voyageant en pays étranger, la
Hanse tourna bientôt ses ambitions vers l'ob-
tention de monopoles dans les contrées où elle
avait institué des comptoirs, notamment en
Russie et dans les États scandinaves. Ses prétentions, elle les imposait soit par des traités
conclus avec les princes, soit au moyen de
concessions réciproques, soit même par la
force. C'est ainsi qu'après une campagne heureuse, elle obtint, en 1370, par la paix de Stralsund, jusqu'au droit de donner l'investiture au
souverain de Danemark.

Au XIVe siècle, qui vit l'apogée de la puissance de la ligue, quatre-vingt-dix ports allemands ou étrangers et villes de commerce en
faisaient partie, depuis Reval jusqu'à Amster-
dam, et de Cologne à Breslau et à Cracovie.
La Baltique avait été transformée par elle en
un lac fermé, où nuls vaisseaux que les siens
n'avaient le droit de transporter des marchandises. Les statuts de la ligue étaient des
plus sévères, même pour les Hanséates : ils
limitaient le tonnage des navires et leur tirant
d'eau, ils défendaient d'en construire pour les
étrangers. En cas d'expédition contre un seigneur hostile, un contractant rebelle, chaque
ville était tenue d'équiper un certain nombre

d'hommes de guerre; en outre, elle contribuait aux charges qui incombaient à l'association, devait payer des amendes lorsqu'elle n'envoyait pas de délégués aux Diètes sans raison valable, ou n'exécutait pas les décisions des *recez*. La Hanse avait d'ailleurs des moyens de contraindre les récalcitrants : elle pouvait les exclure des avantages réservés à ses affiliés ou leur refuser l'entrée aux Diètes.

C'est à Lübeck que se tenaient habituellement les assemblées. Dans l'intervalle des congrès, cette ville administrait les affaires de l'association, exerçait une sorte de juridiction sur les différends qui divisaient les hanséates. Mais sa prééminence, qu'elle devait à sa situation à peu près centrale et à la renommée de ses coutumes, n'était pas toujours respectée et ses exigences éprouvèrent souvent des résistances. Ainsi les Hollandais que Lübeck prétendait exclure de la Baltique, sortirent de la Hanse en 1472. Lübeck dut céder et leur rouvrir la navigation de cette mer. Du reste, aux xve et xvie siècles, la Hanse eut à subir de nouvelles guerres avec les Etats scandinaves, sans grand profit pour sa politique d'accaparement. La réunion de la Norvège au Danemark sous Christian III, lui fit perdre ses privilèges à Bergen. La puissance, affermie à l'extérieur, des états de l'Europe, de plus en plus centralisés, permettait à leurs sujets de revendiquer la liberté du commerce. La découverte de l'Amérique et des Indes déplaça les itinéraires maritimes et favorisa, aux dépens des ports de la Baltique, la Hollande et l'Angleterre. A la fin du xvi° siècle, les Anglais se dégagèrent de liens qui leur devenaient trop pesants. Enfin, la guerre de Trente Ans porta le dernier coup à la prospérité de la Hanse. En 1629, Brême, Hambourg et Lübeck furent chargées par les autres villes de veiller aux intérêts communs ; elles conclurent en 1630 et 1641 une étroite alliance qui leur a fait conserver jusqu'au xix° siècle le nom de villes *hanséatiques*. Elles tinrent leur dernière assemblée en 1669, sans résultat.

On montre, à l'Hôtel de Ville de Lübeck, la salle des séances de la Hanse ; restaurée en 1870, elle est ornée des armes de toutes les villes qui en faisaient partie. L'édifice actuel a remplacé un plus ancien bâtiment datant de 1226 et qui fut détruit par un incendie en 1251. Construit en briques, en 1442, il appartient au style roman et au style gothique. Les parties anciennes et les additions modernes apportées au *Rathhaus* de 1887 à 1893, forment le fond de la place du Marché, à l'angle nord-est. Les arcades qui en supportent la façade, les pignons du bâtiment nord, contrebutté par une énorme muraille de brique surmontée de trois clochetons aigus et percée de deux œils-de-bœuf, les ajours et les clochetons plus petits qui s'élèvent au-dessus de la façade ouest, donnent à l'ensemble un aspect de décor qui me frappa très vivement à mon premier voyage à Lübeck en 1896, à cause du ton frais de ces façades de brique brune, qui semblaient passés au vernis. Je ressentis même quelque agacement de me trouver devant une sorte de joujou Moyen-Age, qui avait l'air de sortir d'une boîte. Quelques années ont suffit à patiner ce monument saisissant d'originalité. C'est un excellent spécimen du style *baltique*, le style ogival particulier dont procèdent tous les édifices gothiques qui ornent les villes de Lübeck, Schwerin, Rostock, Stralsund et même quelques-uns de ceux de Suède et dans lequel la lourdeur et la sombre tristesse de la construction en briques sous un ciel du Nord, est atténuée par l'élancement de flèches aigues.

L'aspect si caractéristique de cette place du marché a failli, il y a quelques années, être gâté par l'érection d'une statue équestre de Guillaume Ier. A cette occasion, la municipalité de Lübeck eut le bon goût de résister aux volontés impériales et refusa d'introduire un violent anachronisme dans le décor Moyen-Age de l'antique cité. Lübeck se souvint qu'elle est encore ville libre et fit preuve d'indépendance. La gloire militaire du premier empereur prussien n'éblouit pas les descendants des hanséates ; ils consignèrent le *Marktplatz* au monarque de bronze, il leur suffisait d'y avoir élevé une fontaine gothique, moderne, il est vrai, mais dont le style ne jure pas avec l'architecture ambiante. Un si beau trait mérite d'être donné en exemple à nos villes de province, si dédaigneuses de leurs monuments historiques et si hospitalières aux statues d'obscurs députés et de vagues célébrités locales.

Ce n'est d'ailleurs pas par cette place que l'on pénètre dans l'Hôtel de Ville. L'entrée se trouve dans la *Breitenstrasse*, la principale rue de la ville, vers laquelle descend extérieurement un élégant escalier couvert, en pierre, du style Renaissance, datant de 1594 et qui a été restauré exactement trois siècles plus tard. Il donne accès au premier étage, dans une salle de la même époque, appelé la *Kriegsstube* : elle est décorée de lambris somptueux et d'une cheminée de 1595, à bas-reliefs d'albâtre. Au rez-de-chaussée, on fait voir la salle d'audience du Sénat, au portail polychrome, du gothique fleuri et sa belle porte d'entrée Renaissance, avec sculptures sur bois de T. Even le Vieux, ainsi que les deux nouvelles salles de la Bourse.

Quelques pas dans la *Breitenstrasse* ont bientôt fait dépasser un corps de garde adossé aux bâtiments du *Rathhaus*, décoré d'armoiries sculptées, et conduisent à une place assez étroite, plantée de tilleuls, sur laquelle s'élève l'énorme église Notre-Dame du xiii° siècle dont les flèches aigues, hexagonales, coiffant des clochers carrés, percés de fenêtres ogivales géminées, s'aperçoivent de la place du marché, pointant dans les airs bien au-dessus des tourelles de l'Hôtel de Ville. L'extérieur, très simple et nu, fait imaginer un austère temple protestant dépouillé de toute ornementation, badigeonné et froid comme ceux de la Hollande. On passe le seuil, et tout au contraire, on s'émerveille aussitôt d'entrer dans une forêt de piliers élancés, blanchis à la chaux, mais qu'enveloppe une décoration luxuriante. Au milieu, une chaire fastueuse de 1691, en marbre blanc et noir, avec des statues juchées sur l'abat-voix; dans la nef principale et les nefs latérales, une quantité d'épitaphes funéraires, peintes et dorées, dans le style emphatique des xvi°, xvii° et xviii° siècles. Au fond de l'église, rutile comme une apothéose un magnifique orgue à façade de boiseries sculptées et dorées, du xvi° siècle. Plusieurs églises de Lübeck, la Cathédrale, Saint-Pierre, Saint-

Gilles ont conservé des buffets d'orgue sculptés à façade Renaissance ou xvii° siècle. Le fronton de celui-ci est rehaussé par des figures volantes d'anges blancs. Une banderole claire porte l'inscription : *Gloria in excelsis Deo.*

C'est en effet à la gloire de Dieu que s'élevaient ici-même les magistrales improvisations du célèbre organiste Buxtehude, si célèbre à la fin du xvii° siècle que Jean Sébastien-Bach, dans sa jeunesse, venait d'Arnstadt, à pied, l'entendre à Lübeck et dont il sollicita respectueusement les conseils. La *Marien-kirche* est d'ailleurs riche en orgues, car elle en possède encore deux dont un au-dessus du chœur et un autre, très élégant, dans le transept de gauche. Au-dessous du principal se trouve une grille en bronze de 1518 et devant celle-ci, des fonts baptismaux du xiv° siècle, supportés par des anges dorés. La cuve est ornée de figurines en bronze doré et peint, représentant le Christ en croix, des saintes et des saints, tandis que sur le couvercle sont modelés les quatre évangélistes, et des anges au-dessus d'eux.

Faisant face à l'orgue resplendissant, un jubé de 1517, à panneaux peints et dorés, avec reliefs qui figurent des vierges et des saints, encadrant la statue de la Vierge, au milieu, sépare la nef du chœur. On y monte par un escalier

également décoré de statuettes et de peintures.
Il est juste de reconnaître qu'en cette ville du
Nord, la Réforme a eu le bon esprit de ne pas
mutiler l'édifice catholique des œuvres d'art qui
en faisaient la beauté. Cependant, elle a relégué
à la sacristie l'ancien rétable du maître-autel,
la *Passion*, de 1425, presque entièrement doré,
mais elle a respecté un grand tabernacle gothique de 1479, derrière lequel s'élève une
horloge astronomique du xvie siècle, dont le
cadran annonce les dates des éclipses de lune
et de soleil et qui mène dans le sanctuaire un
grand bruit de ferraille, sous le prétexte d'exhi-
ber à l'heure du midi, aux yeux ravis des Lübeckois, l'Empereur et les sept Électeurs défilant
devant Jésus-Christ.

Cette église contient nombre de curiosités
plus artistiques. C'est un véritable musée et
je n'en finirais pas si j'énumérais les œuvres
de sculpture ou les tableaux qu'elle renferme,
entre autres le magnifique rétable de la *Vie de
la Vierge*, dans la chapelle des Indulgences,
un diptyque de 1501 : l'*Adoration des Rois* et
le *Crucifiement*, un triptyque de Van Orley,
les belles plaques tumulaires en bronze ciselé
et tant d'autres ouvrages flamands ou allemands. Peinte sur bois en 1463 dans une des
chapelles du Nord et reportée sur toile en
1701, l'anonyme *Danse macabre* n'est plus

guère qu'un souvenir. Elle était encore bien conservée quand Marmier visita Lübeck en 1838. Voici la description qu'il en donne :

« D'abord, la Mort, seule, vient, tenant un fifre à la bouche, sautant sur un pied, joyeuse de voir arriver derrière elle son brillant cortège; puis vient une autre Mort, tirant après elle le pape qui porte le manteau pontifical et la tiare et semble n'entrer qu'à regret dans cette malheureuse danse. Une troisième Mort apparaît ensuite, poussant d'un côté le pape qui refuse d'avancer et de l'autre entraînant l'empereur qui n'a guère souci de la suivre; puis une autre qui conduit l'impératrice et le cardinal et le roi et tous les membres de la hiérarchie sociale, depuis le chef de l'Empire jusqu'au bourgeois, depuis le vieillard jusqu'à l'enfant. Alors la Mort s'arrête, pose sa faux par terre. Le monde est moissonné; le bal est fini. »

La Mort est représentée sur ces murailles comme « un squelette peint en gris, nu et cadavéreux, mais vif, léger et gambadant d'un pied joyeux, tandis que ses victimes montrent, sous le bandeau royal ou le chapeau de feutre, un visage triste et des yeux pleins de larmes. »

Depuis cette époque, le *Todtentanz* s'est effacé et on l'a repeint plusieurs fois, de sorte qu'il y a des chances pour que la composition actuelle ne ressemble guère à l'original du xv⁰ siècle. Le même Xavier Marmier s'extasiait sur l'*Entrée de Jésus à Jérusalem*, d'Overbeck, qui nous semble aujourd'hui de la peinture bien terne et bien froide. Overbeck, qui a deux toiles dans l'église Notre-Dame, était natif de Lübeck.

Si la *Marienkirche* l'emporte par la luxuriance de l'ornementation, la Cathédrale impose davantage par son aspect plus sévère. Elle se trouve à l'extrémité sud de la ville. Fondée en 1173 par Henri le Lion, elle a été bâtie également en briques rouges, la grande nef, une partie du chœur et le transept dans le style roman, la plus grande partie du chœur et les nefs latérales dans le style gothique. A l'intérieur de la Cathédrale, comme à Notre-Dame, il y a aussi un bel orgue, des fonts baptismaux peints et dorés, du xv⁰ siècle, une horloge astronomique et de nombreux monuments funéraires, mais ils sont plus sobres d'ornements, de fioritures. Ce sont les tombeaux des évêques de Lübeck. Les plus anciens ont leur effigie sur des plaques en cuivre ciselé, les plus récents ont été inhumés dans des sarcophages sculptés, de plus en plus somptueux. Les inscriptions latines qui y sont gravées lui donnent à ces cercueils l'appellation de *dormitorium*. D'après le sens de ce vocable, la mort

est un sommeil. Elle ne doit donc pas causer
les épouvantes que tendait à suggérer le *Todtentanz* de l'église Notre-Dame.

Sur une traverse horizontale, au dessus de
la grille du chœur, se dresse un gigantesque
Crucifiement en bois sculpté et peint, de 1477,
avec deux figures de femmes agenouillées. Les
stalles de chœur, le tableau d'autel de Tisch-
bein, sur le même sujet, sont dignes de remarque, mais, le plus bel ornement de la cathédrale, c'est le polyptique de Hans Memling,
qui décore la chapelle Greverade et qui représente aussi le crucifiement. On peut passer
devant cette chapelle, qui est juste au bas de
l'église, du côté gauche, sans se douter du
chef-d'œuvre qu'elle recèle, si l'on n'a soin de
se la faire ouvrir par le sacristain. Et c'est
sans doute ce qui est arrivé à M. J. K. Huysmans, puisqu'il n'en a soufflé mot dans l'article si coloré sur Lübeck qui a été recueilli,
en son récent volume : *De tout*.

Ce tableau date de 1491. On suppose qu'un
négociant de Lübeck, nommé Henri Greverade,
au cours d'un voyage en Flandre, ou son frère,
le chanoine Adolphe Greverade, qui, pendant
un temps, fut prêtre à Louvain, ayant eu
l'occasion de connaître Hans Memling, aurait
commandé ce tableau d'autel au maître de Bruges. C'est le plus grand qu'ait peint Memliug ;

il ne contient pas moins de *neuf* panneaux.

Fermés, les volets à l'extérieur montrent l'ange Gabriel apparaissant à la Vierge. Les deux figures sont peintes en camaïeu gris. L'ange est debout; il tient le sceptre de la main gauche, et, de la main droite, salue la Vierge. Celle-ci porte un livre, la main gauche étendue vers son cœur. Un vase de lys est à ses pieds; la colombe du Saint-Esprit plane au-dessus de sa tête. Ouverts, les volets forment quatre panneaux, puisque l'envers est peint également. Sur chaque panneau, la figure des saints à qui la chapelle est dédiée : Saint-Blaise, Saint-Jean-Baptiste, Saint-Jérôme, Saint-Gilles, en allant de la gauche à la droite. Saint-Blaise, revêtu des ornements sacerdotaux, la mître en tête, la crosse dans la main droite; Saint-Jean, couvert d'un manteau brun tombant jusqu'à terre, désigne l'Agneau de Dieu placé à sa gauche; Saint-Jérôme, en costume rouge de cardinal, tenant de la main gauche la croix pastorale, de la droite extirpe une épine du muffle d'un lion; Saint-Gilles (Ægidius), habillé de vert, s'appuie sur une crosse richement ornée; de son bras gauche, traversé d'une flèche, il protège une biche. Ces quatre figures de saints sont très remarquables par l'expression sévère et religieuse de leurs traïts.

Ces panneaux repliés et ouverts, apparaît

enfin le sujet principal : la *Passion du Christ*. Il se compose d'un tableau central : le *Crucifiement* et de deux volets, dont l'un représente le *Portement de Croix*, l'autre, la *Mise au tombeau* et la *Résurrection*. Mais ce n'est rien encore pour le peintre d'avoir traité un double sujet dans un panneau de 64 centimètres de large ; il trouve le moyen d'y insérer un peu partout, dans les recoins du paysage, dans les compartiments formés par les architectures, divers épisodes de la Passion. Par exemple, sur le volet du *Portement de Croix*, se trouvent les scènes antérieures au supplice de Jésus : le Jardin des Oliviers, la comparution devant Caïphe, le reniement de Saint-Pierre, le jugement de Ponce-Pilate, l'*Ecce homo*, en groupes d'une dimension minuscule, tandis que le centre du volet représente Jésus sortant des portes de Jérusalem, escorté par les prêtres juifs et les soldats romains, soulagé de son faix par Simon de Cyrène. A genoux, au premier plan de gauche, le donateur, Henri Greverade, regarde passer le Sauveur ; à celui de droite, un chien de Bologne agace une grenouille.

Le panneau du milieu expose le Christ en croix entre les deux larrons. A sa droite, le bon larron lève les yeux au ciel, tandis que le mauvais penche la tête, lugubrement. Deux cavaliers romains s'unissent dans un mouvement bizarre pour donner le coup de lance, pendant qu'à sa gauche, le centurion, cuirassé, monté sur un cheval blanc, montre le Crucifié au groupe des Juifs. Le peuple lève vers le mourant des faces de brutes haineuses et stupides, à la bouche ouverte d'ébahissement. Au premier plan, à gauche, le groupe des disciples, les Saintes Femmes et Saint-Jean entourant la Vierge vêtue de noir, qui défaille, tandis que la Magdeleine, blonde, un voile sur la nuque, costumée d'une robe jaune à ramages bleus, tombe à genoux, les mains jointes. A droite, le groupe, accroupi, des valets de bourreaux, jouant aux dès les vêtements du supplicié ; l'un d'entre eux, debout, regarde les joueurs, appuyé sur une hache. Comme fond de tableau, une vue de Jérusalem avec ses murailles crénelées, à gauche ; la campagne légèrement ondulée, des montagnes d'azur au fond dans une zône de ciel bleu que dominent de lourds nuages sombres entre lesquels disparaît le soleil.

Sur le volet de droite, Joseph d'Arimathie et Nicodème portent au tombeau le corps du Christ dans un linceul ; la Vierge-Mère et la Magdeleine les suivent. Au dessus du sépulcre, dont un ange volant soulève la pierre, monte le Christ ressuscité, au milieu des gardiens endormis en des raccourcis violents. Plus haut,

divers groupes de figures minuscules rappellent
les épisodes postérieurs à la Résurrection,
par exemple, le *Noli me tangere*, la rencontre
des disciples à Emmaüs, etc.

Cette composition, qui contient deux cents
personnages, est remarquable tant par l'éclat de
la couleur que par le fini du détail traité avec la
minutie chère aux Primitifs Flamands, ou Allemands, — si l'on admet, avec quelques critiques
d'art, que Memling était originaire du village de
Memmlingen, près Mayence, — mais, par l'expression pathétique des figures, elle surpasse
d'autres œuvres du maître de Bruges, célèbres
par leur idéalité et d'une suavité un peu
fade (1).

A l'extérieur de l'église, un porche avancé,
en grès rouge, donne accès dans la nef du
nord; des piliers l'encadrent, dont les chapiteaux s'appuient sur des figures contrefaites
que semble écraser le poids de la toiture. Le
chevet de l'abside est envahi par un lierre
séculaire qui plaque une tache d'un vert cru
sur le ton rouge du monument. En descendant
au delà, j'arrive auprès du Musée, qui est contigu au cloître de la Cathédrale. Sa façade à
pignons a vue sur l'étang des Moulins, pièce
d'eau formée par une dérivation de la Trave

---

(1) Une description plus détaillée de ce tableau a été donnée
par moi dans la *Gazette des Beaux-Arts*, du 1ᵉʳ février 1902.

et qu'habitent des cygnes et des canards. Le *Mühlenteich* est encadré de verdure ; des saules y trempent leur chevelure éplorée. De l'autre côté commencent les promenades, qui ont été créées sur l'emplacement des anciens remparts. Ici s'élevait autrefois le *Mühlenthor*, une des principales portes de l'enceinte fortifiée.

Par la chaussée qui sépare le *Mühlenteich* du *Kræhenteich*, je rentre dans la ville pour en faire le tour du côté de l'est, le long du canal de l'Elbe à la Trave qui fait communiquer Hambourg avec Lübeck. D'après le plan, je m'imaginais avoir un joli coup d'œil sur le cours capricieux de la Wakenitz, affluent de la Trave, plus large et plus important que ce fleuve. Mais la Wakenitz coule dans une plaine très nue ; ses rives sont plates ; des hangars et des chantiers de bois la séparent du canal. Seules prennent vue sur ce cours d'eau, par deux ou trois fenêtres à peine, les petites maisons étriquées des quartiers pauvres de Lübeck, épaulées l'une contre l'autre comme pour regarder par dessus les anciens remparts. En suivant le bord du canal, j'arrive à son débouché dans la Trave à laquelle il apporte les eaux de la Wakenitz. Je me trouve devant le *Burgthor*. C'est avec le *Holstenthor*, situé en face de la gare, le seul reste des anciennes fortifications de Lübeck.

Bâti en 1444, le *Burgthor* est une haute tour carrée, percée d'une porte et de nombreuses fenêtres ogivales. L'ayant franchie, j'aperçois à droite, à côté du nouveau Palais de Justice, une porte devant laquelle des soldats montent la garde. Elle est ornée de sculptures sur bois assez baroques, de bas-reliefs qui représentent des musiciens. Je suis, dans la *Burgstrasse*, les rails du tramway; ils me conduisent devant l'hôpital du Saint-Esprit, puis au *Geibelplatz*, où se voit le monument du poète Emmanuel Geibel, originaire de Lübeck. De l'autre côté de la place est l'église Saint-Jacques, du XIIIe siècle et, en face, deux des principales curiosités de Lübeck, la *Maison des Armateurs* et la *Maison des Marchands*. La première, convertie en restaurant, a conservé à l'intérieur son aspect du XVIe siècle. Elle est meublée de superbes bancs sculptés; des peintures aux murailles, des modèles de bateaux anciens appendus aux solives du plafond, la décorent. Dans la *Maison des Marchands*, on a rassemblé des spécimens intéressants de sculptures sur bois, notamment une chambre du XVIe siècle, la *Chambre Fredenhagen*. L'une et l'autre sont éminemment caractéristiques de l'art et du goût germaniques en ces pays septentrionaux.

Au delà du *Burgthor*, une double allée

plantée de grands arbres mène au village
d'Israëlsdorf et plus loin à Travemünde. Des
sons d'orgue de barbarie m'attirent près d'un
emplacement occupé par des baraques foraines,
des bâtiments en planches enguirlandés de
feuillages, qui servent de débits de bière. Des
orchestrions stridents appellent les Lübeckois
vers les chevaux de bois, les parades de sal-
timbanques. Je comprends : c'est le *Schützen-
fest*, la fête des tireurs, la grande réjouissance
de l'été. Les foules accourent au plaisir ; des
femmes aux yeux cernés dans des teints de
café au lait, viennent se promener à la foire, en
robe de toile blanche, à demi décolletées. Le
ciel est gris, le vent souffle de la mer, frais et
humide ; la coquetterie leur fait braver la
bronchite pour montrer, sous la guimpe trans-
parente, le rose de leur peau...

C'est près de là qu'après les désastres de la
Prusse, en 1806, le maréchal Blücher livra ses
derniers combats. Poursuivi par les Français,
cheminant le long de la Trave, il entra le
6 novembre, malgré les protestations des magistrats, dans l'enceinte de Lübeck, ville libre.
Le 7, arrivèrent la cavalerie de Murat, les corps
d'armée de Bernadotte et de Soult. Celui-ci
assaillit le *Mühlenthor*, celui-là le *Burgthor*.
Entre les deux, Murat prenait position au delà
de la Wakenitz et faisait feu sur le *Hüxter-*

thor. Un terrible combat s'engagea dans la
principale rue de la ville. Attaqués des deux
côtés à la fois, les Prussiens perdirent 1,000
morts, 6,000 prisonniers et toute leur artillerie. Blücher parvint cependant à sortir du
Burgthor; il alla prendre position entre la ville
et la frontière danoise. Mais, enveloppé par les
forces françaises, il dut capituler le même jour
avec le reste de son corps d'armée : 14,000
hommes. On s'est bien gardé de représenter
cet épisode de sa carrière militaire sur les
bas-reliefs de bronze assez ridicules qui ornent
le socle de sa statue à Rostock, sa ville natale.
Il devait prendre sa revanche sur les troupes
de Napoléon, à Waterloo.

Cette occupation prussienne porta malheur
à Lübeck. Elle devint et resta française de
1806 à 1813. La politique du Blocus continental obligeait l'Empereur à prendre possession
des ports hanséatiques pour les fermer aux
Anglais. Le général Thiébault, qui fut gouverneur de Lübeck pendant quelques mois en
1813, nous a conservé le souvenir de ce temps
qui ne fut pas précisément heureux pour l'in-
fortunée ville *libre*. Arrestation de suspects,
exécutions militaires, réquisitions, lourdes
contributions de guerre levées en vue du ra-
vitaillement de Hambourg par ordre du commandant de la 32ᵉ division militaire, l'inexo-

rable Davout, toutes ces mesures de rigueur,
Thiébault, qui les désapprouvait, dut les appliquer à contre-cœur. Le plus singulier, c'est
qu'il eut à mettre en état de défense Lübeck
pour la préserver des attaques du prince royal
de Suède, c'est-à-dire de Bernadotte, qui
l'avait conquise en 1806, pour Napoléon; mais,
appelé à Hambourg par le prince d'Eckmühl
et remplacé dans son commandement par le
général Lallemand, il eut au moins la satisfaction de n'avoir pas à capituler devant un
maréchal français passé à l'ennemi.

LA RÉGION D'EUTIN

Après avoir visité Lübeck, je repartis pour Eutin[1].

— Eutin ? dira le lecteur français, peu familier avec la géographie de l'Allemagne, le drôle de nom ! Où prenez-vous Eutin ? Et qu'alliez-vous faire à Eutin ?

Pourquoi j'allais à Eutin ? Pour deux raisons. Ce qui m'y attirait, c'est d'abord la description enchanteresse qui en fut faite au général Thiébault par la fille de l'hôtesse chez laquelle il demeurait pendant son séjour, à Lübeck, comme commandant de place, en 1813, description rapportée au tome V de ses Mémoires. Comme il faisait l'éloge des environs de Lübeck, assez plats du reste et dont le cours sinueux de la Trave fait tout le mérite, cette dame lui répondit : « — Que diriez-vous, Monsieur le Gouverneur, si vous connaissiez le pays d'Eutin ? — et elle m'en vanta les vallées

1. Prononcez : *Euïltinn.*

pittoresques, les riches pâturages et le plus
délicieux assemblage de lacs, de rochers, de
montagnes, de forêts, qu'on puisse imaginer,
sorte de petite Suisse qui, de plus, est baignée
par la mer. »

Cet éloge lui inspira l'idée d'y aller faire une
promenade, ou plutôt une sorte de reconnaissance militaire. Quoique sensible aux beautés
de la nature autant qu'on pouvait l'être à
cette époque, le général Thiébault, tout en
admirant les « suavités de ce délicieux can-
ton », ne perdait pas de vue ses fonctions de
commandant d'une division d'avant-postes.
« L'aspect d'abondance d'un pays qui avait
échappé jusqu'alors aux ravages de la guerre »
ne pouvait manquer de frapper l'esprit d'un
ancien chef d'état-major et de lui suggérer
l'idée de la mettre à contribution.

« On le croyait, au quartier général, appartenir au Danemarck, notre allié. Grâce à cette
erreur sur laquelle aucun mot n'avait donné
l'éveil et que personne n'avait songé à vérifier,
ce pays avait échappé à toute réquisition ou
demande et il s'était enrichi des désastres
d'une partie de ses voisins. » Interrogeant les
habitants en allemand d'un air bonhomme,
Thiébault fait son enquête, et suppute les ressources du pays, reprend le chemin de Lübeck,
envoie son rapport au maréchal Davoust, qui

donne l'ordre d'accabler de réquisitions cette heureuse région.

De ces deux aspects, le premier seul m'intéressait. Quand on parcourt depuis plusieurs jours en chemin de fer, les longues et interminables plaines de l'Allemagne du Nord, on aspire à la vue d'un pays accidenté, si peu qu'il le soit, d'un pays où les yeux puissent se rafraîchir sur des collines boisées, des prairies et des lacs. Le pays d'Eutin est une de ces rares oasis de verdure. De plus, sa capitale fut la ville natale de Carl-Maria de Weber. J'étais curieux de connaître la cité où naquit l'un des plus originaux compositeurs de l'Allemagne et l'un de ceux que je préfère.

Eutin est en effet une petite ville perdue à l'extrémité de l'Empire allemand. C'est le chef-lieu d'une dépendance du grand-duché d'Oldenburg, enclavée dans la province de Schleswig-Holstein, qui la borne au nord et à l'ouest. Confinant, au sud, au territoire de la ville libre de Lübeck, ce domaine est baigné au nord-ouest, par le lac de Plœn, à l'est, par la Baltique qui forme dans la presqu'île du Holstein le profond golfe de Neustadt.

A peine débarqué dans cette capitale, grand village de 5700 habitants, je pris le chemin du *Kellersee*. La route passe devant la maison de Voss, le célèbre poète et critique allemand,

qui a habité Eutin pendant une grande partie
de sa vie. Sur la façade de cette habitation,
aujourd'hui convertie en hôtel-pension, une
inscription rappelle ce souvenir. A une demi-
heure de la ville, on quitte la grande route
plantée d'arbres, on prend à droite et, par un
chemin sablonneux, on arrive à une région
abondante en écriteaux dont les annonces vous
sollicitent, qui à prendre pension dans un
hôtel de famille, qui à louer une villa, — les
poteaux indicateurs montrant la direction
des points de vue. Les allemands sont prodigues de ces indications écrites, qui dénotent
leur esprit pratique, rendent service aux touristes en les débarrassant de la sujétion des
guides et des pourparlers dans une langue
étrangère.

Un de ces chemins à travers bois descend
dans une dépression de terrain, traversée par
un ruisseau qui se jette dans le *Kellersee*. Là
est l'embarcadère du petit bateau à vapeur
affecté à la navigation du lac. Comme il est
près de huit heures du soir, son tour est fini,
il rentre à son port d'attache, l'hôtel de la
Suisse Holsteinoise, mais il n'en revient pas.
Il faut rester au point terminus ou rentrer à
pied, soit 7 kilomètres par la route. Comme il
est l'heure de dîner, je me décide. Le bateau
siffle et part, je suis le seul passager.

De ce lac minuscule, étroit tout d'abord
dans la baie où se trouve l'embarcadère, s'élargit bientôt la coupe, dont les bords sont de
tendres prairies et des collines boisées aux
verdures rafraîchies par une pluie d'orage. Le
crépuscule semble en accroître l'étendue par
la brume qui estompe les lointains. La surface
liquide se ternit sous le manteau noir d'un
lourd nuage qui se lève à l'ouest, en lequel
s'enchâsse, ainsi qu'un disque de fer rouge,
l'orbe d'un soleil couchant, cerclé d'un anneau
comme la planète Saturne. Le vent fraîchit, on
le sent qui provient de la mer si proche. Le
vapeur tient route directe vers un bord sombre, obscurci de forêts. Il stoppe enfin, longe
un petit appontement qui mène à une allée
percée dans le bois. D'autres allées font de ce
coteau boisé une sorte de parc au milieu duquel s'élève l'hôtel. Bien qu'arrivé tard, je
trouve à dîner.

Ce châlet-pension porte comme enseigne :
A la Suisse Holsteinoise. Il est isolé au milieu
des bois, avec vue sur le lac pour justifier ce
titre. Point d'habitations aux environs. Les
amateurs d'excursions faciles, de montagnes
en réduction, de lacs en miniature doivent sé-
journer comme en un lieu d'élection au milieu
de cette nature-joujou. Partout, autour du
Kellersee, ils ont des forêts à visiter, des bois

de frênes et de hêtres magnifiques, le bateau à vapeur pour les promener sur le lac ; à une demi-heure de là, un lac plus petit encore et plus joli, l'*Ukleisee*, sollicite les piétons. Comme je dois quitter Eutin de bonne heure le lendemain, je ne puis coucher à l'hôtel, je reviens donc à pied à la ville. En toute autre contrée, en France même, faire 7 kilomètres à pied, la nuit, sans guide, dans un pays inconnu, passerait pour une imprudence insensée. Dans cette région de touristes, grâce aux flèches multipliées à l'angle des routes, sur les poteaux indicateurs, et à la longueur du jour en cette saison, à la lumière diffuse qui règne encore dans le nord de l'Europe plus d'une heure après le coucher du soleil et qui me permettait de lire les écriteaux, à dix heures du soir, par une nuit sans lune, je gagnai facilement Sielbeck où je devais changer de direction et parvins sans encombre à mon hôtel d'Eutin.

Le lendemain, ma première visite fut pour la maison natale de Weber, située au n° 48 de la Lübeckerstrasse. C'est une maison modeste, à un seul étage, en bois et briques. Une plaque de fonte encastrée dans la façade rappelle que Carl-Maria de Weber y est né le 18 décembre 1786 ; elle porte l'inscription latine : *Resurgam*. C'est tout. Tandis que les patries de Mozart, de Beethoven et de Schumann sont visitées par les musiciens, que la maison natale du premier est convertie en musée, suivant le pieux usage allemand, la lointaine Eutin est délaissée par les pélerins de *Geburtshaus*. On y a élevé cependant un monument à Weber, dans un bois, au sud de la ville. Sa maison natale n'est pas ouverte aux visiteurs; elle ne contient aucun souvenir du maître.

C'est à peine d'ailleurs s'il l'habita. Dès l'âge de quatre ou cinq mois, son père l'emmena dans ses voyages d'impresario ambulant. Frantz-Antoine de Weber, descendant d'une famille anoblie en 1568, dotée du titre de baron en 1622, était en 1756, à l'âge de vingt-deux ans, lieutenant de l'électorat palatin, en 1758, bailli du prince-évêque et conseiller en chambre à Hildesheim. Il délaissa ces fonctions honorifiques pour s'adonner à l'art musical. Nous le retrouvons, en 1778, directeur de la musique à Lübeck, en 1779, *kapellmeister* à Eutin du prince-évêque Frédéric-Auguste, qui venait de fonder une chapelle dans cette ville (1).

(1) Ville libre de l'Empire depuis 1226, Lübeck avait un territoire qui s'étendait dans la vallée de la Trave jusqu'à la mer. D'autre part, l'évêque de Lübeck était possesseur d'un domaine distinct, dit principauté de Lübeck, avec Eutin pour chef-lieu. Cette principauté fut sécularisée en 1802 et attribuée alors au grand-duc d'Oldenburg.

Carl-Maria-Frédéric-Ernest de Weber, le compositeur, naquit le neuvième de ses dix enfants; ce fut le premier rejeton de l'union de Frantz-Antoine avec sa seconde femme, Geneviève de Brenner, qu'il avait connue à Vienne, épousée le 20 août 1785 et emmenée à Eutin. La malheureuse jeune femme, mariée à dix-huit ans avec un mari cinquantenaire, eut une dure existence. Antoine de Weber avait entrepris, pour augmenter ses ressources, de fonder une musique municipale. Loin de l'enrichir, cette entreprise lui causa de tels ennuis qu'il se décida, moins de deux ans après son second mariage, à quitter le pays.

Au printemps de 1787, il réunit une troupe lyrique ambulante dont ses fils et filles formaient le noyau principal et qui donnait des représentations à Meiningen, Nuremberg, etc. A Hilburghausen, l'une des petites villes du centre de l'Allemagne où son père s'établit successivement, le jeune Carl-Maria eut pour premier professeur Jean-Pierre Heuschkel qui, à l'âge de dix ans, lui enseigna le piano. En 1797, la troupe est licenciée à Salzbourg, patrie de Mozart, dont Weber devint le parent par le mariage de sa cousine Constance avec l'auteur de *Don Juan*. Là, il reçoit les leçons de Michel Haydn et compose six fughettes qu'il dédie à son frère Edmond. A l'âge de douze ans, il a le malheur de perdre sa mère et son père manque de se remarier.

En 1798, Franz-Antoine se rend à Munich où, pour développer les dons naturels de son fils, il lui donne comme professeurs Kalcher et Valesi, les plus célèbres maîtres de la ville, qui le mirent bientôt en état de composer messes, trios, sonates, canons et même son premier opéra : *Le Pouvoir de l'Amour et du Vin*. Puis l'entreprenant impresario entre en relations avec Sennefelder, l'inventeur de la lithographie, et son fils apprend bientôt à dessiner sur la pierre. Si le démon des pérégrinations n'avait chassé son père de Munich, au lieu de faire la gloire de l'Allemagne par ses compositions musicales, Carl-Maria de Weber serait peut-être devenu un lithographe émérite. Ses voyages le ramenèrent à Hambourg et de là, en 1802, à Eutin, où il composa ses premiers *Lieder* sur des poésies de Voss, qu'il connut dans cette ville. Il n'y séjourna du reste que peu de temps et se rendit à Vienne, où il commença ses premières études techniques sérieuses sous la direction de l'abbé Vogler. On le voit, la naissance purement accidentelle de Weber dans le nord de l'Allemagne fut celle d'un fils de fonctionnaire; la théorie des milieux n'a rien à voir ici. Une existence aussi nomade, un si court séjour, à l'âge de seize ans, dans sa ville natale, permettent d'affirmer que l'influence du pays où il vint au monde fut nulle sur la formation de son talent.

Weber revint à Eutin, il est vrai, mais en passant, lors d'une grande tournée de concerts qu'il donna, dans l'été de 1820, en diverses villes de l'Allemagne du Nord. Son itinéraire, qui l'amena jusqu'en Danemark, lui fit visiter successivement Halle, Gœttingen, Oldenburg, Brême, Plœn, Copenhague, Lübeck, Hambourg et Brunswick. Partout il fut reçu avec faveur. C'est qu'à cette époque, sans avoir acquis une célébrité européenne, Weber était illustre en Allemagne, tant comme pianiste que comme compositeur. Il avait écrit déjà une quantité de musique considérable : deux symphonies, trois ouvertures dont celles de *Rübezahl* et celle du *Jubilé*, plusieurs concertos pour piano ou autres instruments, neuf sonates, ainsi que des variations, des rondos et pièces de toute sorte pour piano, six cantates parmi lesquelles *Combat et Victoire*, composée en 1815 pour célébrer la bataille de Waterloo. Enfin ses *Lieder* et chœurs patriotiques sur les poèmes de Kœrner : *La Lyre et l'Epée*, avaient répandu son nom dans tous les pays allemands. Il n'avait cependant pas encore obtenu la gloire dramatique, n'ayant fait jouer, outre des intermèdes pour *Rubezahl, Turan-*

dot, que ses partitions de jeunesse : *Peter Schmoll, Sylvana, Abu-Hassan,* mais il venait de terminer à la date du 12 mai 1820, outre *Preciosa* qui allait être exécutée à Copenhague le 8 octobre suivant, son chef-d'œuvre : le *Freychütz.* qui, représenté à Berlin un an plus tard, devait le rendre populaire. Weber revenait donc vers ses compatriotes dans toute la maturité de l'âge et du talent. On peut croire que ceux-ci lui firent bon accueil, mais sans pressentir entièrement l'originalité de son génie.

De la *Lubeckerstrasse* où se trouve la très modeste maison natale de Weber, je me dirigeai vers le parc du duc d'Oldenburg, entourant le château qui lui sert de résidence. Ce château est une lourde construction en briques sans caractère et qu'on ne peut visiter, mais le parc est ouvert à tout le monde. C'est une merveille de végétation, les massifs sont percés d'allées splendides; il y a là une collection d'arbres de haute futaie des plus variés et de toute beauté. Certains d'entre eux baignent leurs feuillages dans les eaux du lac aux rives très basses, bordées de roseaux et de nénuphars en fleurs... C'est là le charme de ces petites villes allemandes qui furent ou sont restées des *résidences* princières. Elles possèdent toujours un monument qui atteste leur rang de capitale et, à tout le moins, un parc splendide, devenu soit légalement, soit par tolérance, la promenade favorite des habitants. Ceux-ci ont, de la sorte, tous les avantages d'une propriété grandiose, sans en avoir les charges. Or, le parc d'Eutin est un des plus admirables bois naturels aménagés pour l'agrément des promeneurs que j'aie vus en Allemagne.

Le Guide affirme que la route est charmante en chemin de fer jusqu'à Ascheberg. Je suis donc allé à Kiel par cette voie. En effet, la contrée est légèrement ondulée, les champs y sont clos par des levées de terre plantées de haies élevées et épaisses comme celles du Perche. Le pays étant très aquatique, à toutes les stations apparaissent des chasseurs au marais qui vont battre les rives du *Diecksee* au nord, ou du large lac de Plœn, au sud, dont les eaux attirent, de la Baltique prochaine, des vols de mouettes... Sur les routes, on rencontre des laitières portant leurs seaux à lait pendus par l'anse à une sorte de châssis rectangulaire adapté à un léger chariot qu'un chien attelé par le collier les aide à traîner. Le point le plus joli du parcours est Gremsmühlen, au milieu de ces beaux bois de frênes et de hêtres, qui annoncent déjà la nature septentrionale. Des hôtels-pensions, des villas se sont établis près de la station, en un charmant site qui attire de nombreux touristes. Cette région de la Suisse holsteinoise forme la frontière du très exigu pays d'Eutin.

HELGOLAND

Helgoland est le « bain de mer » favori des
Allemands. Sans doute, les nombreuses îles
de la Frise orientale et du Holstein leur offrent
des plages préférables et moins éloignées,
parmi lesquelles Norderney conserve encore
la vogue, mais Helgoland les attire davantage
et les dépayse mieux. Il faut six ou sept heures
de traversée pour atteindre cette petite île
située à 75 kilomètres du continent, ce rocher
à peine allemand, car il n'a été cédé par
l'Angleterre à l'Allemagne qu'en 1890, et les
habitants, de souche frisonne, ressemblent
plutôt à des Hollandais. C'est presque un
petit voyage à l'étranger, l'équivalent, pour
les ménages prussiens ou hanovriens, de
l'excursion de Jersey pour nos touristes français.

On gagne Helgoland soit de Hambourg, soit
de Bremerhaven. Cette dernière voie est plus
courte de deux heures, mais l'autre, quoique

plus chère, est généralement préférée. Aussi la ligne de Bremerhaven ne fonctionnait-elle plus quand j'y allai. On prend le bateau à Hambourg même, ce qui permet de voir le cours de l'Elbe inférieure, ou à Cuxhaven, à l'embouchure du fleuve. Cuxhaven, qui est devenu un pays de bains de mer, en même temps qu'un port hambourgeois d'une certaine importance, offre peu d'intérêt pour le visiteur. La côte y est très basse, comme toutes celles de l'Allemagne sur la mer du Nord; une digue, derrière laquelle des batteries sont rangées pour défendre l'estuaire de l'Elbe, la protège contre les flots. Au pied de cette digue, qui sert de promenade aux baigneurs, les vaches rousses paissent les près salés, ou, paisibles, ruminent, les pattes baignant dans les flaques d'eau de mer...

Sur le pont du bateau à vapeur, bateau à roues, neuf, très propre et bien installé, de nombreux passagers ont pris place, allemands pour la plupart. Les uns se rendent à Helgoland soit pour y faire une *saison*, soit pour y passer une journée seulement; les autres seront transbordés en rade sur le bateau de la même compagnie qui mène aux îles du Holstein, à Sylt et à Wyk. Déjà sur le pont du navire a commencé la mascarade maritime, plaisir favori des familles allemandes tout

comme des françaises : les bérets et casquettes marines dont sont coiffées têtes mas-
culines ou féminines contrastent avec ces
affreux chapeaux de paille ronds, au fond plié
comme celui d'un feutre ou à ces casques de
chiendent, à deux visières, que portent l'été
les Allemands sans élégance...

La mer est calme et plane, le soleil ardent,
le ciel sans nuages. La traversée s'accomplit
paisiblement: on dépasse d'abord l'île de sable
de Neuwerk, on rencontre de temps en temps
un navire de commerce qui se dirige vers
l'entrée de l'Elbe dont une série de bateaux
bouées, peints en rouge, signalent la passe;
la vue s'étend au nord jusqu'à l'estuaire de
l'Eider, qui sépare le Holstein du Schleswig,
puis la terre s'efface. Au bout de trois heures
de voyage à peu près, le navire stoppe devant
une sorte de rempart rouge très élevé, mais
peu étendu, qui émerge des flots, abrupt. C'est
Helgoland. De longues et fortes barques viennent se ranger au pied de l'échelle, reçoivent
les passagers qui vont à terre et les déposent à
l'escalier de l'appontement.

Devant le port de pêche, sur un plan très
étroit de galets et d'éboulis de roches, est bâtie
la ville basse, l'*Unterland*, qu'un escalier de
188 marches et un ascenseur mettent en communication avec la ville haute et le plateau de

l'*Oberland*. La *Kaiserstrasse*, la principale
rue, mène à cet ascenseur par lequel on arrive
à une terrasse élevée de 60 mètres environ et
bordée d'un parapet en pierre. Sur cette terrasse qu'on appelle le *Falm* sont alignées les
plus jolies maisons de la ville haute, les villas
qu'on loue aux étrangers. Des petites rues
étroites, pavées en dalles et en briques, traversent la haute ville qui renferme l'hôtel du
gouverneur, l'école et l'église. L'église, du
XVII° siècle, au clocher récemment reconstruit,
n'a rien de remarquable à l'intérieur ; de la
voûte, comme dans les sanctuaires de nos villages de pêcheurs, pend un trois-mâts en bois,
navire *ex-voto*, don d'un gouverneur anglais ;
le cimetière l'entoure de ses tombes.

Derrière les maisons voisines, sur des cordes
tendues, sèchent ici le linge et là des cabillauds
et des aiglefins ouverts qui se dorent au soleil.
La plupart des habitations sont précédées de
jardinets où l'on cultive surtout des fleurs, des
roses en général. Une certaine espèce de ro-
siers porte des roses d'un pourpre violacé, qui
semblent la floraison même de cette falaise
rougeâtre, au ton de brique. Cette passion
pour les fleurs (ceux qui n'ont pas de jardin
les font pousser en pots sur leurs fenêtres),
la propreté méticuleuse des intérieurs, ainsi
que l'aspect des noms inscrits sur les enseignes,

révèlent bien vite l'origine frisonne des indi-
gènes.

Aujourd'hui, ils sont Allemands, ainsi que
le rappelle un petit monument érigé sur le
sommet du plateau, à l'endroit même où, le
10 août 1890, l'empereur Guillaume II prit,
par « une conquête pacifique »., suivant sa
propre expression, possession de l'île, cédée
à l'Allemagne par suite d'un traité conclu le
1ᵉʳ juillet précédent avec l'Angleterre. Depuis
1807, ils étaient sujets anglais ; auparavant ils
dépendaient du Danemarck qui les avait enlevés lui-même en 1714 au duc de Schleswig-
Gottorp, leur suzerain depuis le xivᵉ siècle.
Tous ces changements de nationalité semblent
les laisser indifférents. Bien que leurs coutumes aient été respectées, leurs libertés particulières conservées, ils préféreraient sans
doute, comme leurs frères des îles de la Frise
occidentale, être Hollandais, ainsi que le voudraient leur origine et leur langue qui dérive
autant du frison que de l'allemand. Ils ne demandent qu'à vivre indépendants de leur vie
séculaire de pêcheurs et de chasseurs d'oiseaux et à faire, pendant la saison d'été, quelques bénéfices sur les touristes et baigneurs
qui viennent visiter leur rocher.

La visite en est d'ailleurs facile et brève.
L'île d'Helgoland a la forme d'un triangle

allongé dont la base, large de 500 mètres, regarde la terre. C'est de ce côté seulement que le pied de la falaise est praticable. Aussi y a-t-on construit la ville basse. En dehors de là, le plateau seul est accessible. Des chemins tracés du temps de la domination anglaise le traversent, ou longent les bords de la falaise. Il porte le phare, le sémaphore, la poudrière et quelques établissements militaires. Des ouvrages fortifiés le défendent du côté de la haute mer. Ils datent de l'occupation anglaise, mais les travaux entrepris par les Allemands depuis la cession, les développent rapidement et transformeront ce rocher de 1,600 mètres de long en un fort naturel qui commandera les approches de l'Elbe et de la Weser, protégera le port militaire de Wilhelmshaven contre les tentatives navales de l'ennemi. Lorsqu'en 1870 l'amiral Fourichon vint, avec l'escadre du Nord, bloquer la baie de la Jahde et couper les communications de Hambourg et de Brême, Helgoland devint le centre de sa croisière, bien qu'il fût obligé de respecter la neutralité de l'île, anglaise à cette époque. C'est pour repousser à l'avenir les entreprises de ce genre qu'on y bâtit des abris bétonnés, des batteries à coupoles qui en feront une citadelle redoutable, si le premier coup de canon des grosses pièces de marine ne fait pas s'écrouler cette pierre friable qui se délite à l'air et cède sous le doigt.

Une promenade au bord même de la falaise gêne un peu l'étranger, dans un pays ou il ne fait pas bon être suspect d'espionnage militaire. Le plateau, dénué d'accidents de terrain, l'intéresse pourtant médiocrement. La culture se borne à quelques champs d'orge, de trèfle et de pommes de terre, le reste est en prairies naturelles où paissent des moutons insulaires minuscules. Le chemin garni de bancs qui suit les sinuosités des falaises, permet d'en apercevoir les échancrures principales, mais pour avoir la vue complète de la côte, il vaut mieux faire le tour de l'île en barque. C'est le moyen d'étudier de près la formation géologique de ce rocher d'Helgoland que la mer ronge depuis des siècles. Ces falaises de 63 mètres de haut se composent d'argile durcie d'un rouge-sang, striées par des couches de grès stratifié; quelques broussailles dévalant par les anfractuosités du roc en coulées de verdure, en adoucissent un peu le ton cru, ce ton de viande de boucherie dont les strates de grès blanc figurent assez exactement les nerfs et les tendons.

Pour nous qui possédons les splendides rochers de l'Armorique, les granits rouges du cap Fréhel, de l'île Bréhat, les porphyres de l'Estérel, ce coloris éclatant nous surprend peu. Moins favorisés sous le rapport du pittoresque, les Allemands s'extasient devant les abruptes et sanglantes murailles d'Helgoland, à cause sans doute de leur violent contraste avec les côtes déclives, basses et sablonneuses, du Hanovre. Les tons tranchés de la verdure du plateau, de la roche et du sable que la mer découvre au pied de la falaise, sont rappelés dans les couleurs d'Helgoland dont le pavillon les assemble en bandes horizontales, dans l'ordre même où la nature les superpose : en haut le vert, le rouge au milieu, en bas le blanc, suivant le dicton local :

En helgolandais :	*En allemand :*
Gròn is det Lunn,	Grün ist das Land,
Road is de Kant,	Roth ist der Wand,
Witt is de Sunn	Weiss ist der Sand,
Deet is det Woapen	So sind die Farben
Van't Hillige Lunn.	Von Helgoland.

Ce qui signifie en français : verte est la campagne, rouge la côte, blanc le sable ; telles sont les couleurs de Helgoland.

Le front oriental de la falaise présente l'aspect d'un mur lisse, mais la côte occidentale, affouillée par la mer du large, est creusée d'anfractuosités assez profondes, précédées d'éboulis de rochers que les fissures dont le terrain friable est miné par l'infiltration des pluies et des neiges, ont détachées peu à peu de la falaise. A la pointe nord, un de ces rochers séparé de la côte à laquelle il était retenu par un arceau naturel, se dresse comme une quille gigantesque. Dans les environs, une roche sert de refuge à des nuées de guillemots qui viennent, au printemps, nicher dans les trous de la pierre, pondre et couver leurs œufs; les petits éclos, au mois de juillet, ils regagnent les régions septemtrionales. Ce ne sont pas d'ailleurs les seuls hôtes ailés d'Helgoland dont la faune compte, paraît-il, trois cents espèces différentes d'oiseaux, notamment les bécasses, les vanneaux, les plongeons, les hirondelles de mer. Un musée d'histoire naturelle en comprend une collection considérable, réunie par les soins d'un amateur.

A la pointe sud, un autre rocher isolé se dresse en sentinelle, il est connu sous le nom de Neistack. Quand on l'a dépassé, on se trouve aussitôt en vue du môle construit en 1891 par les Allemands pour fermer le port, sur lequel débouche un tunnel creusé obliquement dans la falaise, qui permet de hisser les matériaux, les pièces de canon et les munitions à l'*Oberland*. Ce port ne sert guère qu'aux navires de l'État; les barques de pêche sont tirées à terre sur la plage, où s'alignent les casiers à homards. On prend plus de 20,000 homards par an autour des rochers d'Helgoland.

La pêche, le pilotage sont en effet, avec la chasse aux oiseaux, pendant la saison des passages, les seules industries des habitants d'Helgoland. A l'époque du Blocus continental, ils en avaient une plus lucrative, leur île étant devenue, par sa position même, un entrepôt de contrebande, dont les Anglais se servaient pour importer en Europe les produits de leur commerce. De tous les pays, les négociants s'y donnaient rendez-vous ; on avait même dû leur aménager un local qui servait de Bourse à leurs transactions et qui plus tard devint le premier *Conversationshaus*. L'île, en ces années, connut une période de prospérité que seule pouvait faire renaître la création d'un établissement de bains de mer. C'est un constructeur de bateaux, nommé Jacob Andresen Siemens, qui, en 1826, eut cette idée. En reconnaissance, les helgolandais ont donné son nom à l'une des principales rues de l'Unterland, la *Siemensstrasse*, plantée d'une allée d'érables, d'autant plus remarquable à leurs yeux que les arbres sont rares à Helgoland. Dans la ville haute, on montre un mûrier sur la place de l'école et quelques chênes nains dans un enclos.

Ces rudes travailleurs de la mer, aux traits énergiques, bronzés par les hâles, sont, je l'ai dit, d'origine frisonne. La *Vie de Saint-Willibrod* racontée par l'évêque Alcuin, campagnon de Charlemagne, rapporte qu'un roi frison, Ratbod, poursuivi par Pépin, fut obligé de fuir dans une île de la mer du Nord. Celle-ci fut peuplée par ses compatriotes. Ils y introduisirent le culte du dieu Fosites. D'où le nom primitif de *Fositesland*. Willibrod y vint au viii° siècle, dans le dessein d'évangéliser les habitants; ceux-ci refusèrent de se convertir. En 785, la même tentative fut renouvelée par Saint-Ludger, évêque de Munster, qui, plus heureux, réussit à baptiser les insulaires et à remplacer le culte des dieux païens par celui du Christ. A partir du xi° siécle, au nom primitif de l'île succéda celui de *Heilig-Land* (terre sainte) que le pays a gardé depuis lors et dont les Anglais ont fait Héligoland. Il semble d'ailleurs qu'ensuite l'île devint le repaire des pirates normands. Liguées contre eux, les cités hanséatiques firent la conquête d'Helgoland, mais, après combat, elles durent la céder au duc de Schleswig-Gottorp.

Quoiqu'il en soit de leur origine, les 2,300 habitants d'Helgoland se considèrent comme les maîtres de leur rocher. Chez eux, il n'y a ni rang, ni caste; ils pratiquent l'égalité absolue et l'expriment par le tutoiement ; ils ne disent *vous* et ne témoignent de respect qu'aux vieillards. Les hommes sont robustes, graves, défiants avec les étrangers, lents et lourds dans leurs mouvements ; les filles, en général, sveltes et parfois jolies. Pendant que leurs pères et leurs frères sont en mer, elles travaillent aux champs, puis apprêtent les lignes, réparent les filets. Elles portaient autrefois un costume très original qu'on ne peut plus voir qu'en photographie. Parfois, une vieille femme, le dimanche, revêt la robe verte à large bordure en soie jaune, le joli fichu de couleurs vives et se coiffe du bonnet brodé, analogue aux bonnets des paysannes de Suède ; mais les jeunes l'ont abandonné pour les modes nouvelles.

Dans la belle saison, tout le monde vit des baigneurs (1). La ville basse ne compte pour ainsi dire que des hôtels, des pensions, des

(1) Un article publié eu 1899 par le *Journal des Débats* a révélé que l'île devait une autre source de prospérité à la visite des fiancés qui venaient y faire célébrer leur mariage par économie. « Les frais en sont fixés par une vieille loi : 100 marks au pasteur, 50 aux autorités de l'île, 26 à l'église, 17 aux employés subalternes, total 200 marks ou 250 francs. En cinq ans, le produit des mariages a été de 130.000 francs. » Mais, à partir du 1ᵉʳ janvier 1900, la mise en vigueur du nouveau Code civil a ramené au taux commun les frais de mariage des étrangers. Les Helgolandais auraient adressé une protestation au Reichstag contre cette mesure qui leur a fait perdre le plus clair de leurs revenus.

magasins de photographies ou de curiosités locales. Des écriteaux de location, au-dessus de presque toutes les portes, annoncent que chacun fait alors métier d'aubergiste. Du reste, ces maisons carrées, aux toits ornés de découpures, aux revêtements de lames de bois imbriquées, peintes en gris clair, que rehaussent les linteaux blancs des doubles fenêtres, d'une architecture qui annonce déjà le voisinage du Danemark et d'une propreté hollandaise, sont d'un aspect avenant.

A l'*Unterland* se trouvent la poste, le musée, l'établissement de bains. Les bazars, échelonnés le long de la *Kaiserstrasse*, vendent un choix de *souvenirs* semblables à ceux qu'on voit dans les magasins de Dieppe ou d'Etretat, des coquillages, des galets peints, des pantoufles et des vareuses en peau de phoque, des manchons de dames, des toques en grèbe, des mouettes et maints autres volatiles empaillés, des poupées habillées à la mode du pays, des jouets et des bibelots fabriqués à Hambourg ou à Nuremberg. Cette rue mène au *Kurhaus* dont la façade est précédée d'une vérandah en hémicycle où se réunissent les baigneurs pour se rafraîchir en écoutant la musique. Les concerts, à l'extérieur ou à l'intérieur du Casino, constituent à peu près leur seule distraction. Il y a bien un théâtre, mais rudimentaire et logé dans une baraque en planches. Pour les amateurs de pêche et de chasse, le poisson et le gibier ne manquent pas.

Aux environs du *Kurhaus* et de l'appontement se concentre la vie des étrangers. Ils y sont harcelés à toute heure par des pêcheurs qui proposent une promenade en bateau, des coquillages, des curiosités marines. Toute la matinée, des allées et venues se succèdent sur l'appontement où des barques de transport viennent chercher les baigneurs pour les mener à une île de sable située à deux kilomètres environ, appelée la Dune, et les ramènent après le bain.

En effet, Helgoland n'a qu'une plage d'éboulis. Pour trouver du sable, il faut aller à la Dune. Anciennement, paraît-il, ce banc de sable était relié à Helgoland par un rocher de calcaire, prolongement des assises crayeuses de l'île, qui protégeait l'un et l'autre contre les assauts des vagues et des tempêtes. Méprisant cet avantage, les habitants exploitèrent si imprudemment la carrière ouverte dans le rocher qu'une grande marée de 1711 le renversa. Quelques années plus tard, le *Wall*, c'est-à-dire le rempart de récifs qui formaient une chaîne entre l'île et le banc de sable, fut rompu à son tour. Il ne reste plus que des écueils à fleur d'eau sur lesquels viennent folâtrer les phoques.

Les baigneurs débarquent sur cette langue de sable absolument aride où s'élèvent quelques bâtiments légers en bois, pavillons-*restauration*, dépendant de l'établissement de bains de mer. On se baigne soit sur la plage méridionale, soit sur la plage nord-est. Du côté des dames, ce sont des filles de bain à costume blanc et à coiffe noire, — semblables, aperçues de loin, à des mouettes posées sur le rivage, — qui, à quatre ou cinq, tirent à l'eau ou ramènent sur le sable les cabines roulantes garnies d'une sorte de bavolet de toile à voile, sous lequel la baigneuse entre directement dans la mer où elle plonge son corps, chastement. Cette organisation n'est aucunement propice à la coquetterie, que semblent ignorer, du reste, les baigneuses allemandes. Les bains de la Dune sont recommandés comme les plus efficaces de la mer du Nord pour la force des vagues. Je n'ai pu les apprécier à ce point de vue, tant l'eau y était calme. Sous le ciel de juillet, pur et chaud, cette mer offre des tons de saphir très pâle dont le bleu se mue en un vert changeant que l'ombre du nuage le plus clair ternit de gris tendre... Vers deux heures, les communications cessent et tout le monde revient à l'*Unterland*.

Pendant ma présence, toute l'escadre de Kiel,

dix navires au moins, sans compter les torpilleurs, était venue, par le canal de la Baltique, faire des exercices de tir à la mer dans
les eaux d'Helgoland, ces eaux qui ont vu deux
batailles navales soutenues par les Danois,
l'une en 1848 contre les bâtiments de la Confédération du Nord, l'autre en 1864, contre la
flotte autrichienne commandée par Tegethoff.
En 1807, sept navires de guerre anglais, sous
les ordres de l'amiral Russell, bloquant Helgoland, avaient contraint de capituler le commandant de Zeska et les 266 hommes de la garnison danoise... La présence de l'escadre sur la
rade produit à l'*Unterland* une animation inu-
sitée. Toute la journée, canots à vapeur et
torpilleurs vont et viennent, débarquant des
officiers et des matelots.

Les marins allemands, avec leur petite veste
bleue, cintrée, à revers ornés de rangs de boutons en cuivre, leur cols bleu-clair à trois galons blancs, sont d'allures lestes et dégagées.
Les officiers, au contraire, en leur tunique
bleu-marine sanglée sur des tailles corpulentes,
avec leurs barbes épaisses, leurs parements
largement ouverts découvrant le col de chemise
et la cravate noire, ont une tournure lourde et
bourgeoise, l'air bon enfant. Ils portent la casquette prussienne, ainsi que leurs camarades
de l'armée de terre. Sans être raides et gour-

més comme eux, ils sont loin d'avoir les manières aisées, la démarche élégante, le *chic* de nos officiers de marine. A l'imitation de l'Empereur, leurs compatriotes les considèrent avec des regards bienveillants, indulgents, presque paternels. La marine de guerre étant la force militaire la plus récente de l'Allemage, l'admiration qu'elle inspire est faite plutôt d'espoir et de confiance que de ce respect dû aux armes qui ont fait leurs preuves.

Tandis que les matelots ayant obtenu la permission de passer la soirée à terre sont montés aux salles de danse de l'*Oberland*, danser avec les filles d'Helgoland, je descends sur la plage voir le coucher de soleil sur la mer. Il est neuf heures. L'astre disparu, l'horizon se pénètre d'une transparence mauve qui se fond dans un bleu doux éteint, la nuance de l'eau tourne au glauque, quelques reflets roses teignent encore les nuages blancs comme d'un rayonnement d'aurore boréale, donnant la sensation d'une vue de Norvège. Bientôt, sur les crêtes des imperceptibles vagues ondulent des stries d'un blanc verdâtre, aux lueurs de flamme de punch, le clapotis de l'eau dans des rochers fait mousser comme une neige lumineuse le grouillement des milliers d'infusoires dont la vie fait la mer phosphorescente...

Le lendemain matin, quand je me lève, une

brume légère voile la surface des flots toujours calmes : les navires de l'escadre sont invisibles, on entend encore au loin leur canonnade. Mais une dizaine de torpilleurs les ont remplacés; mouillés deux par deux entre la Dune et l'île, ils tachent de leurs affreux corps noirs le gris d'argent de la mer.

LE PAYS DU ROI DE HOLLANDE

SCHWERIN

Le Mecklembourg, — que j'ai entièrement
traversé en chemin de fer, dans un trajet de
Lübeck à Stralsund, — apparaît au voyageur
sous l'aspect de larges plaines, parsemées de
bouquets de bois, légèrement mamelonnées,
de prairies naturelles ou artificielles, aux bas-
fonds tourbeux, où paissent des chevaux et
des vaches tachetées, de petite taille, assez
semblables pour la race aux vaches danoises.
A mesure qu'on approche de la Baltique, les
silhouettes des moulins à vent se multiplient;
sur tous les renflements du terrain, des ailes
tournent. Ce serait à se croire en Hollande si
la forme hexagonale de ces moulins, revêtus
de bardeaux, coiffés d'un toit de zinc, ne rappelait plutôt ceux qu'on voit dans toute la
Suède méridionale. A mesure qu'on va vers la
Poméranie, la nature du sol et de la végétation se modifie, les bouquets de chênes, de

hêtres et de bouleaux font place aux bois de
pins, auxquels est favorable le terrain sableux.

Dans ces contrées septentrionales aux vastes
horizons, élargis encore par la surface plane
de nombreux lacs aux rives basses, où la propriété terrienne forme de grands domaines
affermés à long terme, appartenant au souverain ou aux familles nobles, on retrouve le
sentiment de l'étendue, qui nous échappe sur
notre territoire plus accidenté, morcelé en
champs minuscules. On n'éprouve pas cet
agacement que cause la vue d'un coteau ou
d'une large plaine régulièrement découpée en
damier par les terres labourées, les cultures
de blé, d'orge, de colza, de luzerne, qui trans-
forment nos plus beaux pays de France en
habit d'Arlequin... En un ciel mélancolique,
au gris tendre troué de jeux de lumière qui
muent sans cesse, planent de grands oiseaux,
des faucons balbuzards décrivent des cercles.
Dans la prairie, nullement intimidée par les
gestes des paysans, impassible, une cigogne
surveille à ses pieds le mouvement des herbes
du marécage, guettant un ver, une limace,
une grenouille dont elle fera sa proie. Des
vols de canards sauvages s'élèvent des roseaux,
franchissent un étang. Au crépuscule, le silence n'est troublé que par l'aboiement d'un
chien, le bond d'une carpe dans l'eau.

Ces plaines de si paisible aspect ont été le théâtre de guerres innombrables. Comme premiers habitants de ce territoire, l'histoire nous signale les Hérules et les Vandales, population germanique qui aurait, au vi^e siècle, subi l'invasion d'une race slave, d'une tribu wende, les Obotrites. Les Wendes avaient un culte païen. Dans ses intéressantes, bien qu'anciennes, *Lettres sur le Nord*, Xavier Marmier a donné des renseignements archéologiques sur leur religion. Ils adoraient un Etre suprême, éternel, investi du pouvoir créateur. A cet Etre suprême étaient subordonnés plusieurs autres dieux, le dieu du Mal (le dieu noir) et le dieu du Bien (le dieu blanc), le dieu de la Vie et celui de la Mort, celui de la Justice, le dieu des Saisons, la déesse de l'Amour. Ils adoraient aussi les principales forces de la Nature. Ils offraient à leurs divinités des animaux et parfois des hommes en sacrifice. Au début, comme chez les Celtes, le pouvoir appartenait aux prêtres, ils étaient les arbitres du peuple. Ensuite, les Obotrites prirent l'habitude d'élire un chef de guerre, qui portait le nom de *Wosiwoda*. Mais son autorité n'avait rien de permanent; ses guerriers le déposaient et l'égorgeaient même parfois quand la fortune les avait trahis.

La résidence de ces chefs wendes était une

forteresse appelée Mikilinburg dont le nom s'étendit par la suite au pays tout entier. Cependant Schwerin existait dès l'an 1016 sous celui de Zwerin et dans le site où elle se trouve encore. C'était une citadelle isolée et protégée par un lac.

Pendant trois siècles, les Obotrites furent en lutte avec leurs voisins, les Saxons, qui prétendaient les convertir de force au christianisme. Ces combats se prolongèrent, avec des alternatives de succès et de revers, jusqu'au jour où le roi Henri le Lion, aidé par son allié le roi de Danemark, Waldemar, parvint à vaincre le chef de l'armée obotrite, Niklot. Celui-ci périt les armes à la main, en 1160. En gage de paix, Henri le Lion donna sa fille en mariage au prince wende Pribislaw. Un évêché fut fondé en 1178 à Schwerin qui, par la suite, devint un centre religieux et même un lieu de pèlerinage au Moyen-Age. Des colons allemands pénétrèrent dans le pays. Bien que contrariée, au début du XIII⁰ siècle, par une invasion de Danois, conduite par Kanut VI, l'infiltration de la race germanique finit par absorber l'élément slave.

Pour prix de sa soumission, Pribislaw avait obtenu le rang de prince de l'Empire. De son union avec une princesse saxonne naquit son successeur Borwin dont les quatre petits-fils se partagèrent, en 1229, le territoire du Mecklembourg. L'un d'eux, Pribislaw II, fonda la ligne de Parchim qui s'éteignit en 1315 ; l'autre Henri Borwin III, celle de Rostock, qui disparut en 1301. La branche de Güstrow se subdivisa en deux lignes : Weile-Parchim et Weile-Güstrow. Albert II fit ériger par l'empereur Charles IV le Mecklembourg en duché, en 1348. Albert III fut élu roi de Suède en 1363. Albert V et son cousin Jean V, régnèrent conjointement et fondèrent l'Université de Rostock, en 1418. En 1471, Henri IV réunit tout le duché sous un seul sceptre ; cette unité fut consolidée en 1523 par l'Union des évêques, des villes et des Chevaliers. La Réforme fut adoptée en 1526 et reconnue religion d'Etat en 1549. Aujourd'hui encore, le Mecklembourg est un pays presque entièrement protestant.

Après la mort d'Albert VII, en 1547, le duché fut divisé en deux branches, celle de Mecklembourg-Güstrow et celle de Mecklembourg-Schwerin. Cette dernière s'étant éteinte en 1610, il y eut un nouveau partage en 1621. Il semblait que les princes souverains, s'étant mis d'accord, n'avaient plus qu'à régner en paix sur leurs domaines. Pendant la guerre de Trente Ans, qui bouleversa toute l'Allemagne, l'empereur Ferdinand VII prétendit les en dépouiller au profit de son général, Wallenstein.

Mais cette dépossession ne dura que deux ans. Les ducs de Mecklembourg, chassés en 1629, furent réintégrés dans leurs états en 1631, par le roi de Suède Gustave-Adolphe, protecteur des princes protestants. Le traité de Prague reconnut la légitimité de leurs droits. Seulement le roi de Suède devait se faire payer cher son appui. La paix de Westphalie enleva au Mecklembourg le port de Wismar sur la Baltique, l'île de Poel et Neu-Kloster, qui devinrent possessions suédoises. En guise de dédommagement, les ducs obtinrent, l'un les évêchés de Schwerin et de Ratzebourg, l'autre Nemerow.

La ligne de Mecklembourg-Güstrow s'étant éteinte en 1695, nouvelles contestations suivies du partage en 1701, ratifié par le traité de Hambourg qui forma les deux grands-duchés actuels de Mecklembourg-Schwerin et de Mecklembourg-Strelitz, ainsi appelés du nom de leurs capitales. Le premier de ces états racheta, en 1803, Wismar à la Suède, adhéra en 1808 à la Confédération du Rhin, mais se rallia en 1813 à la Prusse, lors de la guerre de l'indépendance allemande et lui prêta depuis lors un appui fidèle.

L'histoire du Mecklembourg-Strelitz, territoire moins étendu, est aussi moins incidentée. Cette branche se fait gloire d'avoir donné à la

Prusse la reine Louise, célèbre par sa beauté, si populaire en Allemagne par son patriotisme et sa haine de Napoléon; tandis que de la souche de Mecklembourg-Schwerin, descendent le duc Henri qui, par son récent mariage avec Wilhelmine d'Orange, est monté sur le trône des Pays-Bas, et la duchesse Hélène, qui ne fut pas appelée à régner.

La vie de cette princesse tient dans une page d'histoire: la courageuse démarche qu'elle tenta personnellement, le 24 février 1848, devant la Chambre des Députés, pour faire reconnaître comme roi son fils, le comte de Paris, âgé de neuf ans. Jusque-là elle avait vécu assez effacée aux Tuileries et au château de Neuilly, dans le cercle de la famille royale, cercle aussi bourgeois que pouvait l'être la cour de son père, Louis-Frédéric, grand-duc héréditaire de Mecklembourg-Schwerin et de sa mère, Caroline de Saxe-Weimar. L'ambition de Louis-Philippe était d'avoir pour bru une archiduchesse d'Autriche; mais à Vienne sa demande fut éludée. Le roi de Prusse aurait été moins dédaigneux envers la nouvelle dynastie s'il avait eu une fille; à défaut, il proposa au duc d'Orléans d'épouser la princesse Hélène de Mecklembourg. Elle fut donc choisie comme pis-aller; son père lui-même n'était pas favorable à cette alliance, tant le trône de

Louis-Philippe semblait encore fragile en
1837.

Partie pour la France le 15 mai, elle alla
d'abord à Postdam remercier le roi Frédéric-
Guillaume III de sa bienveillante entremise ;
à Fulda, elle trouva la mission française chargée de la ramener dans le pays de son fiancé.
Trois jours après, elle passait la frontière à
Forbach ; puis elle rencontrait le duc d'Orléans
à Châlons, se rendait à Fontainebleau pour
saluer la famille royale. Le 30 mai 1837, elle
épousait l'héritier de la couronne de France.
Son bonheur fut éphémère, il dura cinq ans.
En juillet 1842, venue seule aux eaux de Plombières pour sa santé, elle y apprenait la fin su-
bite de son mari : le 13, le duc d'Orléans était
mort à Neuilly, d'une chute de voiture. Il avait
trente-deux ans. Il laissait deux enfants en
bas âge, le comte de Paris et le duc de Char-
tres. La duchesse vécut pour les élever. A
peine les vit-elle parvenir à l'âge d'homme car,
exilée de France avec les princes d'Orléans,
elle partagea leur retraite et finit ses jours à
Richmond, le 18 mai 1858. Elle était née au
château de Ludwiglust, construit au xviii° siècle par le sage, l'économe grand-duc Frédéric
le Bon.

C'est aussi à Ludwiglust que naquit, le
23 février 1823, son cousin Frédéric Franz II,

qui, appelé à régner le 7 mars 1843, s'illustra
d'abord par une œuvre pacifique, la construction du nouveau château de Schwerin, ensuite
par ses exploits guerriers pendant les campagnes de 1866 et de 1870, qui ont rendu son
nom et son souvenir chers aux Allemands. Les
visiteurs de Schwerin lui savent gré surtout
d'avoir doté d'un château de fière allure une
petite ville insignifiante par elle-même.

Située entre deux étangs, le *Pfaffenteich*,
qui provient du *Ziegelsee* et le lac qui porte
son nom, Schwerin est une cité provinciale de
35,000 habitants, formées de rues assez régu-
lières et de maisons assez banales, à doubles
fenêtres munies d'*espions*, d'un aspect moitié
hollandais, moitié danois. Le calme y est profond, vu l'absence de circulation (il n'y a même
pas de tramways) et la rareté des industries.
Façades en stuc, les monuments sont presque
tous groupés autour du château. C'est là, à
l'extrémité de l'*Altstadt*, dont la *Kœnigstrasse*,
sur laquelle st bâti l'Hôtel de Ville, est la rue
principale, — que se trouvent l'ancien palais
de la duchesse-mère et le palais du Gouvernement, le théâtre de la Cour et, à côté, le
musée. Ils forment une sorte de garde du corps
à l'imposant château moderne, qui s'élève dans
une île du *Schweriner-See*.

Commencée en 1845, sur les plans de l'ar-

chitecte Demmler, la construction dura douze
ans. Ces plans furent un peu modifiés par son
successeur Stüler. L'un et l'autre s'appli-
quèrent à imiter le style de la Renaissance
française, des châteaux de Blois et de Cham-
bord. De ce style sont inspirés les tourelles
extérieures, la haute tour qui les dépasse, les
cheminées élancées, les escaliers intérieurs;
mais la coupole centrale, surmontée de l'ar-
change Saint-Michel, la *loggia* de la façade qui
encadre, au dessus du portail d'entrée, la statue équestre du chef obotrite Niklot, bien des
détails d'architecture, les peintures murales,
les rampes de bronze, les sculptures des portes
attestent le goût allemand. Ce goût a surtout
présidé à la décoration intérieure du somptueux escalier doré, de la salle des Fêtes, de
la salle du Trône dont le fauteuil grand-ducal
est dominé par un grand panneau brodé aux
armes du Mecklembourg : le taureau et le
griffon, affrontés, avec la devise : *Per aspera
ad astra*, enfin de la galerie des Ancêtres.

Cette galerie et quantité d'autres pièces
renferment toute une série de portraits historiques, représentant les grands-ducs de Mecklembourg, leurs parents et leurs alliés. Elles
sont meublées d'un mobilier moderne médiocre, lourd et de mauvais goût; des fauteuils
disgracieux, même dans la salle des Fêtes, sont

tendus d'un velours rouge hideux. La salle
des Armures, avec ses panoplies, ses bois de
cerf accrochés aux murs, souvenirs de chasses,
a une certaine allure, encore que des ours
empaillés, dressés sur leurs pattes de derrière,
aient le rôle imprévu de porter, au bout de
troncs d'arbres, des lampes à pétrole. La
visite se termine dans la chapelle gothique,
aux vitraux composés par le peintre Corné-
lius et dont les cartons ornent une salle du
musée.

Pour l'inauguration du nouveau château,
l'ami de jeunesse du grand-duc régnant, Frédéric de Flotow, qui dut à son succès de *Stra-
della* de devenir maître de chapelle de la Cour
et plus tard chambellan, avait composé un
opéra de circonstance : *Jean-Albert*, qui fut
joué le 17 mai 1857. L'auteur de *Martha* était
Mecklembourgeois de naissance, au lieu que
Kücken, l'auteur de tant de mélodies populaires, fut un Mecklembourgeois d'adoption.
Mort à Schwerin en 1882, il a son buste près
du *Pfaffenteich*.

Nous descendons dans la cour; avec ses tourelles hexagonales, à fenêtres en escalier, encadrées de sculptures, les portiques qui l'entourent, la haute voûte du portail d'entrée, elle
a un aspect plus royal que bien des *résidences*
allemandes appartenant à de plus grands

princes, que les palais impériaux mêmes de Vienne ou de Berlin.

La façade du château regardant le lac de Schwerin, aux fenêtres encadrées de faux ornements de terre cuite, dans le style des constructions germaniques des xv° et xvi° siècles, est tout ce qui reste de l'ancien château. C'en était certainement la partie la plus intéressante, autant qu'on peut en juger par une mauvaise lithographie de 1837 qui le représente comme un ensemble de vastes bâtiments sans caractère monumental, d'aspect assez banal, avec des pignons et des tourelles à toits bulbeux ou polygonaux. Un gigantesque sous-officier de cavalerie nous fait descendre aux parterres plantés sur la berge du lac, nous fait admirer des fleurs et des arbustes soignés et rares, un portique en hémicycle, au-delà d'une serre qui abrite les yoles et les canots du château. Un petit bateau à vapeur de promenade semble attendre la fantaisie nautique du seigneur du lieu, le jeune prince de 19 ans qui règne actuellement sur le grand-duché, Frédéric-Franz IV.

Ce lac de Schwerin où, l'après-midi seulement, en été, des chaloupes à vapeur, le *Niklot* et *l'Obotrite*, promènent les touristes, semble fait à souhait pour les régates. On en dispute sur ses eaux, car voici, non loin du château,

dans une petite baie proche des écuries grand-
ducales, un mouillage de yachts à voiles. De
belles allées ombreuses, de gracieux parterres
entourent ce bâtiment, au delà duquel la rive
est bordée d'une série de villas, précédées de
jardins fleuris. L'étang dit *Pfaffenteich*, qui est
à l'entrée de la ville, est aussi entouré de maisons assez coquettes, ornées de fleurs, qui font
contraste avec le haut et sévère bâtiment en
briques rouges de l'Arsenal.

Non loin des écuries grand-ducales se trouve
le Musée. Deux lions pacifiques, au profil sau-
grenu, de la race des lions d'Institut, sont
accroupis devant l'escalier qui monte à ce
temple. La galerie de peinture de Schwerin ne
vaut pas les musées de Cassel, de Hanovre ou
de Brunswick, mais elle renferme quelques
toiles intéressantes, d'abord, une collection
assez nombreuse de maîtres hollandais du
xvii⁰ siècle: il y a là des têtes d'hommes attribuées à Rembrandt, des figures d'enfants
rieurs de la main de Franz Hals, une marine
de Van der Neer, un paysage de Ruysdaël, des
scènes de genre par Metsu, Teniers, Ter
Borch, Gérard Dow. De ce dernier, je me rappelle un astronome qui, pour examiner une
sphère céleste, renverse tout l'attirail qui
encombre sa table. L'expression de la figure,
la vieille main ridée, sont remarquables. Un

tableau très singulier de Jordaëns est intitulé :
l'Apparition. La scène, une des plus baroques
qu'ait conçues l'imagination rabelaisienne du
peintre flamand, nous montre de dos, la nudité
d'une femme aux chairs mafflues, suivant le
type des beautés plantureuses qu'il préférait,
debout devant le lit d'un jeune homme en-
dormi, qui, dans son cauchemar, a renversé la
lampe. Par la porte entrebaillée, deux vieilles
femmes, la chandelle à la main, contemplent,
stupéfaites, l'étrange visiteuse.

L'école française est ici représentée par
Oudry avec des animaux, par Largillière, avec
un portrait d'homme, probablement un seigneur russe, et par Antoine Pesne, qui oppose
deux portraits de femmes, une blonde allemande et une brune aguichante, coiffée d'un
chapeau à plume bleue. L'école allemande
ancienne nous offre un portrait de Luther, à
l'âge de 23 ans, dû à Cranach et beaucoup de
tableaux modernes très médiocres. Dans l'an-
tichambre, des brocs, des plats en cuivre, des
chandeliers luisent sous les vitrines.

De l'autre côté de la place, à droite, en regardant le château, s'élève une colonne qui
commémore la guerre de 1870-71 et les succès
militaires des soldats du Mecklembourg, commandés par leur grand-duc Frédéric-Franz II.
Deux canons anciens, aux armes de Louis XIV,

pris dans quelque arsenal français, sont placés au pied de ce monument, comme trophées de victoire. Ils rappellent aux Allemands l'entrée triomphale que fit à Schwerin, le grand-duc, le 7 février, après l'armistice et qu'il renouvela le 14 juin, après la conclusion de la paix. Cette fois, il reparaissait à la tête de ses troupes, deux jours avant de figurer à Berlin, dans le cortège impérial de Guillaume Ier.

Au XIXe siècle, les souverains du Mecklembourg-Schwerin furent entraînés dans l'orbite de la politique prussienne. En 1813, ils donnèrent leur concours à la guerre de la Délivrance. En 1864, lors de la campagne contre le Danemark, le grand-duc régnant, Frédéric-Franz II se trouva placé dans une position très délicate. Le roi de Prusse l'avait désigné pour commander un corps d'armée opérant dans le Schleswig. D'un autre côté, il sentait qu'il lui était interdit de tirer l'épée contre son ancien camarade d'Université, son ancien condisciple de Bonn, le prince Christian de Schleswig-Holstein-Glücksburg, roi de Danemark. Il préféra résigner son commandement. Deux ans plus tard, après la rupture de la Prusse avec l'Autriche, le Mecklembourg-Schwerin fut dégagé en fait des liens qui le retenaient dans la Confédération Germanique. Le grand-duc prit le parti de la Prusse et obtint un commandement personnel dans l'armée du roi.

Celui-ci l'appela encore à son aide, lors de la campagne de 1870. Le biographe allemand de Frédéric-Franz II rappelle avec fierté que si la mobilisation allemande exigea onze jours, celle des troupes mecklembourgeoises se fit en neuf jours seulement. Le corps d'armée qu'elles formaient était chargé de prévenir une descente éventuelle des Français sur les côtes de la Baltique ; il ne resta pas longtemps affecté à cette destination, la diversion prévue n'ayant pas été tentée. Lorsque l'Etat-Major allemand fut rassuré à cet égard, le grand-duc, mandé auprès du prince Frédéric-Charles, dut amener ses troupes sous Metz, pour renforcer l'armée d'investissement. Il fut nommé bientôt aux fonctions plutôt honorifiques, de gouverneur de toutes les provinces françaises occupées, sauf l'Alsace-Lorraine. Les Mecklembourgeois firent capituler Toul et Soissons. Le 10 octobre, leur prince venait prendre part au siège de Paris. Un mois après, il était placé à la tête d'une petite armée de 30.000 hommes, qui eut mission de porter secours aux Bavarois de Von der Tann, battus à Coulmiers, mais le 15 novembre, le grand-duc était lui-même subordonné au prince Frédéric-Charles, pour former la droite de son armée.

Sous ce haut commandement, il prit part
le 2 décembre aux combats de Loigny et de
Poupry. Après que l'armée de d'Aurelles eut
été mise en déroute et chassée au-delà de la
Loire, le grand-duc de Mecklembourg fit son
entrée à minuit et demi, le 4 décembre, dans
Orléans, à la tête de la 17° division d'infanterie,
tandis que les tambours et les musiques des
Allemands, résonnant dans les rues désertes,
célébraient leur victoire. Mais il ne put guère
s'endormir sur ses lauriers. Dès le 7, il dut se
mettre à la poursuite de Chanzy, par la rive
droite de la Loire. Il s'empara de Meung, de
Beaugency, livra le sanglant combat de Villor-
ceau qui, en trois jours, coûta à ses troupes
136 officiers et 3226 hommes et, deux jours
plus tard, celui de Marchenoir après lequel
Chanzy dut se retirer sur le Mans. Placé à la
droite de l'armée du prince Frédéric-Charles,
il contribua, le 12 janvier, en s'emparant de
Montfort et de Saint-Corneille, à briser la résistance opposée à l'envahisseur sur les positions
qui entourent cette ville. Il continua la poursuite des débris de l'armée de Chanzy sur laquelle il fit de nombreux prisonniers et s'établit à Alençon.

Après ces succès, on lui confia la tâche de
s'emparer de Rouen; il y entra le 25 janvier 1871. Ses troupes poussèrent même jus-

qu'à Honfleur. En récompense de ses services,
l'empereur d'Allemagne le nomma grand-croix
de l'ordre de la Croix de Fer et inspecteur
d'armée.

Ce guerrier, qui avait failli être tué d'un
éclat d'obus à Bazoches, mourut d'une vul-
gaire bronchite, le 21 août 1883, dans sa capitale. Il est enseveli dans un sarcophage de
cuivre, placé dans l'abside de la Cathédrale de
Schwerin ; on le distingue des autres aux couronnes de fleurs séchées et aux brassées de
palmes glorifiant le vainqueur de la France.

Cette gigantesque église, bâtie en briques,
surmontée d'un lourd clocher carré à flèche
effilée, est construite dans le style dit *baltique*;
c'est-à-dire qu'elle rappelle un peu les églises
de Lübeck. Livrée au culte réformé, elle n'est
intéressante pour les visiteurs que par les
sépultures qu'elle renferme. Des plaques tumulaires en cuivre, ciselé d'inscriptions latines
sur banderoles, de dessins encadrant, de
scènes familières, l'effigie mitrée, rappellent le
souvenir des anciens évêques de Schwerin.
Mais la Cathédrale est surtout la nécropole
des grands-ducs de Mecklembourg. Les plus
anciens, inhumés dans les caveaux, n'ont que
des épitaphes ornées d'armoiries, en relief aux
piliers du chœur; parmi celles-ci, on en montre
une du XVIe siècle, en bronze, qu'on attribue à

l'école de P. Vischer. Les plus récents reposent en des sarcophages de cuivre. Le descendant de ces Altesses mortes, Frédéric-Franz IV, naquit à Palerme le 9 avril 1882. Son père. Frédéric-Franz III, lui a laissé le trône en 1897.

C'est son oncle, le duc Henri, né à Schwerin, le 19 avril 1876, du second mariage du grand-duc Frédéric-Franz II avec la princesse Marie de Schwarzburg-Rudolstadt, qui est devenu l'époux de Wilhelmine d'Orange, reine des Pays-Bas.

Ceux d'entre nous qui ont étudié la géographie politique de l'Allemagne avant 1871, se rappellent les efforts qu'imposait à leur mémoire rebelle la complexité de l'ancienne Confédération Germanique. Elle ne comprenait pas moins de trente-cinq états. Pour les royaumes de Bavière, de Hanovre, de Saxe et de Wurtemberg, même pour les grands-duchés, cela allait encore. Nous retenions aussi les noms des villes libres. Mais quand il fallait se mettre en tête ces duchés, ces landgraviats, ces principautés minuscules, distinguer le Schwarzburg-Rudolstadt du Schwarzburg-Sondershausen, le Schaumburg-Lippe du Lippe-Detmold, et trouver leur emplacement sur les cartes rudimentaires de l'époque, une sombre perplexité envahissait nos âmes enfantines.

Dans la confédération créée depuis la constitution du nouvel Empire allemand, ces trente-huit états sont réduits à vingt-six. Les annexions successives en ont fait disparaître douze. Quant aux autres, de l'indépendance relative que leur assurait l'ancienne Confédération Germanique, ils n'ont plus conservé que des épaves, un simulacre d'autonomie. Sous le régime de centralisation politique au profit de l'hégémonie prussienne, après l'abolition des frontières intérieures, combien de temps subsistera encore leur existence individuelle, avec des impôts distincts, un gouvernement à part sous l'autorité d'un prince ou d'un grand-duc, une lignée monarchique, une cour, une capitale qui porte le nom de *résidence ?* Cette organisation féodale nous semble, à nous Français, un vestige attardé du Moyen-Age dans l'Europe moderne. Mais sans ce reste d'autonomie, sans ce rôle de *résidence* du souverain local, que seraient aujourd'hui des centres aussi peu peuplés que Coburg, Weimar, Darmstadt ou Schwerin ? De sinistres petites villes de province d'où toute vie s'est retirée, quelque chose comme nos sous-préfectures.

TABLE DES MATIÈRES

FIN DE LA TABLE

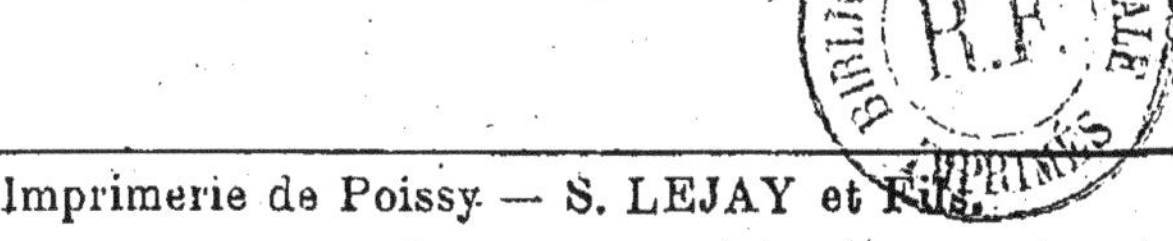

Imprimerie de Poissy — S. LEJAY et Fils.

www.ingramcontent.com/pod-product-compliance
Ingram Content Group UK Ltd.
Pitfield, Milton Keynes, MK11 3LW, UK
UKHW021504090726
13657UKWH00001B/21

9 782019 917265